ポケットMBA

ビジネススクールで身につける
ファイナンスと事業数値化力

大津広一

日経ビジネス人文庫

はじめに

ファイナンスを学ぶ学生からのよくある質問

筆者は、ビジネススクールではアカウンティングと並んでコーポレート・ファイナンスの教鞭をとる機会も多い。何年も担当していると、学生（社会人経験の有無を問わず）からの質問や感想もだいたい似通ったものであることが分かってくる。

クラス受講前――

「アカウンティングとファイナンスの違いって、何ですか?」

「アカウンティングとファイナンスのクラス、どっちを先に受けたほうがよいですか?」

クラス受講中――

「キャッシュフローを割り引くなんて、そんなこと実際に企業はやってるんですか?」

「計算は合っているのですが、何だかピンと来ません」

クラス受講後――

「理屈は分かったのですが、実務で使うイメージが湧きません」

「仕事の役に立つのでしょうか？」

ファイナンスを学んだことのある方なら、このような質問や感想に対して、どのように説明するだろうか。もしあなたがＤＣＦ法や資本コストといった理論はひと通り理解していたとしても、これらの質問に簡潔かつ明確に答えることができないならば、それは「ファイナンスを分かっている」レベルはクリアできていても、「ファイナンスを使える」レベルにまでは到達できていない可能性が高い。

本書では、**学生が抱くこれらの疑問に対して、読者がご自身の頭で考え、納得感を得ることができるような内容を目指そうと考えた**。そのためには、筆者がビジネススクールでそうしているように、できる限り読者の皆さんとの間でインタラクティブなやりとりとなるような構成を試みた。第１部のファイナンスでは、各単元の最後に「ビジネススクールの風景」と題して、学生からよく受ける質問を、私と学生のインタラクティブなやりとりの形で取り上げた。また第２部の事業数値化力では、複数の事業計画を３人の学生に私から問いかけ、事業計画を数値化するための議論を活発におこなっている。読者の皆さんも、ぜひ立ち止まり、ペンを持って一緒に考えてほしい。

ファイナンスではなく、コーポレート・ファイナンス

さて、改めてファイナンスとは何だろうか。

ビジネススクールのアカウンティング分野は日本語に訳して「会計」と呼ぶことが多いのに対し、ファイナンス分野を「財務」と呼ぶことは少ないように思う。学生が「いま会計を学んでいます」と言えばおおよそのイメージはつくが、「いま財務を学んでいます」と言われても、あまりピンと来るものではない。

同分野が日本企業に根づいたのはそれほど遠くない過去であり、幸か不幸かファイナンス分野の用語はそのまま英語やカタカナで用いられることが多い。分野そのものも、財務というよりファイナンスと言ってしまうのが一般的だ。ファイナンスは、そのまま日本語に訳すと、名詞では「財務」や「財源」、動詞では「資金を提供する」などの意味がある。この翻訳のまま受け取ってしまうと、「ファイナンスは財務部や経理部の仕事であって、（営業や製造・研究部門などにいる）自分には関係ない」と短絡的に結論づけてしまいそうだ。したがって、単なる「ファイナンス」ではなく、「コーポレート・ファイナンス」、すなわち企業全体の財務に関する分野であることが重要となる。

図1は企業の資金の流れ、つまりキャッシュフローを簡潔に表したものだ。企業活動は資金を投資家（株主、金融機関など）より調達してくることから始まる（①）。調達したキャッシュは、事業に投資する（②）。一方、投資そのものが目的ではなく、あくまで投資からリターンを得ることが目的であるので（③）、そのリターンは投資家に還元されな

図1　企業活動とキャッシュの流れ

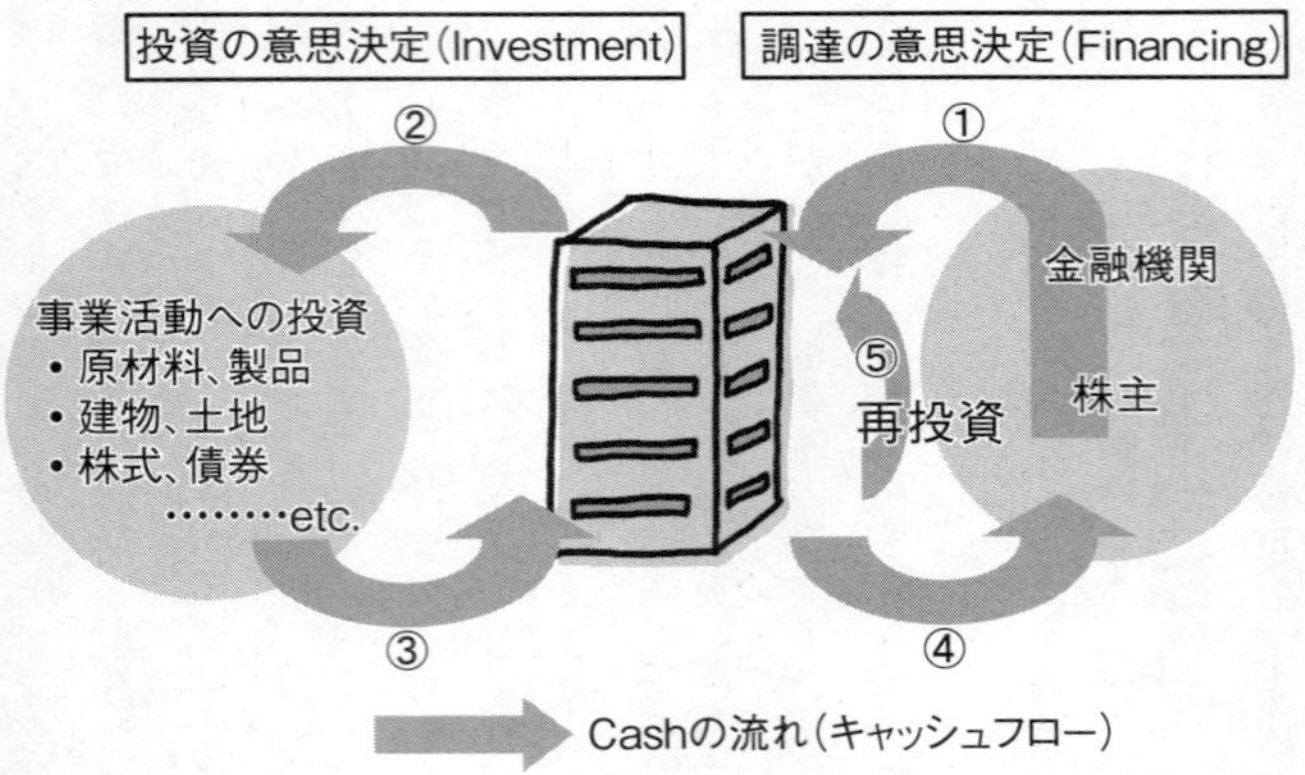

くてはならないし（④）、またゴーイングコンサーン（継続企業）として、次の投資に振り向けられてもいく（⑤）。

「コーポレート・ファイナンス」は言葉が長いため、一般には「ファイナンス」と略して呼ぶことが多い。そのため、ややもすると、図1の右側、すなわち資金調達だけを想像しがちだが、決してそうではない。投資（Investment）があるから、資金調達（Financing）が必要となる。投資家からすれば、その企業が保有する事業に魅力があるからこそ、その企業に資金提供をするのだ。

コーポレート・ファイナンスは、この投資（Investment）と資金調達（Financing）の両者を定量的に評価し、それぞれの最適な意思決定をおこなうことを目的とする。こうなると、もはや自分には関係のない分野などという考えは捨て去ったほうがよいだろう。

投資とは、設備投資、研究開発、マーケティング、人材、R&D、M&A、不動産などに対する、あらゆる投資を意味する。読者自身が企業に存在していることが、企業にとっては給与という名の投資に相当する。よって、企業で働く以上、自分は投資に関係ないという人はいない。そして企業からすれば、人材に投資する以上、そのための資金は必要となる。企業にとってそれは、外部からの資金調達を意味している。

本書でも、以降は省略してファイナンスと呼んでいく。**ファイナンスとは、投資（Investment）と資金調達（Financing）の両者を定量的に評価し、最適な意思決定をおこなっていくためのツール**である。

アクション・ラーニングに見る事業数値化の弱さ

筆者は、年間30社ほどの企業を訪問し、様々な目的に応じた研修の講師も務めている。最近の企業内研修は、アカウンティングやマーケティングなどに関する基本的な理論やツールを学んだ後、学んだことを活用しながら自社を題材にして事業計画まで構築するような取り組みが多い。教室の場で終わることなく、自社の実例にまで発展させようという実践的な取り組みとなることから、アクション・ラーニングと呼ぶことが一般的だ。企業によっては研修の最後に社長へのプレゼンテーションが準備されているところもあり、取

図2　ファイナンスと事業数値化力

ファイナンス
事業数値化力
投資と資金調達の両者を定量的に評価し意思決定をおこなうためのツール
論理的思考力
将来の事業を構想し、具体的な数値に落とし込む力

り組み方も真剣そのものだ。

筆者自身、アクション・ラーニングのファシリテーションに直接関与することは多くないが、時折最後のプレゼンにだけオブザーバーとして参加させてもらうことがある。しかし、「あぁ、ファイナンス理論は分かっていても、事業の数値化、つまり実務への応用までは落とし込めていないな」と痛感することが多い。ＮＰＶ（正味現在価値）やＩＲＲ（内部収益率）など、学んだことをさっそく使ってみようとする前向きな姿勢は評価できても、その中身と言えばあまり説得力があるものでないことが多い。発表している側が疑心暗鬼で作った小手先の数値であれば、おそらく聞いている側も、ちんぷんかんぷんなのではないだろうか。

企業内の各部署に種々の事業構想があるように、アクション・ラーニングの場にも実に様々なテーマの案件が持ち出される。新規事業を立ち上げたいとか、海外のとある国へ進出しようとか、あの企業を買収したいとか。これらはすべて将来に関すること、つまり将来に描く事業構想だ。しかし、事業構想とは、何も、こうしたゼロから新たなものを生み出そうとする派手なものだけにとどまらない。機械の購入によって製造の自動化を促進し、人件費のコストダウンを図りたいとか、これまでの卸を使った間接販売中心から直販比率を高めたいとか、SCM（サプライチェーンマネジメント）によって在庫をより適正管理したいとか、あるいはこれまでの垂直統合モデルから水平分業モデルへシフトしたいなど。こうした案件であれば、多くの読者にとっても、もっと身近な世界と映るのではないだろうか。

　これら1つひとつも、すべて将来にわたって描く大切な事業構想である。こうした**将来の事業を構想し、具体的な数値に落とし込む力、これを事業数値化力と呼ぶ**こととしよう。いくらアイディアのすばらしい事業であっても、投資の採算が合わないことが明らかであれば、それは採用とはならないはずだ。別の言い方をすれば、収支の予測なくしてアイディアだけで通る事業計画はない。

　ファイナンスは、将来の投資と資金調達に関する定量的な評価と意思決定のためのツールである。ならば、右に挙げたような**あらゆる事業の数値化のためのツールは、まさにファイナンスが提供する**ものということになる。

本書が力点を置くコーポレート・ファイナンス

　コーポレート・ファイナンスと一口で言っても、その領域は広範囲に及ぶ。本書は文庫本という性質上、数式は最小限に抑える一方、事業を構想し、数値化するためのツールとしてのファイナンスにより力点を置いた構成としていく。つまり、企業というより事業により焦点をしぼることとなる。もちろん、事業の集合体が企業なのだから、2つは密接につながる話だ。

アカウンティングと異なり、ファイナンスは膨大な量の法律やルールに基づいて形成されるような世界ではない。また、幸いにして、様々なレベル感に合った良書も数多く出版されている。本書を通してファイナンスに関心を持った読者が、さらに理論的背景、とりわけ事業レベルから企業レベルへと視点を高めていく上で有益と考える書籍を付録で紹介するので、今後の学習の参考としてほしい。

「はじめに」の終わりに全体を鳥瞰しよう

前半のファイナンスの部は、6つの章から構成されている。ファイナンスの基本となる理論を、順を追って1つひとつ段階的に理解を進めていくこととしよう。このため、例えば1章の途中でフリー・キャッシュフローの話が出てきても、「その詳しい解説は4章で」というように、後回しにしている箇所がいくつかある。そこで、読者がいまどこを学んでいるのかを明確にするため、最初にファイナンスの部の鳥瞰図を式で示すこととしよう（図3）。

図3　第1部（ファイナンス）の鳥瞰図

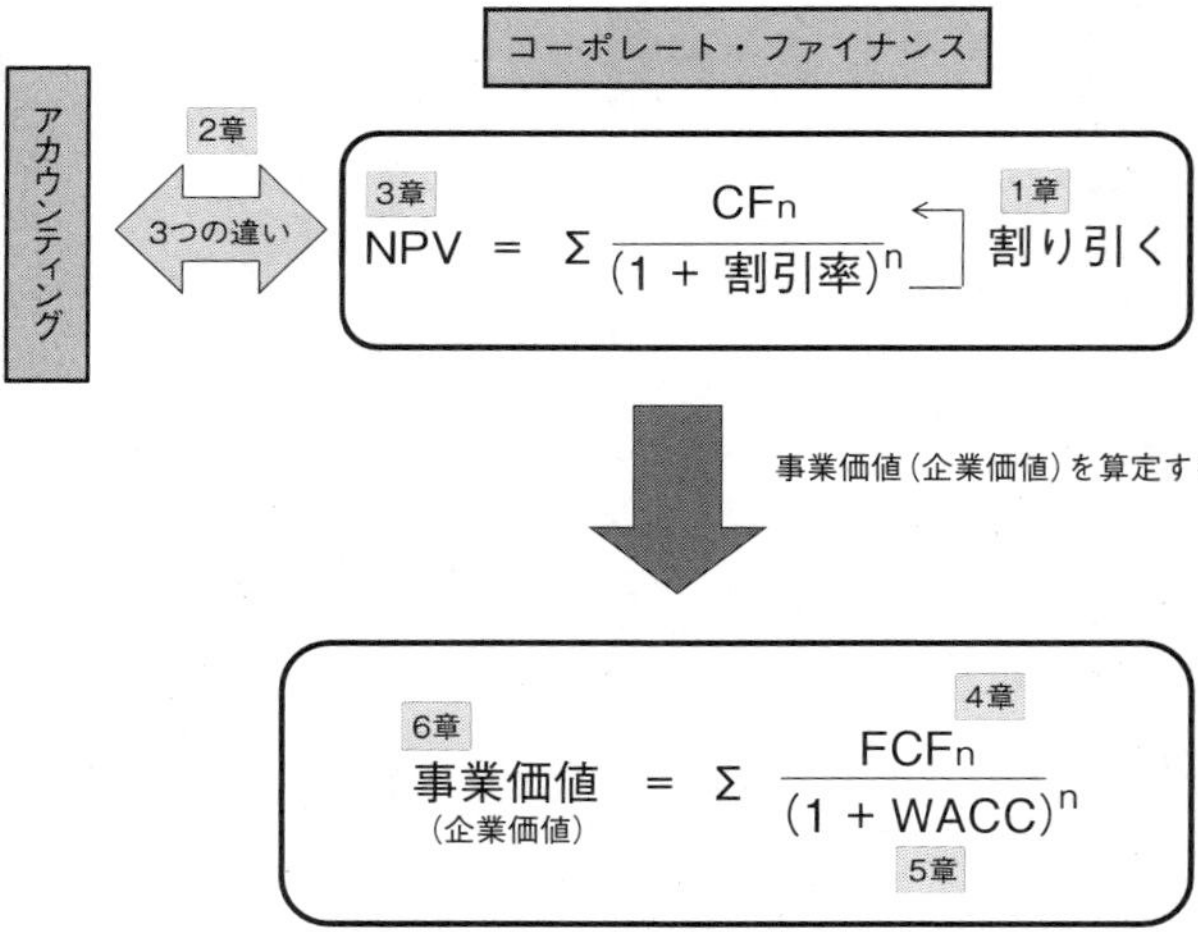

1章　「**お金の時間的価値**」 割り引く理由と、この手法をDCF法と呼ぶことを学びます。

2章　「**ファイナンスとアカウンティング**」 ファイナンスとアカウンティングの3つの違いを学びます。

3章　「**NPV法とIRR法**」 将来CFを割り引いて計算するNPV法を学びます（IRR法も）。

4章　「**フリー・キャッシュフロー**」 価値算定式の分子のキャッシュフローは、FCFであることを学びます。

5章　「**資本コスト**」 価値算定式の分母の割引率は、WACCであることを学びます。

◎「はじめに」のまとめ

■コーポレート・ファイナンスは、資金調達（Financing）だけの話ではない。投資（Investment）と資金調達（Financing）の両者を定量的に評価し、その最適な意思決定をおこなうことに究極の目的がある。

■事業数値化力は、「将来の事業を構想し、具体的な数値に落とし込む力」と定義する。ファイナンスは将来の投資と資金調達に関する定量的な評価と意思決定のためのツールなのだから、あらゆる事業の数値化のためのツールは、ファイナンスが提供するものととらえられる。

■構想する将来の事業とは、新規事業、海外進出、企業買収などといった新たな取り組みだけではない。製造の自動化、直販比率の向上、ＳＣＭの推進、水平分業モデルへのシフトなど、既存のやり方のあらゆる変更も含む。これら将来の事業に関する意思決定をおこなうため、ファイナンス理論をもとに事業を数値化することが、本書のゴールである。

■冒頭に挙げた6つのよくある質問には、それぞれ以下のページで触れている。

「アカウンティングとファイナンスの違いって、何ですか？」→　49ページ

「アカウンティングとファイナンスのクラス、どっちを先に受けたほうがよいですか？」→　57ページ

「キャッシュフローを割り引くなんて、そんなこと実際に企業はやってるんですか？」　↓　70ページ
「計算は合っているのですが、何だかピンと来ません」　↓　１３３ページ
「理屈は分かったのですが、実務で使うイメージが湧きません」　↓　２８３ページ
「仕事の役に立つのでしょうか？」　↓　２８３ページ

目次

第２部　事業数値化力

第1部
ファイナンス

1章

お金の時間的価値

【学習ノート】

1. 時間には価値がある

日本語では「時は金なり」、英語では「Time is money.」という言葉があるように、時間は洋の東西を問わず、誰にとっても価値がある。この考え方が、ファイナンス理論の出発点となる。

2. 今日の１００円は、明日の１００円より価値がある

ビジネススクールのファイナンスクラスで、誰もが最初に出会うこの表現。時間には価値があるため、明日１００円もらうより、今日１００円もらうほうが価値があることを意味する。

3. Discounted Cash Flow（DCF）法

時間には価値がある。よって、将来のキャッシュフローは、現在価値に割り引いた上で評価しなければならない。

時間には価値がある

時は金なり。Time is money. 時間には価値がある。これらの言葉を聞いて、読者の皆さんはどんなことを考えるだろう。願わくは、「まったくその通り」という答えを期待したい。時間があれば、働いてお金を稼ぐことができる。反対に家でのんびりするにも時間は必要だ。好きな歌手のコンサートに出かけるのも、家でネットに興じるのも、資格取得のための勉強をするのにもお風呂にゆっくり入るのにも、そのための時間はなくてはならない。「忙しくて、〇〇できない」という表現こそが、時間がいかに貴重なものであるかを物語っている。

そうした貴重な時間を、いま読者は筆者の本を読むために使っている。見方を変えれば、本書を読む代償として、他に何かすることのできた時間、すなわち機会を失っていることになる。本を読まなければ、ゆっくりテレビを見たり、電車の中で居眠りをしたり、あるいは家族との団らんの時間を持つことができたかもしれない。それらの犠牲の上に、この読書の時間は成立している。

こうした、**ある行動（今回は本書を読むこと）を選択することにより手にすることができなくなった、他の行動がもたらしたであろうメリットを、機会コスト（Opportunity cost）と呼ぶ。**時間の経過に対して、何らかの機会コストは常に発生している。繁忙期と閑散期で機会コストの多寡《たか》は異なるかもしれないが、ゼロにはならない。よって、**何らか**

本書がもたらすメリット

∨

購入コスト　＋　機会コスト

（800円：入手コスト）　（？円：読む時間のコスト）

の行動を選択する時には、常に機会コストも考慮した上で、その便益（メリット）を評価する必要が生じる。

具体的に考えてみよう。本書の本体価格は８００円だが、読者は、８００円超の価値を内容に見出せれば、それでＯＫとしてよいのだろうか。否、そうはならない。本書を読むのに要した時間分だけ、機会コストが発生している。よって、上に掲げた不等式が成立して初めて、読者は本書を買って読んでよかったと思わなくてはならないことになる。

上記の式が成立するような内容となるよう、筆者である私は最大限の努力をしなくてはならないし、読者にもまたそうなるような、能動的な読み方を期待したい。

ビジネススクールの風景

①「なぜ機会メリットと言わずに、機会コストと言うのですか？」

ＦＡＱさん　機会コストの定義は、「ある行動（今回は本書の読書）を選択することにより手にすることができなくなった、他の行動がもたらしたであろうメリット」ですよね。メリットであるのに、**なぜ機会メリッ**

トとか機会プロフィットと言わずに、機会コストになるのですか？

大津　よい着眼点だね。ここで、コストとメリットは表裏一体の関係なんだと頭に置いておくと、後々もよいことがあるよ。この８００円の本にしても、ＦＡＱさんにとってはコストだけど、書店にとっては売上という名目のメリットだよね。要は、誰の視点でとらえるかが大事ということ。で、今回は誰の視点なんだろう？

ＦＡＱさん　購入コストの８００円と並列に並べているのだから、誰の視点って、それは購入した私自身の視点ですよね。

大津　その通り。８００円のコストを手放して書籍を購入した。そして、他の選択肢に時間を使うことによってもたらされたであろうメリットを手放して、書籍を読んだということになる。共に自分が手放したものなのだから、どちらも自分にとってはコストというとらえ方ができる。

ＦＡＱさん　そう考えると、８００円にも機会コストが発生していると言えませんか？　８００円で4曲ダウンロードできたとか、８００円でおいしいケーキが食べられたとか。

大津　ここまで、読む時間のみに焦点を当てて機会コストを説明してきたけれど、その通りだね。購入コストの８００円にも機会コストは発生していることになる。そんなことをいろいろ考えていると、本1冊買うのにも、なかなか勇気が要るね。そう考える間に過ぎ去るこの時間にも、機会コストが刻々と発生しているのだよ。

今日の100円は、明日の100円より価値がある

筆者が担当するファイナンスのクラスでは、クラスが開始して遅くとも1時間以内にはこの表現が登場する。筆者が米国MBA留学した際も、「A dollar today is worth more than a dollar tomorrow.」という表現に、ファイナンスクラスの第1回目で出会った。この表現を理解するには、以下の質問について読者だったらどう答えるかを考えてみるとよいだろう。

質問　100円もらえるとしたら、今日欲しいですか？　それとも明日受け取りたいですか？

「100円くらいなら、どっちでもよいです」とか、「今日もらうと使ってしまうので、明日にしてください」などと考えた方は、ここでは本質をはずしている。そういう人には「1億円だったら、どうですか？」と訊いてみたい。「1億円だったら、なおさら明日がよいです。そんな大金、手元に置いておきたくありません」などと言う方がもしいたとするなら、さらに始末に負えない。そういう人には、次の2つの視点が欠落している。

【視点1】今日1億円もらって銀行に年利1%の金利で預金すれば、それは明日には1億

図表1-1　今日の100円は成長する（金利3%で複利計算）

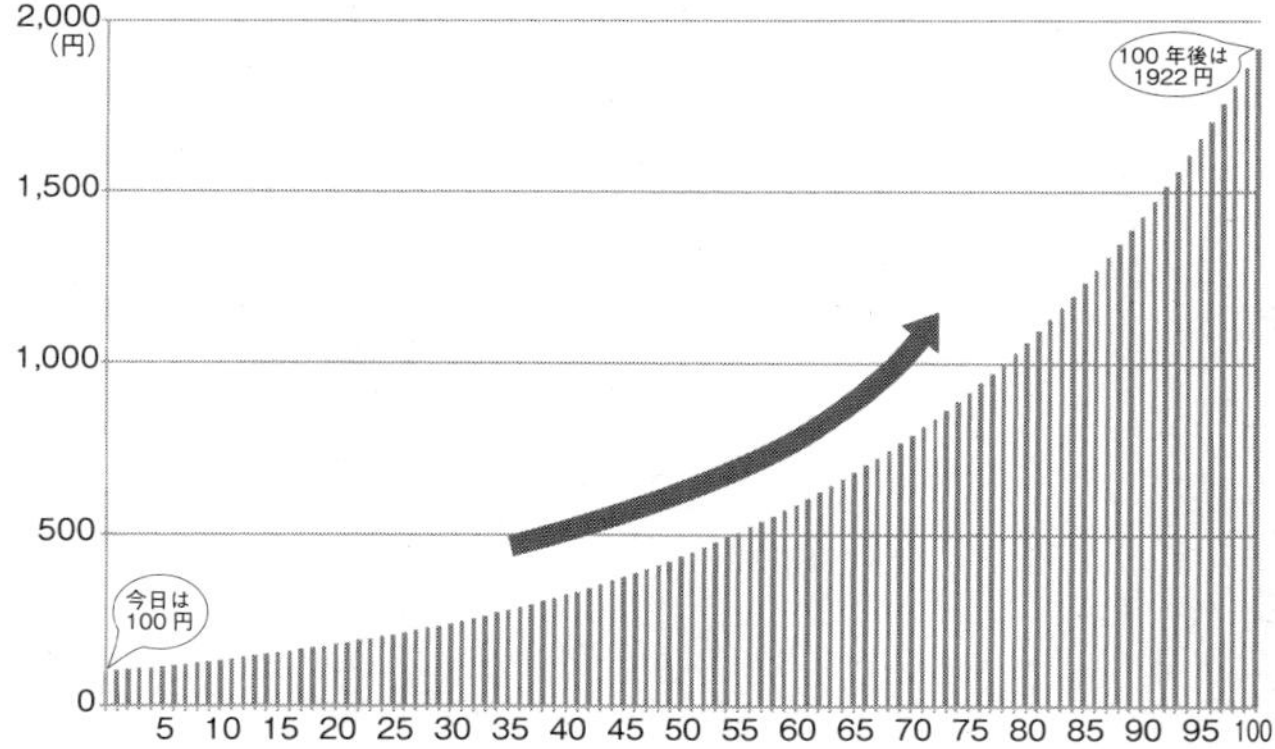

円と利息収入２７３９円（税引前）の価値となっている。**今日受け取る１億円は、明日には１億円超となるが、明日受け取る１億円は、あくまで明日の時点で１億円**である。よって、今日の１００円は、明日の１００円より絶対に価値がある。

［視点２］　そもそも**明日は今日より不確実なのだ。明日になれば１億円はもらえないかもしれない。**であるから、確実であるいま、１億円を受け取るのが正しい選択だ。よって、今日の１００円は、明日の１００円より絶対に価値がある。

１％という低金利でも、今日受け取る１００円は、１００年後には２７０円にまで膨らんでいる（年利１％の複利計算）。日本の異常な低金利が終わり、せめて３％程度まで上がれば、今日の１００円は１００年後には１９２２円となる。図表１

-1のグラフを見れば、「できるだけ早く１００円ください！」というのが正しい考え方と納得できるだろう。

ビジネススクールの風景

②「お金を預けた銀行が破綻《はたん》してしまったら、どうなんですか？」

③「デフレだったら、どうですか？」

FAQさん　でも預けた銀行が破綻してしまったら、どうなんですか？　利息収入どころか、元本すら返ってこないかもしれませんよね。そう考えると、必ずしも今日１００円もらうのが正しいとは言えないんじゃないですか？

大津　それは破綻するような銀行に預金してしまったという、まったく別の意思決定が責めを負うべきだよ。もちろん最初からそんなこと、分からないのは悩ましいけど。いま議論している「今日の１００円は明日の１００円より価値がある」という事実と、「その１００円を１年後に破綻する銀行に預けてしまったので、１年経ってからもらっておけばよかった」という結果論は、まったく別の話。普遍的な事実と、１つの結果論とを決して混ぜこぜにしないようにしよう。

FAQさん　では**デフレだったらどうですか？**　いまみたいなデフレ環境下だと、昨日の

図表1-2　デフレ下でも、今日の100円は明日の100円より価値がある

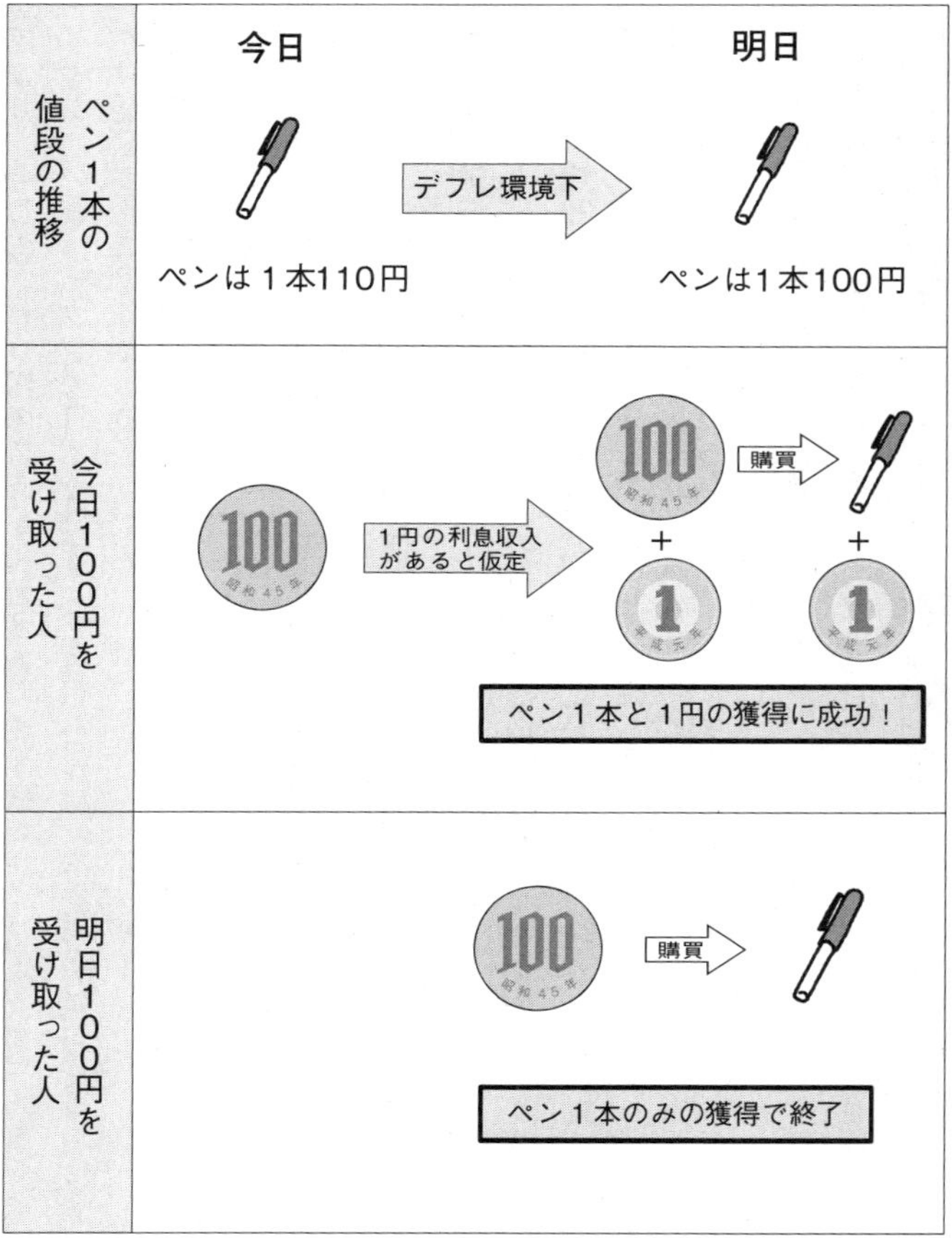

１００円より、今日の１００円のほうが価値がありますよね？

大津　じゃあ、いまはデフレの日本だけど、ＦＡＱさんは、今月分の給与を来月支払ってくれって、なぜ会社に言わないの？

ＦＡＱさん　あれっ、それもそうだな？

大津　そもそもデフレって何なの？

ＦＡＱさん　簡単に言うと、昨日は１１０円したものが、今日は１００円で買えるということですよね？

大津　その通り。つまり、デフレで変化するのはモノの価格ということ。結果として同じ１００円でも、昨日より今日のほうがよい買い物ができることにはなるけれど、だからといってお金はなるべく遅く支払ってくれとはならない。デフレでモノの価格が変わっても、１００円玉が突然99円玉になることはない。銀行に預けておけば、デフレの時でもちゃんと利息はついている。つまり、今日の１００円のほうが、明日の１００円より価値があるということだ。図にすると、図表１-２のような感じかな。

Discounted Cash Flow（ＤＣＦ）法

ここまで、時間には価値があること、よって今日の１００円は明日の１００円より価値があることを学んできた。今日の１００円は、明日は１００円ではない。１日という時間

図表1-3　Discounted Cash Flow（DCF）法

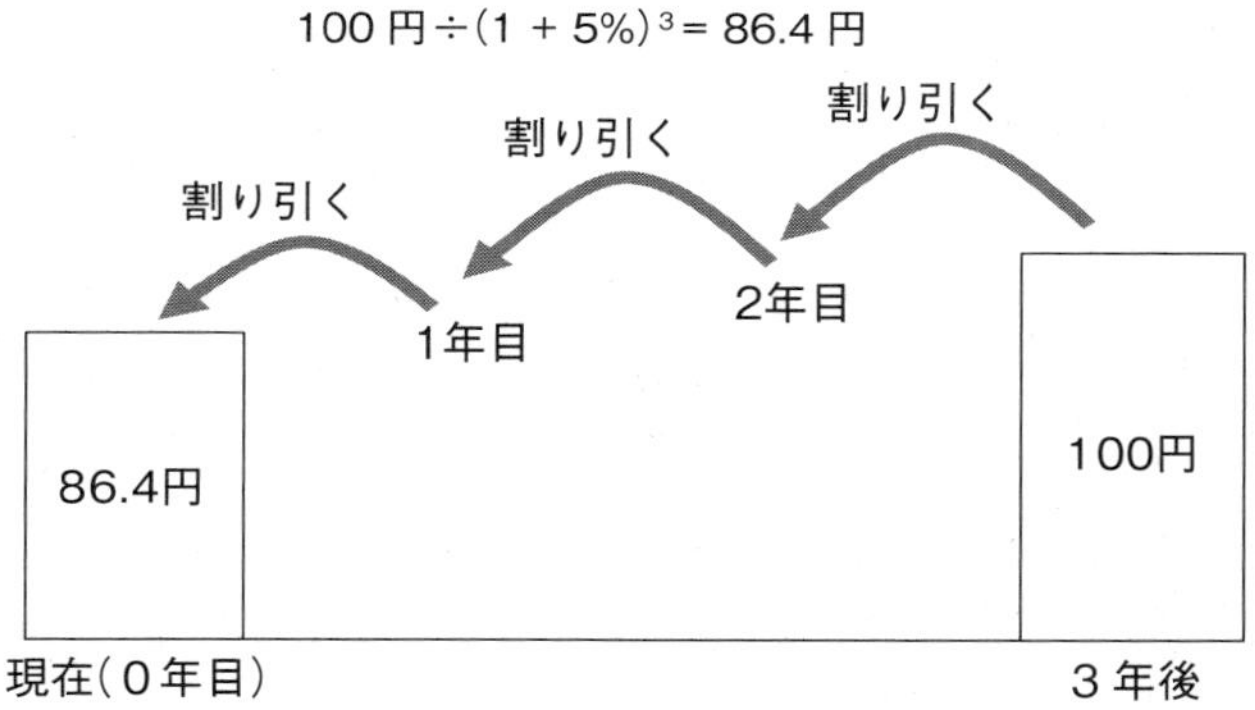

の経過に対して、利息収入が生まれるからだ。

　これらの事実を、定量的に表現してみよう。ここで、明日だと少々短すぎるので、１年後を考えてみることにする。金利も、変化の度合いを大きく分かりやすくするために、５％としてみる。すると、今日の１００円は、１年後の１０５円に相当すると計算できる。

100円×(1＋5％)＝105円

　今日１００円を保有しているということは、金利が５％とすれば１年後に１０５円を保有することと同義になる。今度は逆に、この事実を１年後に１００円を保有するには、という観点からとらえてみよう。１年後の１００円は、今日の価値に換算すると１００円に満たないということになる。具体的には次のように計算できる。

100円÷(1＋5％)＝95.2円……★

　１年後の１００円を今日の価値に換算すれば、

95・2円に過ぎない。今日95・2円保有しているということと、1年後に１００円を保有していることは、同義である。このように、**将来の価値を現在の価値に換算する作業（★）を、「割り引く」と言う。使った金利（ここでは5％）のことを割引率と言う。英語でもそれぞれそのまま、Discountする、Discount rateと言うので分かりやすい。**

1年後ではなく3年後の１００円を現在価値に換算するのであれば、図表1-３の計算式によって86・4円と求められる。

「3年後の１００円の現在価値（ＰＶ：Present Value）は、86・4円である」と表現される。DiscountやPresent Valueなどは、そのままカタカナ英語で言う人も多いが、日本語も直訳なので、特に問題はないだろう。そして、この**将来の１００円というキャッシュフロー（Cash Flow）を、現在の価値に割り引く（Discount）手法を、Discounted Cash Flow（ＤＣＦ）法と呼ぶ。将来のキャッシュフローと割引率さえあれば、ＤＣＦ法によって現在価値は簡単に求めることができる。**なお、エクセルでの累乗計算のやり方は、３章でＮＰＶ（正味現在価値）を算出する際に紹介することとしよう。

割り引くという作業自体がまったく初めての読者もいるだろうから、ここでは電卓で計算できる程度の、簡単なＤＣＦ法の計算問題を３つほど示しておく。ＤＣＦの計算に慣れている読者は、ここは飛ばしてもらってかまわない。解答は本章末の44ページに示す。

設問

次の計算をしてください。

◎計算事例①

1年後に受け取る予定の3億円の現在価値はいくらですか？　割引率は5％とします。

◎計算事例②

1年後に1億円、2年後に3億円、3年後に5億円を受け取ることができる投資案件の価値はいくらですか？　割引率は7％とします。

◎計算事例③

以下の2つのプロジェクトのうち、現在価値が大きいものはどちらですか？　割引率は10％とします。

プロジェクトA——1年後に2億円、3年後に4億円、5年後に6億円のキャッュシ収入が得られる。

プロジェクトB——5年後に13億円のキャッシュ収入が得られる。

ビジネススクールの風景

④「金利が5％とは、いまの日本では高過ぎませんか？」

⑤「なぜ利益ではなく、キャッシュフローなのですか?」

FAQさん　あくまで例として使っただけだと思いますが、**5%の割引率って高過ぎませんか?**　いまの日本の金利だと、借入コストもせいぜい1~3%ですよね。

大津　割引率に銀行の金利を使うというのであれば、たしかに5%は高いね。でも、そうじゃないんだ。そもそも割引率って、どういう発想から生まれたのだっけ?

FAQさん　時間の経過に対して価値がつき、そこに機会コストが発生するっていう話でしたよね。

大津　例えばいま、FAQさんの会社に10億円の余裕資金があって、それをどこに投資しようか考えているとしよう。その場合の機会コストって、何だろう?

FAQさん　それは、いろいろとある案件の中で1つ選んだ時に、選ばれなかった他の案件がもたらしたであろうメリット……という定義でしたよね。

大津　その通り。実際、1つの案件を選ぶ時、他の選択肢も同時に考慮するだろうから、まさに機会コストを考慮しながら意思決定していることになる。でも、企業経営って、それだけで万事OKなのかな?

FAQさん　と言いますと……?

大津　その10億円って、究極的には誰のお金なの?

FAQさん　それは株主の……。あぁ、そうか。株主からすれば、その10億円を返してもらって、他の企業の株を買うという選択肢もあるんですね。

大津　正解。とするなら、機会コストの考え方も変わってくるよね。

FAQさん　銀行の金利ばっかり考えていましたが、株主が出てくると、機会コストは変わってきますね。ハイリスク・ハイリターンっていうものですね。

大津　ここではそれくらいにしておこう。後の5章「資本コスト」のところで、割引率と投資家の関係は、みっちり説明します。

FAQさん　すみませんが、もう1つ質問があります。

大津　どうぞ、どうぞ。質問するのに謝ることはないよ。WHY？　つまり、なぜだろうと考え続ける必要性は、アカウンティングのクラスとまったく同様（『ビジネススクールで身につける会計力と戦略思考力』（日経ビジネス人文庫）参照）だからね。

FAQさん　**なぜ利益を予測して現在価値にしないで、キャッシュフロー予測の現在価値なのですか？**　普段私が会社で作っているのは、売上や利益の予算です。利益（Profit）をそのまま現在価値に直す、さしづめDiscounted Profitとしたほうが楽なんですが。

大津　そもそも利益とキャッシュフローはどう違うのだっけ？

FAQさん　実はそこがいつもつまずくので、利益をそのまま使いたいと思った次第です……。

大津　なるほど。「利益とキャッシュはどう異なるのか」「なぜ利益ではなくキャッシュフローの現在価値なのか」という2点だね。これらも後の4章「フリー・キャッシュフロー」のところでしっかり触れるところです。これから学ぶことが次々と質問として出てくるのは、学びの流れにしっかり乗っているという証し。いい調子です。早く知りたいというはやる気持ちをもう少しだけ抑えて、その前に学んでおきたい事項に進むこととしよう。

［コラム］意外な場所で使われているＤＣＦ法

「割引率」を２０１０年3月期のパナソニックの有価証券報告書上で検索すると、いくつかの箇所が抽出される。

①　減損会計

『当社は原則として、社内分社・営業本部単位、及び共用資産にグルーピングを行い、そのうち事業撤退等による処分の意思決定を行っている資産については個々の単位で把握しています。当事業年度の減損損失は、世界的な金融危機により、デジタル機器向け半導体需要が減少し、セミコンダクター社の国内事業の収益性が一層悪化した結果、該当資産の帳簿価額を回収可能価額まで減額し、当該減少額を減損損失（７４９２百万円）として特別損失に計上したものです。その内訳は、機械装置４７２０百万円及びリース資産２３２２百万円等です。なお、該当資産の回収可能価額は使用価値により測定しており、使用価値算出に用いた割引率は９％です。』（平成20年度）

『平成21年度及び平成21年度において、関連会社に対する投資及び貸付金についての一時的でない減損に伴う評価減を各々１８１２１百万円、３６０５百万円計上しました。関連会社に対する投資及び貸付金の公正価値は、市場価格または適切な割引率により算定された割引キャッシュ・フローを用いて算定されています。』

➡有形固定資産や事業会社への投資価値（＝時価）が、貸借対照表上に計上された金額（＝簿価）よりも著しく下落していると判断される場合、その下落分を減損損失として損益計算書上に計上する。時価に相当する実質的な投資価値を算定する１つの手段として、ＤＣＦ法が採用される。

② 退職給付会計

平成20年度末及び平成21年度末現在における給付債務の決定に使用された年金数理上の前提条件（加重平均）は、次の通りです。

	割引率
平成20年度	２・７％
平成21年度	２・６％

平成20年度末及び平成21年度末現在における退職給付費用の決定に使用された年金数理上の前提条件（加重平均）は、次の通りです。

	割引率
平成20年度	2.7%
平成21年度	2.7%

⬇ 従業員に対する退職金や年金といった退職給付は、企業にとっては支払義務が将来にわたって発生する負債である。将来発生するこうした負債が、現在価値ベースでどの程度の金額に達しているかを評価・開示する際に、ＤＣＦ法が用いられる。

［設問の解答］

◎計算事例①

現在価値（PV）＝3億円÷（1+5％）＝2億8571万円

◎計算事例②

現在価値（PV）＝1億円÷（1+7％）＋3億円÷（1+7％）^{2}＋5億円÷（1+7％）^{3}

＝7億6400万円

◎計算事例③

プロジェクトAの現在価値（PV）＝2億円÷（1＋10％）＋4億円÷（1＋10％）^{3}＋6億円÷（1＋10％）^{5}＝8億5500万円

プロジェクトBの現在価値（PV）＝13億円÷（1＋10％）^{5}＝8億700万円

よって、プロジェクトAのほうが４８００万円価値が大きい。

※計算事例③についてよく受ける質問に、「現在価値ではなく、5年目時点の価値で比較してはいけないのか？」というものがある。プロジェクトAがもたらす1年後の1億円と3年後の3億円をそれぞれ5年後まで10％で成長させれば、プロジェクトAの5年目時点における価値合計は、

$$2億円\times(1+10\%)^4+4億円\times(1+10\%)^2+6億円=13億7700万円$$

と計算される。これはプロジェクトBがもたらす5年後の13億円より大きな値なので、プロジェクトAがBより優れているという結論が、やはり等しく得られる。ただし、私たちの関心は、どれだけの価値をいまもたらしてくれるのか、本プロジェクトのためにいくらまでならいま投資できるのか、といった「いま」にある。よって、「いま＝現在価値」の比較で意思決定する癖をつけるのが賢明だろう。

第1部

ファイナンス

2章

ファイナンスとアカウンティング

【学習ノート】

1．ファイナンスとアカウンティングの3つの違い

ファイナンスもアカウンティングも、企業活動を定量的に表現・評価し、意思決定するためのツールとなる点は共通している。異なる3つの視点は、中心となる期間、中心となる数値、中心となる基準である。

	ファイナンス	アカウンティング
Ⅰ　中心となる期間	長期的。すべての将来を考慮	短期的。単年度や四半期ベースが中心
Ⅱ　中心となる数値	キャッシュフロー	利益
Ⅲ　中心となる基準	資本コスト	利益率（売上高営業利益率、総資産利益率など）

2．「アカウンティング➡ファイナンス」の順に学ぶ

ＤＣＦ法におけるフリー・キャッシュフロー（4章で解説）や、割引率における資本コスト（5章で解説）などを計算する際に、様々な会計用語が登場する。よって、アカウンティングを最初に学んだ上で、ファイナンスを学ぶことを推奨する。

ファイナンスとアカウンティングの３つの違い

"When forced to choose between optimizing the appearance of our GAAP accounting and maximizing the present value of future cash flows, we'll take the cash flows."

「会計上の利益を最適化することと、将来キャッシュフローの現在価値を最大化することのどちらかを選択しなくてはならないとすれば、私たちはキャッシュフローを採用します」

設　問

これは、１９９７年に米国ＮＡＳＤＡＱ市場に上場したアマゾン・ドット・コムの創業社長ジェフェリー・ベゾスが、同年度のアニュアルレポート冒頭の株主への手紙（Letter to Shareholders）の中で述べたものです。この１文によってベゾスが株主に伝えたいメッセージは、いったい何なのでしょうか？

- ヒント１：ベゾスがこれを述べたのは１９９７年。米国でネットバブルが崩壊するのは、その３年後の２０００年。
- ヒント２：ベゾスが語りかけている相手はあくまでアマゾン社の株主。ファイナンスクラスの学生ではない。

筆者は、ベゾスの表現こそが、ファイナンスとアカウンティングの違いの1つを端的に表していると考える。ベゾスの言う「会計上の利益を最適化すること」は、アカウンティング理論を重視した経営に、「将来キャッシュフローの現在価値を最大化すること」は、ファイナンス理論を重視した経営と、置き換えることができる。

ヒントにも挙げたが、この1文はあくまで株主に対してベゾスが語ったものである。すなわち、自社の経営スタンスを伝えようというものだ。ベゾスはアマゾン社を創設する前に投資銀行で働いた経験もあるので、こうした表現が出てくるのだろう。しかし、語りかけている相手は投資銀行の顧客でもなければ、ファイナンスクラスの学生でもない。自社のオーナーである株主なのだ。

1997年といえば、いまだネットの黎明期。現在とは違った意味で、ネットの無限の可能性が語られていた時代だ。例えば、リアルな店舗を持った小売店などというものはいつか絶滅する、などと真面目に語られていた時代である。そんな時代にアマゾンは上場を果たした。上場するくらいだから、売上は当然しっかりとある。実際に1997年度のアマゾンの売上は、1億4700万ドルを超えている。だが、利益はどうだろうか。同年度のアマゾンの営業赤字は2900万ドル、最終赤字は2700万ドルだった。

上場をすれば、どうしても企業は短期的な業績で評価される。四半期ごとに発表される売上や利益の動向、すなわちアカウンティングが評価基準となる。アマゾンの売上は伸びてはいたものの、それ以上のペースで赤字は拡大していた。いつかこの会社はつぶれる、とアマゾンがもっとも批判されていた時期である。そんな外部からの評価に対してフラストレーションを感じたためだろうか。ベゾスは、この1文を株主に向かって発するのである。

アカウンティングが年間や四半期など企業活動を短期的に、いわばブツ切りにして評価するのに対して、ファイナンスは未来永劫の企業活動をとらえた上での評価をおこなう。本来、企業はゴーイングコンサーン（継続企業。企業が倒産や解散をせずに、永久に継続することを前提とするという考え方）なのだから、企業を短期的なブツ切りだけで評価することには誤りがある。

ベゾスのメッセージは、いわば次のように表現できよう。

> 1997年のアマゾンは、会計上は大赤字の企業である。しかし、その先の将来にはきっと大きな果実が待ち受けているはずだ。大きな果実があると分かっているのに投資をおこなわないのは、株主への背信行為ともなりかねない。よって、我々は巨額の投資を継続する。巨額の投資をおこなえば、短期的なアカウンティングの利益は犠牲となるが、将来の大きな果実をつかむことができる。それがアマゾンの経営方針であることを理解してほしい。

ベゾスが目指したこうした長期的な視点に立った経営を伝えるための比喩表現として、標記の1文が生まれたのであろう。実際に、この1文が含まれている3ページにわたるLetter to Shareholdersの中に、Long Term（＝長期）という言葉が実に8回も登場する。2010年のいま、アマゾン社の株価はネットバブル崩壊前の水準を大きく超えている。ネットバブル時と異なり、今度はアカウンティングの黒字も伴った株価である。ベゾスからすれば、正しかったのは経営者である自分であり、誤っていたのはアナリストであると、胸を張って叫びたい心境ではないだろうか。

	ファイナンス	アカウンティング
Ⅰ　中心となる期間	長期的。すべての将来を考慮	短期的。単年度や四半期ベースが中心

既述したように、将来を予測し割り引く対象となるものは、キャッシュフローである。通常私たちが決算発表の場で目にするのは利益であり、キャッシュフローに対して違和感を覚える人も少なくない。なぜキャッシュフローが中心的な数値となるのか。これは、4章の「フリー・キャッシュフロー」で深く触れることとする。

	ファイナンス	アカウンティング
Ⅱ　中心となる数値	キャッシュフロー	利益

アカウンティングのクラスでは、売上高営業利益率、総資産利益率など、重要な会計指標を数多く学ぶ。経営分析をする立場でも、あるいは自社の経営方針を語る経営者の立場でも、こうした指標を用いて企業活動を表現することは一般的だ。ところが、総資産利益率はいったい何％だったらよいのだろうか、という質問に対して即答するのは容易ではない。業界平均を使うのが1つのやり方だが、業界全体が低迷している時であれば、それを目標値とするわけにもいかない。

ファイナンスの世界では、企業が目指す究極の利回りとして資本コスト（WACC《ワック》）が存在する。資本コストとは、一言でいえば投資家たち（株主、金融債権者）の企業に対する要求利回りということになるが、これも前述の通り、5章の「資本コスト」のところで深く触れることとしたい。

	ファイナンス	アカウンティング
Ⅲ　中心となる基準	資本コスト	利益率（売上高営業利益率、総資産利益率など）

ビジネススクールの風景

⑥「ファイナンスもアカウンティングと同じくらい大事なのに、なぜ普段扱う数値のほとんどはアカウンティングなのですか？」

⑦「この2つは、別のものと考えるべきなのですか？」

⑧「私たちの会社では、どちらをより重視した経営を目指せばよいですか？」

FAQさん　ファイナンスとアカウンティングの違いは、何となく分かってきたのですが……。要は両方とも大事だということなんでしょうけど、**なぜ私たちが普段扱う数値のほとんどはアカウンティングなのですか？**

大津　私たちって誰だろう？　FAQさんのこと？　例えばFAQさんの会社の工場で、常に設備の新規・更新投資や除却の意思決定をおこなっているような人はどうだろう。あるいはM&Aの担当者とかは、長期的なファイナンスのアプローチでばかり考えているかもしれないよ。ただ、そうした人たちは企業の中ではどちらかと言うと少数派だから、ファイナンスよりアカウンティングのほうが目につくととらえればいいのじゃないかな？

FAQさん　そういうものですか……。でも、まだ何となくしっくり来ないのです。**この2つって、そもそも別のものと考えるべきなんですか？**

大津　少なくともベゾスの言葉を見ると、この2つは二者択一のものであるようなとらえ方をしていたよね。1997年のアマゾン社は究極の事例だとは思うけど、時と場合によっては、まったく異なるものになり得るということだろう。

FAQさん　でも、アマゾンだっていつまでも赤字の企業だったなら、いまごろは消えてなくなっていたはずですよね。長い目で見れば一致するっていうことですか？

大津　その通り。つまり瞬間的にはアカウンティングではまったくダメ会社でも、将来すごい会社になるという企業は存在する。実際にアマゾンはそうであったことが実証された。でも、いつまでも赤字を垂れ流している会社には、きっと将来もないはず。そんな会社とは、投資家もいつまでも付き合いきれないだろうからね。

FAQさん　他の2つの視点も長い目で見れば、結びつくものなのですか？

大津　そう、いつまでも利益の出ない会社は、いつかキャッシュフローが枯渇するはず。売上高営業利益率や総資産利益率がいつも低迷している企業は、資本コストを達成できていない状況が続き、やはり投資家がいつまでもそんな企業には付き合わないことになるだろう。

FAQさん　そうした意味では、長い目で見るとアカウンティングできちんとした数値を作れない企業は、ファイナンスの観点で評価しても、結局はダメ会社に終わるということになりそうですね。

大津　その反対事例がアマゾン社と言えるだろう。アマゾン社もネットバブルがはじけてリストラを進めたこともあるけど、２００１年からアカウンティングの利益も黒字に転じている。２０１０年のいまは、株価もバブル時代を超えて資本コストを十分に満たした経営を実現していると言えるだろう。いまのアマゾンは、アカウンティング的視点、ファイナンス的視点のどちらでとらえても、超優良企業であることは間違いないだろうね。

ＦＡＱさん　では、自分の企業だったらどうだろうか……って考えてみたんですけど。**うちの会社だったら、どちらをより重視した経営を目指せばよいのでしょうか？**

大津　自分に置き換えてみるとどうだろう、というのは、学びのプロセスの中でもっとも大切な問いかけの１つだよ。当たり前のようだけど、この問いかけができない人が実に多い。そんな理論は使えませんといった、ＹＥＳ／ＮＯですぐに断定するのではなく、ＨＯＷの質問、すなわちどうしたら使えるようになるのかと、問いかけることが大切なんだ。特にファイナンスの世界は、一見すると小難しい理論が多いから、なおさらそれが大事なんだ。

ＦＡＱさん　はい、分かりました。うちのような来年創業１００年になろうとしている企業は、１９９７年のアマゾンとは少し違うのかなと思います。将来の果実をつかむために、当面の利益は犠牲にして赤字でいきますよ、なんて口が裂けても言えません。もしうちの社長がベゾスみたいなことを株主に向かって言ったら、株価は暴落すると思いますよ。

大津　たしかにそうだろうね。でもＦＡＱさんの会社で新規事業を担当している方だったらどうだろう？　その方に向かって、最初の四半期から利益を出せなんて言えるかな？

FAQさん　それじゃあ、何の新規事業もできないですよね。つまり、会社全体で見ればやはりアカウンティングの利益は短期的にもきちんと出していかなくてはならない。でも、担当する事業によっては、短期的な利益を犠牲にしても、将来の大きな果実を目指さなくてはならない場合もある。要はケースバイケースということなんでしょうか。

大津　その通りだね。ただし、「将来の大きな果実のために、短期的な利益は犠牲にします」といった表現は、ベゾスのような有能な経営者だけではなく、ダメな経営者もよく口にする表現。私もベンチャーキャピタルに在籍していたころには、ずいぶんこの表現にだまされたものですよ（笑）。もちろん、経営者は経営者で、自らの夢やビジョンを高らかに語らなくてはならない。いずれにしても、その目利きの最終責任は、自分にかかってくるということなんだね。

「アカウンティング⬇ファイナンス」の順に学ぶ

本書冒頭に挙げた質問の1つ、「アカウンティングとファイナンスのクラス、どっちを先に受けたほうがよいですか？」は、両科目を受講する前の学生からよく受ける質問の1つだ。断定はしないものの、筆者はアカウンティングから先に受講することを勧めたい。それは、4章「フリー・キャッシュフロー」と、5章「資本コスト」を読めば、自明なものとなるだろう。**フリー・キャッシュフローの計算式は、利益、設備投資、減価償却、運**

転資金といった、決算書の用語、すなわちアカウンティングのクラスで学ぶ用語で溢れている。資本コストの計算式には、時価ベースではあるものの、有利子負債や株主資本といった、やはりアカウンティングのクラスで学ぶ用語が頻繁に登場する。これらの用語をすでに理解している方であれば、ファイナンスから大局的に学ぶのも悪くないが、そうでないならば、やはりアカウンティング ⬇ ファイナンスの順に積み上げていくのが理想だと考える。

アカウンティングの領域に自信がないという読者には、本書の姉妹書に相当する拙著『ビジネススクールで身につける会計力と戦略思考力』(日経ビジネス人文庫)も、読まれることをお勧めしたい。

第1部

ファイナンス

3章

NPV法とIRR法

【学習ノート】

NPV ＞ 0 ⇒プロジェクトを実施する（Go）

NPV ＜ 0 ⇒プロジェクトを実施しない（NO Go）

1．NPV（Net Present Value：正味現在価値）法

ＮＰＶとは、初期投資を含めた、すべての将来キャッシュフローの現在価値（Present Value）の正味合計額（Net）である。ＮＰＶがプラスの事業（プロジェクト）は実施すべきであり、ＮＰＶがマイナスの事業（プロジェクト）は、実施すべきではない。

2．IRR（Internal Rate of Return：内部収益率）法

ＩＲＲとは、ＮＰＶをゼロにする割引率である。それは、事業（プロジェクト）の予測利回りを意味している。ＩＲＲがハードルレートを上回る事業（プロジェクト）は実施すべきであるが、ＩＲＲがハードルレートを下回る事業（プロジェクト）は、実施すべきではない。

IRR＞ハードルレート ⇒プロジェクトを実施する（Go）

IRR＜ハードルレート ⇒プロジェクトを実施しない（NO Go）

3．ＮＰＶ法とＩＲＲ法の共通点と相違点

ＮＰＶ法とＩＲＲ法は、投資の意思決定のためのツールであるという点、および将来キャッシュフローを割り引くＤＣＦ法に基づくという2点において共通している。よって、どちらを用いても、Ｇｏ／ＮＯ　Ｇｏの意思決定は同じでなくてはならない。

ただし、途中のプロセスや価値そのものを重視した議論をおこないたい場合は、ＮＰＶ法を用いるのが好ましい。一方、予算に制約がある環境下で、複数の事業（プロジェクト）の優先順位づけをおこないたい場合や、割引率が明確に定まらない場合は、ＩＲＲ法が好ましい。このように、両者には向き・不向きがあるので、どちらを使うかの選択には注意を要する。

NPV（Net Present Value：正味現在価値）法

新聞紙上には毎日のように、企業買収、事業買収や新たな大型設備の導入といった、企業の投資の記事が踊っている。かと思えば、子会社の売却、事業からの撤退、工場閉鎖など、これまで保有していたものを手放す意思決定の記事も見られる。企業は、こうしたプラスの投資やマイナスの投資を、いったいどのように判断し、そして意思決定をおこなっているのだろうか。

例えばある企業は新規事業について、単月ベースのP／L（キャッシュフローの場合もある）が黒字になるのは2年以内、初期投資の回収が終わり、累積ベースのP／Lが黒字になるのは3年以内というターゲットを設けている。そして、これらが達成できない時には、その事業からは原則撤退するという自主ルールが存在する。

なぜ3年なのかはその企業に詳しく聞いてみないと分からないが、3年以内に投資資金はすべて回収しなくてはならないという考え方が存在する。**これは回収期間法と呼ばれるもので、投資の意思決定においてよく用いられる手法の1つ**である。**弱点は言わずもがな、ここまで学んだ割り引くという概念が入っていないことだ。**もはや時間には価値があると納得した我々は、DCF法の概念が組み込まれた意思決定のツールを必要とする。そこで登場するのがNPV法であり、IRR法だ。

DCF法に続いて、NPV法、IRR法とアルファベット略語が続いていく。この後も、

NPV ＞ 0 ⇒プロジェクトを実施する（Go）

NPV ＜ 0 ⇒プロジェクトを実施しない（NO Go）

ＦＣＦ、ＷＡＣＣ《ワック》、ＣＡＰＭ《キャップエム》と、アルファベットの羅列が目白押しとなる。会計の世界に比べると、幸か不幸かファイナンスの世界は、国内の実務家の間でも、横文字をそのままに表現することが多い。この事実は、ファイナンスの概念が国内企業に根づいたのが比較的最近であり、無理に日本語に翻訳する必要性もない時代背景であったことを示していよう。横文字が好きでない方には少々苦痛かもしれないが、日本でも海外でも通じる表現を一気に覚えられると、ここは前向きにとらえてほしい。

ＮＰＶ法は、何ら目新しい話でもない。これまで計算してきたＰＶ（現在価値）に、Ｎ（正味）がついただけだ。よって、**ＮＰＶとはすべての将来キャッシュフローの現在価値（Present Value）の正味合計額（Net）**を意味している。そこに初期投資も含めて計算するが、初期投資は現在の価値そのものなので、そのまま引けばよい。すべてＮｅｔしたＰＶだから、ＮＰＶとなる。

ＮＰＶが正であれば、そのプロジェクトを実施するとプラスの現在価値を企業にもたらすであろうことを意味する。よって、実施すべきと判断される。一方、**ＮＰＶが負であれば、そのプロジェクトを実施するとマイナスの現在価値を企業にもたらすであろうことを意味する。**よって、実施すべきでないと判断される。

$$NPV = -100億円 + \frac{-30}{1+5\%} + \frac{-10}{(1+5\%)^2} + \frac{30}{(1+5\%)^3} + \frac{50}{(1+5\%)^4} + \frac{80}{(1+5\%)^5} + \frac{100}{(1+5\%)^6}$$
$$= 66.7億円$$

ＮＰＶは日本語では正味現在価値と訳されるが、日常の口語表現で「正味現在価値はどれくらい出るの？」などと言う人はまずいない。「ＮＰＶはどれくらい出るの？」と言うのが、国内でも普通に耳にする表現だ。では、具体的な数値を用いてＮＰＶを考えてみよう。

設問

初期投資に100億円を要し、以降6年目までのキャッシュフローが下のグラフに示したように予測されるプロジェクトAがあります。本プロジェクトは実施すべきでしょうか。ＮＰＶ法によって意思決定してください。

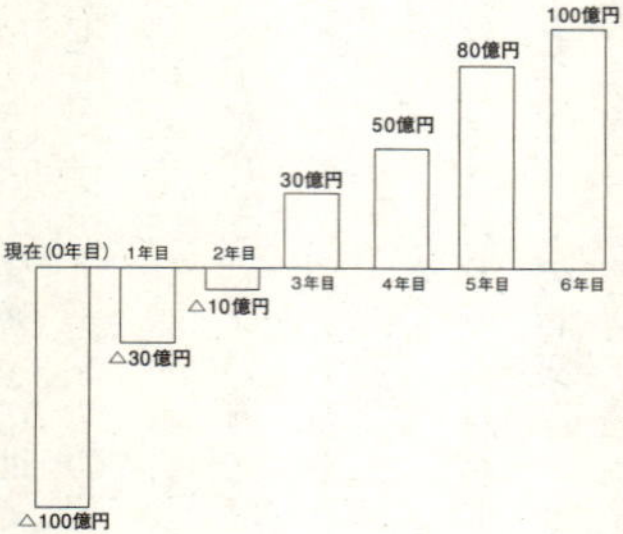

この設問を聞いて何も考えずに、

ＮＰＶ＝－１００億円－30億円－10億円＋30億円＋50億円＋80億円＋１００億円＝１２０億円

と計算し、合計がプラス１２０億円もあるのだから実施します、などとする読者はもはやいないことを願いたい。時間には価値がある。今日の１００円は明日の１００円より価値がある。よって、異なる年に発生するキャッシュフローの時間軸を同一時点にそろえた上でなければ、右のような足し算をおこなってはならない。設問を読んで、最初に頭に浮かぶべき質問は、「割引率はいくらで計算しましょうか？」とならなくてはならない。

ここでは、割引率を５％として計算してみることとしよう。すると、右上に示した計算により、ＮＰＶは66・７億円と算出される。ＮＰＶが正の数値なので、この時点で初めて本プロジェクトＡは実施すべきと結論づけることができる。

では、ＮＰＶの66・７億円とは、いったい何を示しているのだろうか。ＮＰＶはその言葉の通り、あくまでプロジェクトの現時点での価値である。いま検討しているプロジェクトＡに１００億円を投資した瞬間に、１６６・７億円の現在価値（ＰＶ）に相当する予測キャッシュフローが期待できる。そこから初期投資の１００億円を差し引いて、正味の現在価値、すなわちＮＰＶが66・７億円だと言っているのだ。予測している数値のすべてが正しければ、やろう！と決めた瞬間に、わが社に66・７億円の事業価値がもたらされるわけだ。

企業というものは、いわばこうした1つひとつの事業の集合体である。よって、各事業がもたらすＮＰＶの集合こそが、企業全体の価値、すなわち企業価値へと発展していく。

図表3-1　NPV関数を用いたエクセルでの算出

（単位：億円）

	A	B	C	D	E	F	G	H
1	割引率	5%						
2		0	1	2	3	4	5	6
3	CF	-100	-30	-10	30	50	80	100
4	NPV	66.7						

企業価値＝Σ事業価値＝Σ事業のＮＰＶ

昨今多くの国内企業が、中期経営計画などにおいて、「企業価値の増大」とか「企業価値向上の経営」と語っている。では具体的に企業は何をすればよいのか？　それは右の式が示す通り、正のＮＰＶをもたらす事業をおこない、負のＮＰＶの事業はおこなわないことによってのみ、実現できることとなる。

ＮＰＶの集合体が企業価値である以上、もし本プロジェクトの話を聞いた社長が、「で、そのプロジェクトＡをやって、うちの会社の価値はどれだけ上がるんだ？」と聞いてくるなら、「66・7億円上がります」と答えるのが正解だ。あるいは社長が、「それで、そのプロジェクトＡをやると、うちの株価はどれくらい上がるんだ？」と聞いてくれれば、仮に株式を1億株発行している企業なら、66・7億円÷1億株によって、「66・7円ほど上がるはずです」と答えるのが正解となる（ここでは、１００億円は手元にある遊休資産を活用するものとする）。

最後に前記設問の数値を使って、エクセルでの簡単な算出を試みてみよう。エクセルにはＮＰＶ関数という便利な関数が存在するが、このＮＰＶ関数を用いるパターン（❶）と、用いないパターン（❷）の２つを紹介する。筆者はＮＰＶ関数を用いない後者（❷）を強く勧める。

❶NPV関数を用いるパターン

Ｂ４のセルには、＝NPV（B1, C3:H3)+B3という数式が入っている。ＮＰＶ関数の詳しい使い方は、エクセルのヘルプ画面を参照してほしいが、簡単に言えば、ＮＰＶ関数のカッコの中の１つ目に割引率を入れ、２つ目に将来の予測Ｃ／Ｆを囲んで挿入する。割引率はＮＰＶ関数の中に直接５％と入れることもできるが、割引率自体を後で変更する可能性を考えれば、図表3-1のようにＮＰＶ関数から参照できるどこかのセル（ここではＢ１）に記述するほうが望ましい。お気づきのように、初期投資はＮＰＶ関数の中には含めずに、別途差し引く。そうした意味では、ＮＰＶ関数が求める値は、厳密にはＮＰＶではなく、ＰＶを計算していると考えたほうが実態に合っている。いずれにしても、初期投資は関数の外側で差し引くことを忘れないよう、念を押したい。

ＮＰＶ関数を用いるメリットは、何と言ってもその容易さにあるだろう。Ｂ４のセルに関数を用いた数式を入れるだけで、いきなりＮＰＶ＝66・７億円と算出される。一方で、それはデメリットにもなってしまう。**何がどう計算されたかという途中のプロセスはまったくブラックボックスでありながら、結論だけＮＰＶ＝66・７億円なので実施すべきだと**

図表 3-2　NPV 関数を用いないエクセルでの算出

（単位：億円）

	A	B	C	D	E	F	G	H
1	割引率	5%						
2		0	1	2	3	4	5	6
3	CF	-100	-30	-10	30	50	80	100
4	PV	-100	-29	-9.1	25.9	41.1	62.7	74.6
5	NPV	66.7						

	A	B	C	D	E	F	G	H
1	割引率	5%						
2		0	1	2	3	4	5	6
3	CF	-100	-30	-10	30	50	80	100
4	PV	-100	=C3/(1+$B$1)^C2		6年目まで横にコピー			
5	NPV	=SUM(B4:H4)						

言っている。例えば、「4年目の50億円のキャッシュフローは、NPV＝66・7億円のうち、どれくらい貢献していますか？」とか、「このプロジェクトのNPVは、いったい何年目から黒字化したのですか？」などという質問には一切答えられない。言わばプロセスの「見える化」がおこなわれないまま、結論だけはGoと指示された状況である。

定常的に発生するような案件であれば、途中のプロセスが見えなくても感覚的に問題ないことはつかめるだろう。しかし、各年度のキャッシュフローの不確実性が高く、いろいろとシミュレーションしたい場合や、途中のプロセスごとの状況をつぶさにつかみたい場合には、NPV関数が与える結論のみの数値ではあまりに不十分である。そこで筆者は、次に挙げるNPV関数を用いない方法を推奨したい。

❷ＮＰＶ関数を用いないパターン

❶のＮＰＶ関数を用いるパターンとの違いは、４行目で各年度のキャッシュフローの現在価値をいったん計算した上で、Ｂ５のセルで初期投資を含むすべてのキャッシュフローの現在価値を合算している点にある。Ｂ５のセルには、=SUM(B4:H4)という式が入っている。一見すると、❶に比べて、面倒な入力に思われるかもしれないが、実際にはそんなことはない。Ｃ４のセルに、=C3/(1+$B$1)^C2という数式を入れて、それを６年目のＨ４まで横にコピーするだけで済む。

割引率は$マークを行と列の両方につけることで固定し、そのまま横にコピーしても常にＢ１のセルの５％という値を参照するようになっている。また、累乗計算も同時におこなっている。エクセルで累乗計算は簡易に「^」を使って計算できる。例えば２の３乗は２×２×２で８だが、エクセルでは、=2^3とセルに入れると、８と計算される。Ｃ４のセルでは累乗計算の部分を、^C2と挿入している。割引率と異なり今度は$マークをつけていないので、横にコピーしていくと、Ｄ列では^D2、すなわち２乗、Ｅ列では^E2、すなわち３乗と計算してくれる。

もし、皆さんのエクセルシートが０年目から６年目ではなく、０年目の２０１０年から始まり、6年目は2016年と記述されているとしよう。この場合は、C4のセルの累乗計算には^(C2-2010)として、横にコピーすればよい。エクセルの上手な人は、できるだけコピー&ペーストを多用するが、ここはその端的な一例となろう。

NPV関数を用いた❶のパターンと比較してどうだろう。今度は**途中プロセスが「見える化」されている。**❶では答えることのできなかった2つの質問、具体的には「4年目の50億円のキャッシュフローは、NPV＝66・7億円のうち、どれくらい貢献していますか?」と問われれば、4年目のPVが計算されるF4のセルをチェックして、「41・1億円です」と答えられる。また、「このプロジェクトのNPVは、いったい何年目から黒字化したのですか?」と問われれば、6年目のPVが計算されるH4のセルをチェックすることで、

6年目のキャッシュフローのPV(74・6億円)＞プロジェクトAのNPV66・7億円

であることから「6年目にNPVが黒字化しました」と答えることができる。

ビジネススクールの風景

⑨「NPV法があるのに、なぜうちの会社は回収期間法なのですか?　キャッシュフロー

を割り引くなんて、そんなこと実際に企業はやっているんですか？」

⑩「先ほどの設問では6年目でキャッシュフローを止めいてますが、7年目以降はどうなってしまったんですか？」

FAQさん　NPV法で投資の意思決定をおこなう重要性を学ぶに従って、分からなくなってきたことがあります。**なぜうちの会社では、投資判断の手法がNPV法ではなく、回収期間法なのでしょうか？　キャッシュフローを割り引くなんて、そんなこと実際に企業はやっているんですか？**

大津　FAQさんの会社は、本当に全社すべての案件を回収期間法で判断しているのかな？

FAQさん　厳密に言うと、私が知る限り……ではありますけど。他の部署では、他のやり方をしているのかな？

大津　多くの企業で見られるのは、原則は回収期間法で意思決定するのだけれど、非定型的な案件だったり、金額の大きなプロジェクトだったりした場合にはNPV法を用いるといった使い分けなんだ。ところで、FAQさんの会社の回収期間法は、だいたいどんな内容？　将来予測はキャッシュフロー？　それともP／L上の利益？　回収期間法ということは、要は初期投資の回収に要する年数であらかじめターゲットを定めて、その年数以内で収まるプロジェクトであればＧｏということだよね。つまり、割り引くという概念はそこにはないはずだけど。

ＦＡＱさん　おっしゃる通りです。将来の予測数値は、キャッシュフローというよりＰ／Ｌの利益に近いと思います。減価償却費は、そのまま売上から引いていますので（減価償却費とキャッシュフローの関係性は、４章「フリー・キャッシュフロー」にて触れる）。それからうちの会社では、５年以内の投資回収と定められています。そもそもなぜ６年や７年じゃなくて５年なのか、いままでまったく考えずに言われた通りにやってきましたけど。

大津　多くの企業では、定型的な案件については、投資額とか、原材料費、労務費などの主たる変数をフォームに入れると自動的に回収期間が計算されて、ＧｏかＮＯ Ｇｏかが判定されるソフトが存在している。実務上はそれで楽だけど、その代償として、まさにＦＡＱさんがそうであるように、当事者たちが中身をあまり考えなくなるというデメリットもあるよね。

ＦＡＱさん　すみません。

大津　そう思うなら、今度職場に戻った時に、エクセルの裏側も見てみよう。ところでＦＡＱさんの最初の疑問にあった「うちの会社はなぜ回収期間法なのか」については少し見えてきたかな。

FAQさん　さっき先生は案件の内容によって使い分けている企業が多いって話をしましたよね。一般的なものは回収期間法でおこない、非定型的なものや金額の大きなものはNPV法を用いることが多いと。

大津　そういうこと。時間には価値があることを疑わないのであれば、将来キャッシュフローを割り引いて評価する概念、すなわちDCF法に基づいたNPV法や、この後に学ぶIRR法を用いなければ誤りと言える。一方、NPV法の弱点は、何と言っても計算が煩雑なこと。そして、全社的に皆の共通言語として浸透させるには、少々難解なことが挙げられる。そのため、使い分ける企業が多い、という実態が生まれるのだろうね。

FAQさん　そこでもう1つの質問にもつながるのですが、そもそもうちの会社の回収期間法は、なぜターゲット年数を5年と決めているのでしょうか？　また、**先ほどの設問では6年目でキャッシュフローを止めてますが、7年目以降はどうなってしまったんですか？**

大津　いよいよ質問が核心に迫ってきたね。FAQさんの疑問は、2つに大別することができると思う。1つは「わが社はなぜ5年が回収期間なのか」ということ、もう1つは「今日扱った設問はなぜ6年目でキャッシュフローを止めているのか」ということ。まず後者から説明すると、ここでは設問の便宜上、という程度に考えておいてください。

FAQさん　いやー、そう言われても。いま、核心に迫っているという話でしたよね？

大津　その通り、厳密には7年目、8年目が予測されるのであれば、きちんと計算に含めて考慮すべき。10年後だろうが、20年後だろうが、予測数値が妥当であれば、それは入れるべきだ。でもいつまで計算してもきりがないから、そこにはターミナルバリューという考え方を用いるのが一般的なんだ。ターミナルバリューとは、端的に言えば、その時点での残存価値のようなものだけど、これについては4章で扱うことになるから、ここでは設問の便宜上としておいてほしい。

FAQさん　では、4章のターミナルバリューとやらを楽しみにしています。一方、私の1つ目の疑問はどうですか？　うちの会社はなぜ回収期間が5年なのですか？

大津　正直それは、御社で5年と設定した経営陣に聞いてみないと分からない。今日扱った設問だと、初期投資の100億円は5年目で回収して正味20億円（－100億円－30億円－10億円＋30億円＋50億円＋80億円＝20億円）のキャッシュを生み出している。利益とキャッシュの違いはあるけど、FAQさんの会社で5年の回収期間だったら、同プロジェクトは、5年目で累積キャッシュフローが黒字になるから、Goということになりそうだね。

FAQさん　ということであれば、うちの会社だったら、NPV法で評価しても、5年の回収期間法で評価しても、このプロジェクトはGoという結論になる、ということなんですね。

大津　そういうこと。ここまでの議論を少しまとめてみることにしよう。まず、時間には価値があるのだから、投資案件の評価はＤＣＦ法に基づくＮＰＶ法によって意思決定されるべきだということ。回収期間法は将来利益（キャッシュフローの場合もある）を単純に足し算するものだから、時間には価値があるという考えが欠落している。

ＦＡＱさん　でも現実的には多くの企業が２つを使い分けていることが多い。どちらかと言うと、定型的なものや少額なものは回収期間法で簡易性を重視し、非定型的なものや巨額なものはＮＰＶ法で精緻におこなうというのが１つのイメージですね。

大津　あくまでよくある１つのパターンという点では、その通り。そして、もっとも大事なのは、裏側では両者の整合性が取れていなければならないということ。本来はＮＰＶ法でおこなうべきものを、簡易性を重視して回収期間法でおこなっている。それ自体は実務面からも否定するものではない。けれど、その結果としてプロジェクト評価が厳しくなることはあっても、甘くなることがあってはならない。繰り返すけど、**回収期間法が重宝されるのは、評価の簡易性にあるのであって、評価の寛容性にあるのではない。**

ＦＡＱさん　偶然かもしれないけど、今日扱った設問では、５％の割引率で計算するＮＰＶがプラスとなり、割り引かないキャッシュフローの回収期間もちょうど5年と、どちらでもＧｏのプロジェクトになりました。こんな両者のバランスのイメージがよいということですね。

大津　その通り！

〔コラム〕回収期間法とNPVの整合性

FAQさんとのやりとりで、回収期間法とNPV法のバランスのイメージを描いた。ここではもう少しだけ定量的に表してみることとしよう。数値の少々細かい話なので、関心の薄いテーマだと考える読者は、次のIRR法に進んでもらってかまわない。

各（n）年度のCFを（1＋割引率）^{n}で割ることで、現在価値は算出される。この1÷（1＋割引率）^{n}をディスカウント・ファクター（以降、DFと省略）と呼ぶ。割引率が5％の場合、各年度のDFと累計DFは以下のように計算される。

n年度	1	2	3	4	5	6	7	8
DF	0・95	0・91	0・86	0・82	0・78	0・75	0・71	0・68
累計DF	0・95	1・86	2・72	3・55	4・33	5・08	5・79	6・46

（割引率5％）

累計DFが意味するところは、仮に1年目以降のCFが毎年同じ値である場合（A円とする）、割引率5％において、n年度においてA円の何倍の初期投資額を回収できるかを意味している。例えば毎年のCFが1億円とすれば、8年目はその6・46倍、つまり6・46億円の初期投資までであれば、NPVをプラスにすることができる。

これがある工場にて定型的なプロジェクトの姿であるなら、投資をGoとする条件

> を、「NPVの8年目以内のプラス化」とせずに、より簡易に「回収期間法で6・46年」と置き換えることが可能となる。後者は割り引く作業が発生しない分、取り扱いが容易であることは間違いない。同様にして、割引率が7％であれば5・97年、10％であれば5・33年と計算される。

IRR（Internal Rate of Return：内部収益率）法

ビジネススクールや企業研修では、当日のクラスがおこなわれる前に定められた教科書を読み、設問をこなした上で参加するのが常識だ。その日の朝に、予習もなく集まった受講者が、「さあ、これから何をやるんでしょうか？」というような状態では、多忙なビジネスパーソンの貴重な1日を最大限有効に活用することはできない。

事前準備をおこなうもう1つの利点は、受講者が現時点での自分の理解度や、どの部分を特に集中して学ばなくてはならないかの、自己の立ち位置をつかんでいることにある。自分の現在の立ち位置と、目指すべきゴールが見えていれば、学ぶモチベーションも湧くし、達成感をそのつど実感できる。

そんな受講者に筆者がよく問う質問は、「予習をして、NPV法とIRR法、どちらが難しかったですか？」というものだ。多くの受講者は、IRR法のほうが難しかったと答える。筆者はこれを、とても面白い現象としてとらえている。もし米国のビジネススクールで同じ質問をすれば、ＩＲＲ法でつまずくような人はほとんどおらず、ＮＰＶ法のほうがとっつきにくいと言うだろう。

一般的なファイナンスの教科書では、ＩＲＲ法の解説の冒頭にて、「ＩＲＲとは、ＮＰＶをゼロにする割引率である」と定義されている。この定義から入ってしまった方は不幸にも、「ＩＲＲって何だ？　ＮＰＶがちょうどゼロになった時に、使っていた割引率のことをＩＲＲと言うとは……、何とも頭がこんがらがる、回りくどい定義だな」と感じてしまう。

そこで英語を見てほしい。ＩＲＲとは、Internal Rate of Return の略である。英語は勘弁してくれ、と言う方だと正直苦しいが、Rate of Return は日本語の「利回り」を意味することくらい知っていれば、ＩＲＲとは、単なる「利回り」のことだと分かる。誰かがＩＲＲという言葉を口走った時は、それはすべて「利回り」、厳密に言えば「プロジェクトの予測利回り」と置き換えて聞いていれば通じる。よって、**利回り（ＩＲＲ）が魅力的ならばプロジェクトはＧｏ、利回り（ＩＲＲ）の魅力が劣るならばプロジェクトはＮｏ Ｇｏと判断**すればよい。何とも当たり前の話である。

例えば皆さんが50万円の賞与を受け取ったとしよう。今年はすべて預金に回すことにする。低金利の時代だが、せめて１％以上の利回りの定期預金を提供している銀行に預けたいと考えている。いろいろな銀行の金利を調べた結果、メガバンクと呼ばれるところは、

図表3-3　IRR法による意思決定

	定期預金金利 (＝利回り＝IRR)	意思決定
メガバンク	0.3%	0.3% ＜ 1% なので 預金しない(NO Go)
メガバンクより規模は劣る銀行や、インターネット専業銀行	1.2%	1.2% ＞ 1% なので 預金する（Go）

> IRR　＞ ハードルレート ⇒ プロジェクトを実施する（Go）
>
> IRR　＜ ハードルレート ⇒ プロジェクトを実施しない（NO Go）

軒並み０・３％程度の金利なので預金しないことにした。

一方、メガバンクより規模は劣る銀行やインターネット専業銀行であれば、ボーナスキャンペーンと銘打って１・２％の金利を期間限定で提供していることを知った。よって、後者の銀行に預金することとした（図表３-３）。

ここで、基準として設定した１％という金利は、越えなければならない金利なので、ハードルレートと呼ぶことにしよう。加えて、預金する銀行の決定を１つのプロジェクトと考えれば、図表３-３下段の式のような判断が成り立つこととなる。

ＩＲＲがハードルレートを上回る事業（プロジェクト）は、実施すべきであり、下回る事業（プロジェクト）は、実施すべきではない。ＩＲＲは日本語では内部収益率と訳されるが、日常の口語表現で「内部収益率はどれくらい出るの？」などと言う人はまずいない。「ＩＲＲはどれくらい出るの？」というのが、普通に耳にする表現である。

さて、ＩＲＲがプロジェクトの利回りであることを理解した上で、再びＩＲＲの定義である、「ＮＰＶをゼロにする割引率」を考えてみることとしよう。こうした一見すると頭が混乱しそうな定義を解読する1つのコツは、適当な数値を入れて考えてみることだ。その際、できるだけシンプルな数値例を使って考えるのが望ましい。例えば以下のようなプロジェクトが存在しているとしよう。

設問

今日１００円を投資すると、１年後には１１５円になることが予測されるプロジェクトがあります。本プロジェクトのＩＲＲ、はいくらですか？

ＩＲＲはすべて「利回り」と置き換えればよいのだから、要は本プロジェクトの利回りを聞いているに過ぎない。今日１００円投資して1年後に１１５円になるというのだから、１００円に対して利息が15円つくことを意味する。利回り（ＩＲＲ）は、15％である。

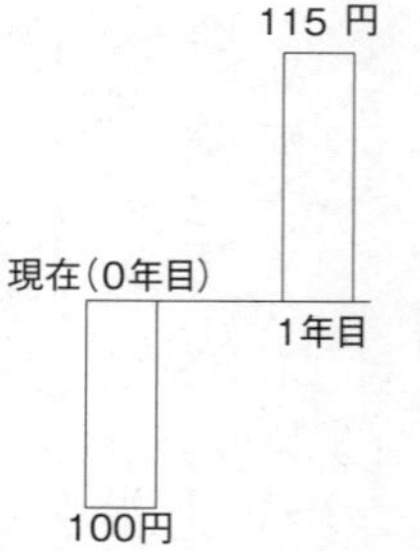

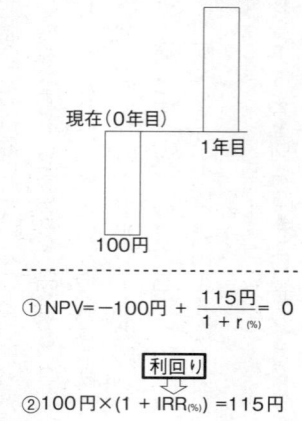

① $NPV = -100円 + \frac{115円}{1 + r_{(\%)}} = 0$

利回り

② $100円 \times (1 + IRR_{(\%)}) = 115円$

これを今度はＩＲＲの定義である「ＮＰＶをゼロにする割引率」に従って、ＩＲＲを計算してみよう。ＮＰＶは右図の①式のように計算される。いま割引率が分からないので、仮にｒと置くこととしよう。

これをｒについて解けば、ｒは15％と計算される。このことから、我々が普段何気なく口にしている「利回り」とは、「ＮＰＶをゼロにする割引率」だということが分かった。①の式も、少し変形すれば、②式のように表せるのだから、「プロジェクトの利回り」と「ＮＰＶをゼロにする割引率」という2つの定義が結びつくのは、当たり前と言えば当たり前の話となろう。

最後に、ＮＰＶ法で用いた設問と同じ数値を使って、今度はＩＲＲを算出することとしよう。

設問

初期投資に100億円を要し、以降6年目までのキャッシュフローが以下に示したように予測されるプロジェクトがあります。本プロジェクトは実施すべきでしょうか。

ＩＲＲ法によって意思決定してください。

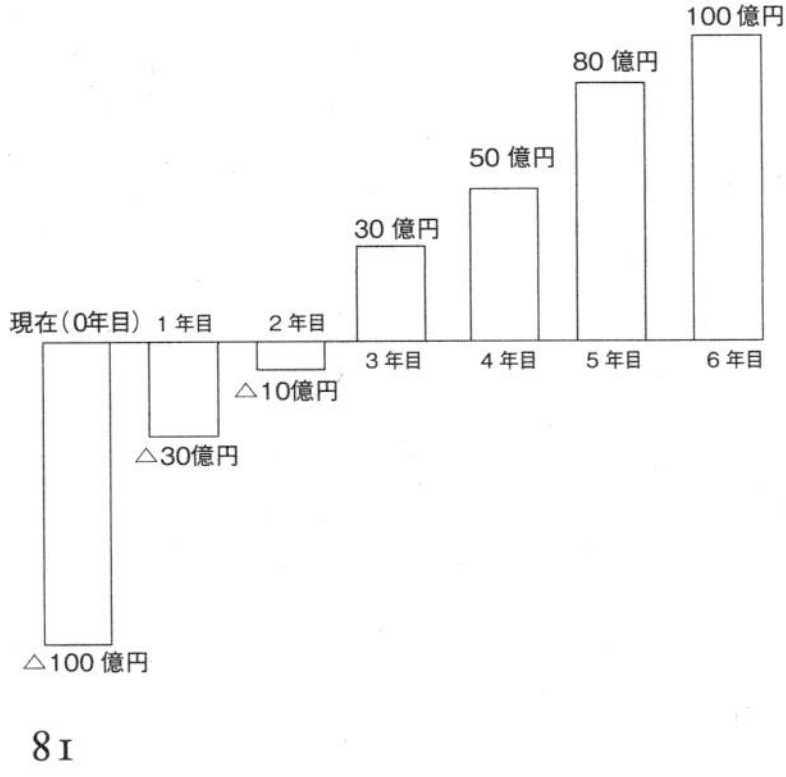

図表3-4　IRR関数を用いた計算

（単位：億円）

	A	B	C	D	E	F	G	H
1		0	1	2	3	4	5	6
2	CF	-100	-30	-10	30	50	80	100
3	IRR	14.6%						

（B3）← ＝IRR（B2：H2）

ＩＲＲは14・6％と算出される。ＩＲＲを求めるには、エクセルのＩＲＲ関数という便利なツールを使うのがよい。図表3-4のように簡易に入力して計算することができる。Ｂ３のセルには、=IRR(B2:H2) という式が入っている。このように、ＩＲＲ関数の中でそのまま該当するキャッシュフローを囲むだけでＩＲＲは計算できる。ＮＰＶ関数とは異なり、ＩＲＲ関数では初期投資も含めてキャッシュフローを囲んでいることに注意を促したい。

ＮＰＶは正の値ならＧｏ、負の値ならＮＯ Ｇｏと判断するが、ＩＲＲはハードルレートを上回っているか否かで判断される。よって、もしハードルレートが5％であるなら、5％（ハードルレート）＜14・6％（ＩＲＲ）により、本プロジェクトはＧｏと判断される。一方ハードルレートが20％であるなら、20％（ハードルレート）＞14・6％（ＩＲＲ）により、本プロジェクトはＮＯ Ｇｏと判断される。

ビジネススクールの風景

⑪「ＩＲＲは高いほうがよいのですか、低いほうがよいのですか？」

FAQさん　ＩＲＲの定義はよく分かりました。結局のところ、ＩＲＲという言葉が出てきた時は、すべて「プロジェクトの利回り」と置き換えて聞いていれば、問題ないってことですね。

大津　そういうこと。あくまで計画を立てている将来のプロジェクトのＩＲＲなのだから、厳密には「予測利回り」という言葉でとらえたほうがよいだろうね。

FAQさん　ところで、**ＩＲＲって高いほうがよいのですか？　それとも低いほうがよいのですか？**　ＩＲＲは、予測利回りですよね。利回りは常に高いほうがいいんだから、ＩＲＲも高ければ高いほどよいということですよね？

大津　原則的にはその通り。でも、ハイリスク・ハイリターンという言葉をあわせて考えるとどうだろう？　ハイリスク・ハイリターンとは、リスクが高いものは高いリターンも期待できるという考えだ。反対に、ローリスク・ローリターンとは、リスクが低いものは低いリターンしか期待してはいけないということ。リスクの定義と、リスクとリターンの関係については、５章の「資本コスト」のところで深く触れます。

FAQさん　そうか、ＩＲＲは高いほうがよいとは言ったけれど、それはリスクが変わらないという前提の話ですね。極端な話、リスクをどんどん取れば、リターンの期待値、すなわちＩＲＲも上がらなくてはならない。そもそもハイリスク・ローリターンだったら、投資の対象として検討すらしないでしょうから。

大津　そうだね。予測ＩＲＲを高めるだけだったら、リスクの高いことばかりをすればよい。例えば、電力・ガスや食品などの比較的株価が安定した動きをする銘柄ではなく、できるだけ乱高下の激しいベンチャー企業の株ばかりを買えばいいことになる。

ＦＡＱさん　ＩＲＲは高いほうがよいのか、と問われれば、同じリスク条件下ではその通り。でもＩＲＲが上がっても、同時にリスクも高まっているのであれば、一概には高いほうが絶対によいとは言い切れないということですね。

大津　定期預金より投資信託や株を買うほうが予測利回り、つまりＩＲＲは必ず高い。そもそもリスクばかりが高くて、リターンが期待できないものを人は選ばないからね。で、定期預金にしか貯蓄しない人と、投資信託や株を使って運用する人と、どちらが偉いのかと言えば、それはその人の価値観や人生観次第。よって、ＩＲＲの高いものを目指すか否かも、最終的にはその人や企業のリスク志向が決めていくことになるわけだ。

ＮＰＶ法とＩＲＲ法の共通点と相違点

図表３-５に、ＮＰＶ法とＩＲＲ法の３つのステップをまとめてみよう。

ＮＰＶ法の第１ステップは、将来のキャッシュフローを予測することから始まる。この第１ステップがもっとも難儀であることには議論の余地がない。将来の事業計画を数値で表してくれというわけだから、そのためには経済環境の考察から始まり、顧客、競合、自

図表3-5　NPV法とIRR法の3つのステップ

NPV法	IRR法
①将来のキャッシュフローを予測する	①将来のキャッシュフローを予測する
②NPVを算出する	②IRRを算出する
③NPV＞0 ⇒ Go NPV＜0 ⇒ NO Go	③IRR>ハードルレート⇒ Go IRR<ハードルレート⇒ NO Go

社分析、さらには自社の戦略とこれに基づくマーケティングや生産などの個別の打ち手を定めなくてはならない。それを利益ではなくキャッシュフローで予測してくれというわけだ。なぜキャッシュフローなのか、具体的にどのように計算するのかについては、４章の「フリー・キャッシュフロー」で取り扱う。

第１ステップが完了すれば、後は大した作業ではない。ＮＰＶ法の第２ステップは、ＮＰＶを計算することだ。先に示したように、エクセルさえあれば簡単に計算できる。もちろん、割引率が決まっていなければＮＰＶは計算できない。割引率は１つひとつの細かな案件ごとに個別に設定するというよりも、プロジェクトの性質ごとに、おおよそいくらの割引率を使うかの指針が企業内の財務部などから指定されているのが一般的だ。非定型的なものや巨額のものは、個別の割引率を熟慮するだろうが、定型的なものについて１つひとつ現場で割引率を考えていたのでは非効率だし、その意義も薄い。なお、割引率については、５章の「資本コスト」で詳しく取り扱うことにする。

第2ステップでＮＰＶが計算できれば、残されたのは第3ステップの意思決定のみだ。ＮＰＶが正の値であればＧｏだし、ＮＰＶが負の値であればＮＯ　Ｇｏと判断される。しかし現実的には、ＮＰＶの正負の符号だけで意思決定することはないだろう。例えばＮＰＶが仮に50億円の正の値を示すプロジェクトがあるとする。ところが、選択と集中を進める自社の経営方針において、当該プロジェクトが縮小・撤退となっている対象の事業部に存在しているとすれば、そのプロジェクトは、ＮＰＶが正であるという事実より、縮小・撤退の対象の事業部に存在する1つのプロジェクトとして、ＮＯ　Ｇｏとなる可能性が高い。あるいは、ＮＯ　Ｇｏの意思決定をおこなう前に、なぜ50億円のＮＰＶをもたらすような魅力的なプロジェクトが存在する事業部でありながら、縮小・撤退の対象となってしまったのかを問うべきだろう。

ＩＲＲ法の第1ステップも、ＮＰＶ法と同様に将来のキャッシュフローを予測することから始まる。第2ステップは、ＩＲＲ関数を用いてＩＲＲを算出する。しかし、ＩＲＲを計算しただけでは、何の意思決定もできない。第3ステップでハードルレートと比較することにより、ＩＲＲがハードルレートを上回ればＧｏ、上回らなければＮＯ　Ｇｏと判断する。

NPV法とIRR法で意思決定は等しくなる

こうなると、読者の次の質問は、ハードルレートはどうやって決めるのか？となってくるだろう。

NPV法とIRR法は、投資の意思決定のためのツールであるという点、および将来キャッシュフローを割り引くDCF法に基づくという2点において共通している。よって、どちらを用いても、Go／NO Goの意思決定は等しくなくてはならない。仮に、いまある工場の基幹設備の更新投資の可否を、A社が判断しようとしているとしよう。NPV法を用いるのか、IRR法を用いるのかはA社の勝手だが、どちらを用いても結論は同じにならなくては困る。NPVを計算すると正の値でGoとなるのに、IRRはハードルレートを下回ってしまうのでNO Goとなり、どうしてよいか分からない、などということがあってはならない。

NPV法とIRR法で意思決定を等しくするには、両者の判断基準を同一にしておくことが求められる。判断基準とは、NPV法の割引率とIRR法のハードルレートに相当する。**特定の企業が、特定のプロジェクトを、特定のタイミングで評価しているのであれば、割引率とハードルレートは一定に保たなければならない。仮にNPV法で5％を割引率とするならば、IRR法のハードルレートは5％となる。**

ただし、これらの3つの〝特定〟（企業、プロジェクト、タイミング）が1つでも変わ

図表3-6　NPV法とIRR法を1つのグラフで表現

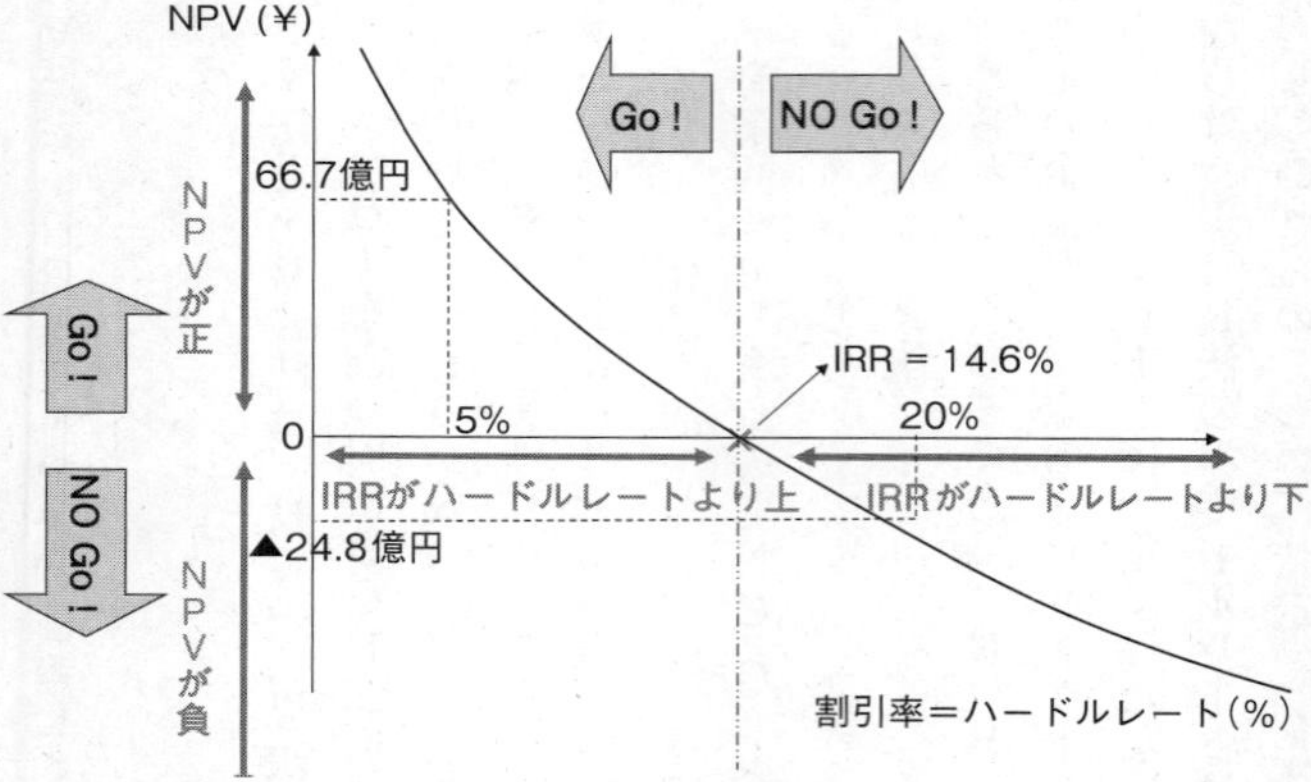

	前提条件	計算結果	意思決定
NPV法	割引率は20%	NPV=▲24.8億円	NPV<0なので、NO Go
IRR法	ハードルレートは20%	IRR=14.6%	IRR＜ハードルレートなので、NO Go

れば、割引率そのものが変化することは十分ある。Ａ社ではなくＢ社、性質の異なるプロジェクト、あるいは同じプロジェクトだが半年の時間が経過した後、などがその例だ。ただしその場合にも、ＮＰＶ法の割引率が仮に７％に上がるのなら、ＩＲＲ法のハードルレートも７％としなくてはならない。割引率そのものが変わることはあっても、２つの手法の基準が異なることがあってはならず、結果として結論がズレることはないということだ。

　ＮＰＶ法とＩＲＲ法の解説の中で用いた設問をもう１度使って、２つの結果を１つのグラフにまとめてみることとしよう。そうすることで、2つの手法のやっていることは同じだということが実感できるはずだ。図表3-6にあるように、横軸は割引率（＝ハードルレート）、縦軸はＮＰＶを表している。この左肩上がりのグラフはキャッシュフローさえ与えられれば、いつでも描くことができるものだ。

ＩＲＲ法の設問のハードルレートは少々高過ぎる感はあるが、グラフ上で分かりやすく表示できるように20％とした。ＩＲＲ（14・6％）＜ハードルレート（20％）なので、意思決定はＮＯ Ｇｏとなる。ハードルレート＝割引率なのだから、実際に割引率20％としてＮＰＶを計算すると、▲24・8億円と計算される。ＮＰＶが負の値なのだから、実施すべきではないと結論づけられる。

グラフから、ＮＰＶ法で考えている人はグラフの縦軸で意思決定をしており、上半分にあればＧｏ、下半分にあればＮＯ Ｇｏとする。ＩＲＲ法で考えている人はグラフの横軸で意思決定をしており、左半分にあればＧｏ、右半分にあればＮＯ Ｇｏとする。同じものを上と下に分けて見ているのか、それとも左と右に分けて見ているかだけの違いだと、グラフから実感することができよう。

ビジネススクールの風景

⑫「ＮＰＶ法とＩＲＲ法って、向き、不向きはあるのですか？」

図表3-7　2つのプロジェクトの事業評価

（単位：億円）

	A	B	C	D	E	F	G	H	I
1	プロジェクトA	割引率	5%						
2			0	1	2	3	4	5	6
3		CF	-100	-30	-10	30	50	80	100
4		NPV	66.7						
5		IRR	14.6%						

	A	B	C	D	E	F	G	H	I
1	プロジェクトB	割引率	5%						
2			0	1	2	3	4	5	6
3		CF	-500	-100	-30	50	150	300	500
4		NPV	152.3						
5		IRR	9.7%						

大津　たまには私からＦＡＱさんに質問してみましょう。ここまで、ＮＰＶ法とＩＲＲ法は、結局のところやっていることは一緒だということを理解してきたね。では、**ＮＰＶ法とＩＲＲ法の向き、不向きって何だろう？**

ＦＡＱさん　あえて言うなら、計算結果を金額で表現したければＮＰＶ法、比率（%）で表現したければＩＲＲ法ということですか？

大津　では、どういう時に金額を重視して、どういう時に比率を重視して表現したいのだろう？　ＮＰＶ法とＩＲＲ法に、向き、不向きはあるのかな？

ＦＡＱさん　パーセンテージというのはいろいろな意味での効率性を表す指標ですよね？　効率性を追求したい時は、ＩＲＲ法ということではないですか？　でも先生はきっと、じゃあ効率性を追求するのは、どういう時か？って訊いてくるんでしょうけど。

大津　その質問が喉元まで出かかっていたよ（笑）。では、具体的な数値を使って考えてみることとしよう。これまで、特定の１つのプロジェクトで考えれば、ＮＰＶ法を用いても、ＩＲＲ法を用いても、結果は同じだとしてきたよね。では、複数のプロジェクトが存在している場合はどうだろう。例えば図表3-7のような２つのプロジェクトが存在しているとしよう。プロジェクトＡはこれまでの設問で使ってきたもの、プロジェクトＢは今回初めて登場したものだ。

ＦＡＱさん　両方ともＮＰＶが正だし、ＩＲＲが割引率（＝ハードルレート）５％を上回っているのだから、両方ＧｏでＯＫですよね？

大津　その通り。ではもしも何らかの理由があって、１つのプロジェクトしか実施できないとしよう。こういった複数のプロジェクトから選択したり、優先順位づけをしたりするという話は、ここで初めて取り扱うことになる。ＦＡＱさんだったら、どちらのプロジェクトを実施したいかな？

ＦＡＱさん　企業の目的は価値を高めることですよ。うちの会社も先月発表された中期経営計画に、「企業価値の増大を目指して」なんて、堂々と謳っていますから。うちの会社だったら、ＮＰＶが大きい、つまり企業価値が増大できるプロジェクトＢで決まりですよ。

大津　企業価値が増大できるのは、本当にＢを選択した時なのかな？

ＦＡＱさん　だって、プロジェクトＡのＮＰＶは66・7億円だから、Ｂの１５２・３億円の半分もないんですよ。

大津　図に与えられている数値の条件以外には、自由な発想を持ってよいこととしよう。問い方を変えれば、企業価値を最大化するために、プロジェクトＡを選択すべきと結論したいなら、どんな前提条件が必要だろう？　ＡとＢのプロセスをもう一度しっかり見て、Ａのよいところを挙げてみてください。

ＦＡＱさん　Ａは１００億円だけ初期投資して、ＮＰＶ66・7億円儲かるんだよなあ。それに対してＢは５００億円も初期投資して、ＮＰＶ１５２・３億円しか儲からない。ああ、Ａのよいところは、初期投資がＢの５分の１で済んでいることだな。どちらが効率的にＮＰＶを創出しているかなんて問われたら、Ａのほうがたしかに優れていますね。だからＩＲＲも高いんですね。

大津　そう、でもそこがＡの弱点でもある。初期投資が表すように、プロジェクト自体の規模がＢに比べて小さいから、効率は優れていても、規模で勝るＢにＮＰＶはかなわない。つまり、**ＮＰＶを決めるのはＩＲＲが示す効率的に稼げているかだけでなく、単にプロジェクトの規模が大きいかどうかにも左右されるということが分かる。**

ＦＡＱさん　あっ、同じプロジェクトを複数回実施できるっていうのはどうですか？　発想は自由でよいという話でしたよね。ＡはＢの初期投資の5分の1で済むのだから、あと4回Ａを実施できるとすれば……。同じ初期投資５００億円を使って、Ｂを1回おこなう場合はＮＰＶ１５２・３億円でおしまいだけど、Ａを5回できれば、66・7億×5回＝３３３・５億円になります。Ａを選択したほうが、企業価値が増大できるということになりませんか？

大津　正解！　発想は自由でよいと言ったから、もしＡを複数回実施できる、あるいはＡみたいなプロジェクトが他に選択肢として存在しているというのであれば、選択肢はＢではなくＡとなるね。

ＦＡＱさん　なるほど～。ちょっと頭を整理させてください。まず、企業経営の目標は、企業価値を増大すること、すなわちＮＰＶを最大化することを目的とする。これは間違いないですね。

大津　その通り。

ＦＡＱさん　次に、もし2つしか選択肢がなくて、どちらかを1回しかできない、でもどちらか一方は必ずできるというのなら、ＮＰＶが大きいプロジェクトＢを選択すべきである。これも間違いないですか？

大津　すべての条件がＦＡＱさんの言った通りなら、そう考えるのが妥当でしょう。

ＦＡＱさん　でも予算に制約があって、例えば５００億円という予算の制約がある中で、

図表3-8　複数プロジェクトの事業評価

プロジェクト名	初期投資(億円)	IRR (%)	NPV (億円)	累積NPV (億円)	累積初期投資(億円)
A	-100	14.6	66.7	66.7	-100
C	-50	13	25	91.7	-150
G	-80	12	40	131.7	-230
D	-130	11	80	211.7	-360
F	-90	10	30	241.7	-450
B	-500	9.7	152.3	394	-950
E	-300	8	75	469	-1,250
H	-45	6	30	499	-1,295
I	-40	4.5	-10	489	-1,335

IRRの大きい順に選択

予算500億円を消化

多くの選択肢が存在する場合は話が変わってくる。優先すべきはIRRの高いプロジェクトであって、NPVが高いプロジェクトではない。そういうことでしょうか。

大津　その通り。IRRが高い順番にプロジェクトを選考していき、500億円の予算を消化した時点で今年度実施すべきものと実施すべきでないものが判定できる。例えば、図表3-8のようにAからIまで9つのプロジェクトがあるとしよう。プロジェクトを、A⇩C⇩G⇩D⇩Fと、IRRの大きな順に5つ実施した段階で450億円の予算が初期投資として消化される。累積のNPVも241・7億円期待できる。この5つの選択としてもよいし、もっと欲張るなら、余った投資予算50億円（500億円-450億円）のうちの45億円をプロジェクトHに投資することで、さらに30億円のNPVが期待できる。NPVの合計は271・7億円になるよ。

FAQさん　反対に、企業経営の目的はNPVを増大化することだから、もしNPVが大きなものから選択しましょうなんてやってしまうと、Bを1つだけ選択して終了となってしまいますね。その場合NPVは152・3億円しか期待できないから、相当ひどい意思決定をしたことになりそうです。

大津　そういうこと。では、NPV法を重視すべき時はどんな場合だろう？

FAQさん　途中のプロセスが議論しやすいというのは、あると思います。さっきやったように、4年目のキャッシュフローがNPVに何億円貢献しているとか、6年目でNPVが黒字に転じたとか。ここは足りないからもう少し努力しようとか、ここはもっと拡大を試みようとか、そうした途中のプロセスの議論をするには、NPVのほうが向いていると思います。要は、NPVには加法性があるということでしょうか。

NPV法を優先すべき場合

- 途中プロセスの議論を重視したい場合
- プロジェクトの特異性が強い場合や、金額の規模が大きいなど、金額を明確にとらえたい場合

IRR法を優先すべき場合

- 予算に制約がある中で、プロジェクトの優先順位をつける場合
- 割引率が明確に定まらない場合

大津　たしかにそう。それをＩＲＲでやろうとすると、「4年目のキャッシュフローのお陰で、ＩＲＲが0・3%改善しました」なんて表現になるけど、あまりピンと来るもではない。他にＮＰＶのメリットはあるかな？

FAQさん　ＮＰＶのよさは何と言ってもプロジェクトの規模感が分かるということですよね。前に出てきてましたけど、「そのプロジェクトをやって、いったいうちの会社の株価はいくら上がるんだ？」なんて社長が訊いてきたら、それに答えるにはＮＰＶを計算してないとダメですから。

大津　そう、つまりプロジェクト価値の金額自体がより注目される時だから、自ずとプロジェクトの特異性が強い場合や、金額の規模感が大きい時になるだろう。そもそも社長が株価への影響を訊いてくるのは、それなりの大きなプロジェクトに限定されるだろうね。

ＩＲＲ法は、予算に制約がある中で、プロジェクトの優先順位をつける場合に重視すべきとした。優先順位をつけるという以上、比較しているプロジェクトは概ね類似していたり定型的なものだったり、あるいは金額的には比較的小さいことが想定できる。まさにＮＰＶを重視すべき場合と反対のケースととらえることもできるだろう。

それからもう1つつけ加えると、まだ割引率が明確に定まっていない場合も、ＩＲＲのほうが使い勝手がよい。とりあえず予測キャッシュフローからＩＲＲを算出しておおよそのレベル感を先につかんでしまう。仮に割引率を４％にしようか５％にしようかと悩んでいたとしても、例えばＩＲＲが10％と計算されれば精緻な割引率を求めなくとも、本プロジェクトはＧｏと考えてよいことが確認できる。

4章

フリー・キャッシュフロー

【学習ノート】

FCF
＝営業利益×（1－税率） ←― P/Lに関する項目（NOPAT）
＋減価償却費－設備投資 ←― 設備投資に関する項目
－追加運転資金 ←― 運転資金に関する項目

1. 予測利益ではなく、予測キャッシュフローの現在価値

NPV（正味現在価値）は、予測キャッシュフローの現在価値であって、予測利益の現在価値ではない。この理由として、以下の3つを挙げることができる。

①黒字倒産という言葉に代表されるように、どんなに利益が出ていようとも、企業は倒産する。企業の存続を決するのは、利益ではなくキャッシュの存在である。よって価値の計算は、キャッシュフローをもとにおこなわなければ意味がない。

②会計方針の選択によってP／L上の利益の数値は変わってしまうが、キャッシュフローには直接影響しない。経営の恣意性を排除し、NPVを正確に計算するには、キャッシュフローをもとにおこなわなければ意味がない。

③投資家が、資本コスト（5章の「資本コスト」で詳述）を要求している対象は、彼らが投下したキャッシュなのだから、資本コストが割り引く相手は、キャッシュフローでなければ意味が

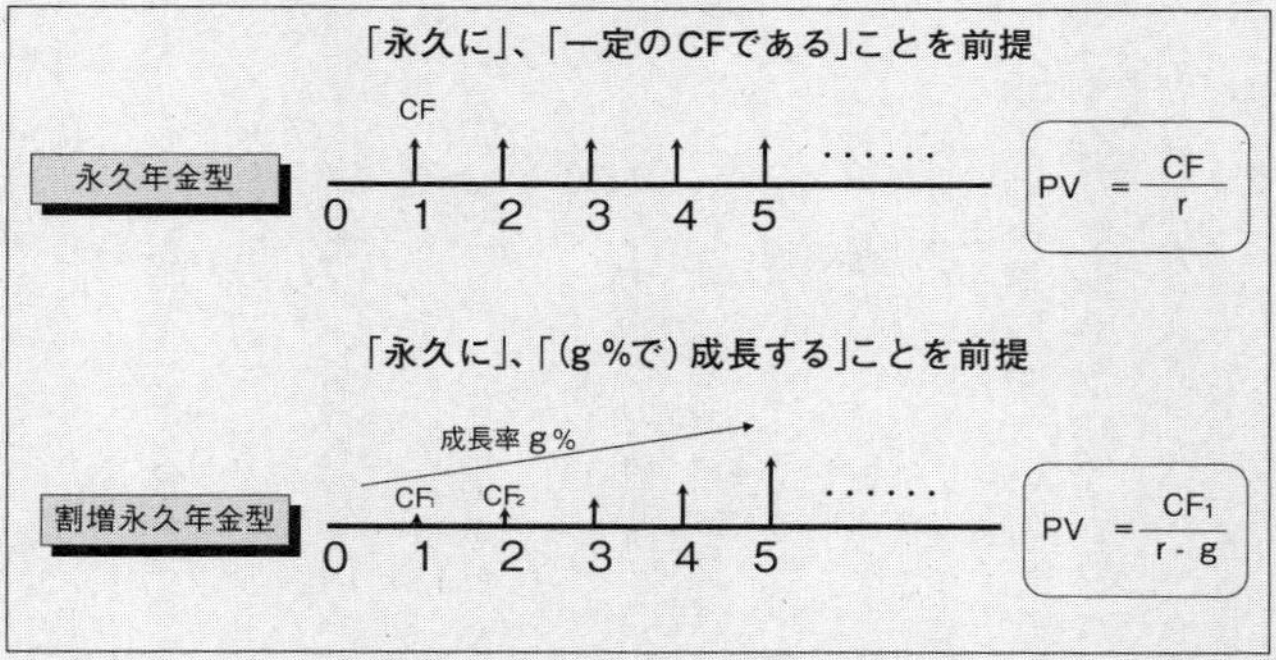

ない。

2．分子はフリー・キャッシュフロー（FCF）

FCFとは、事業そのものから、正味生み出される株主・金融債権者のものとなるキャッシュフローである。具体的には、右ページ上段の計算式によって算出される。

この式に基づいて、検討している事業の将来にわたるキャッシュフローを予測し、これをNPV算定式の分子に乗せていく。

3．FCF算定式の覚え方

FCFの算定式は、①P／L（利益）に関する項目、②設備投資に関する項目、③運転資金に関する項目の、3つに分けて考えるととらえやすい。3つの項目をバランスよく向上していくことはFCFの向上につながり、ひいては企業価値の向上へと発展していく。

4．永久を前提とする２つの便利な公式

永久に継続すると予測されるキャッシュフローに対して使える、２つの便利な公式がある。永久年金型を使うには、「永久に」と「一定のキャッシュフロー」という２つのキーワードが前提条件として必要となる。割増永久年金型を使うには、「永久に」と「一定の成長率で成長する」という２つのキーワードが必要となる。

5．ターミナルバリュー

企業活動はゴーイングコンサーンを前提とするものの、未来永劫に及ぶＦＣＦの予算を作成することなど実際にはできない。このため、ある年度まではＦＣＦの予算を精緻に作成した上で、その終結時点（＝ターミナル）で想定される残りの価値（＝バリュー）をそれに加えるという２段階で計算することが一般的だ。後者の終結時点での価値を、ターミナルバリューと呼ぶ。ターミナルバリューの考え方や算出方法は多数あるが、そのうちの１つは、4．『永久を前提とする２つの便利な公式』で学んだ２つの公式を用いた手法である。

"Our ultimate financial measure, and the one we most want to drive over the long-term, is free cash flow per share."

〈われわれの究極の財務指標であり、また長期にわたって成長させていきたいと考えているのは、1株当たりのフリー・キャッシュフローである〉

これは、アマゾン・ドット・コムの２００４年のアニュアルレポート「株主への手紙」の冒頭で、創業社長ジェフ・ベゾスが株主に向かって発した言葉だ。

「なぜ、アマゾンにとってＦＣＦが究極の目標指標となるのだろうか？」

これからＦＣＦについて1つひとつ見ていくが、その途中で時折この質問を自分に問いかけてみることは、ＦＣＦの理解度を確認する上で有益となろう。その答えとなるところは、ＦＣＦのひと通りの説明が終わった段階で、コラムとして紹介することとする。

予測利益ではなく、予測キャッシュフローの現在価値

私たちが普段、予算を作成する、すなわち将来の計画を定量的に表すのは、売上や利益といったＰ／Ｌ予測が中心だ。しかし、ＮＰＶ（正味現在価値）の計算式では、利益ではなくあくまでキャッシュフローを予測し、その現在価値を算出する。予測利益の現在価値ではないのだ。これはなぜだろうか？

そもそも、利益とキャッシュフローの違いがおぼつかない読者もいるだろう。細かな計算過程はこの後のFCFの算定式で理解することにして、ここでは両者の概念的な違いを押さえることとしよう。

英語には、Cash is King. という言葉がある。そのまま訳せば、「キャッシュは王様」となるが、さしづめ「キャッシュがすべて」というのが適訳だろう。この言葉の意味を正確に理解するには、「何に対して？」と問いかけるとよい。言外の比較の相手は、P／L上の利益である。つまり、「利益ではなく、キャッシュがすべて」ということを意味している。またフィンランドの携帯端末メーカーであるノキア社が語った有名な言葉を掲げておく。

“Cash is reality, profit is a matter of opinion.”〈**キャッシュが真実であって、利益は意見に過ぎない。**〉

これら2つの言葉が言わんとしていることは、いったい何なのだろうか？ それは、2つの視点から指摘できる。1つは、2008年のリーマンショックに前後して、不動産業界で黒字倒産する企業が続発したことから考えてみよう。黒字倒産はその言葉の通り、P／L上は黒字のまま、企業が倒産することを意味する。**どんなに利益があっても、キャッシュがなければ企業経営は立ちいかない。**キャッシュがなければ、従業員の給与すら支払うことはできないのだ。そんな企業でいつまでも働くことは、読者も望まないだろう。

２つ目の視点は、Ｐ／Ｌ上の利益は様々な会計方針を前提として計算するため、**会計方針の選択において、経営者の恣意《しい》の入る余地がどうしても存在する**ということに基づくものだ。例えば、減価償却の方法には、大きく定率法と定額法の選択肢があり、その選択は企業に委ねられている。どちらを採用するかで、毎年のＰ／Ｌ上の利益の額は異なってくる。しかし、会計方針の選択肢によって、キャッシュフローが直接増えたり減ったりすることはない（ただし利益の増減によって、税金というキャッシュフローは増減する）。

このように、**利益があっても企業は倒産し得るということ。そんな企業は残念ながら価値があるとは言えないだろう。また、会計方針の選択によって利益の計算に企業の恣意が入らざるを得ないこと。企業が意図的に利益が出やすい会計方針を選択した場合には、利益のＮＰＶだと恣意的な価値としてＮＰＶは増幅されてしまう。**

これら**２つの弊害を除去するものとして、キャッシュフローが登場する。**キャッシュフローを採用することによって、ゴーイングコンサーンとして存続する企業のみが価値ある企業として計算され、また会計方針の選択という恣意性を排除した客観的な事業価値が算出されることとなる。

なぜ利益ではなくキャッシュフローなのか。ここまでは企業サイドの視点で述べたが、今度は投資家サイドの視点に立ってみよう。投資家が企業に投下しているのは、言うまで

図表4-1　投資家は、投下したキャッシュに対してリターンを要求

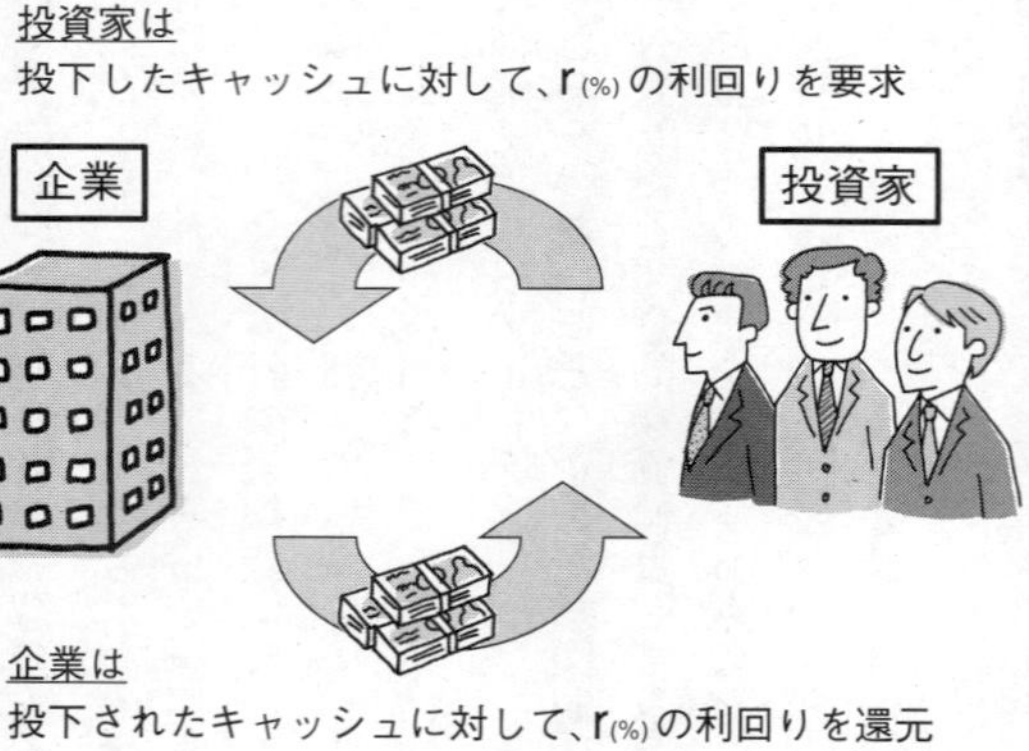
投資家は
投下したキャッシュに対して、r(%)の利回りを要求
企業
投資家
企業は
投下されたキャッシュに対して、r(%)の利回りを還元

もなくキャッシュそのものである。投資家の企業に対する投資は、慈善事業ではない。よって、**その投下したキャッシュそのものに対して、投資家たちは企業に特定のリターンを要求している。**この要求リターンに相当するのが、資本コストと呼ばれるものだ。5章で学ぶが、NPV算定式の分母には、この資本コストを用いる。したがって3つ目の視点として、**その資本コストで割る相手の分子は、資本コストが要求されている対象、すなわちキャッシュフローそのものでなくてはならない。**

これら3つの事実から、予測利益の現在価値ではなく、予測キャッシュフローの現在価値こそが、NPV、すなわち事業の価値と判断しなくてはならないこととなる。

図表4-2　予測利益ではなく、予測キャッシュフローの現在価値となる3つの理由

企業サイドからの視点

❶ どんなに利益が黒字でも、企業は倒産する。企業の存続を決するのは、利益ではなくキャッシュの存在。よって価値の計算は、キャッシュフローをもとにおこなわなければ意味がない。

❷ 会計方針の選択によって、P/L 上の利益の数値は変わってしまうが、キャッシュフローには直接影響しない。経営の恣意性を排除し、NPV を正確に計算するには、キャッシュフローをもとにおこなわなければ意味がない。

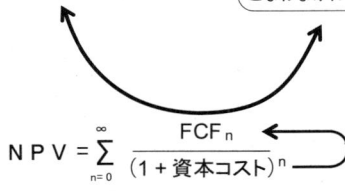

$$NPV = \sum_{n=0}^{\infty} \frac{FCF_n}{(1 + 資本コスト)^n}$$

投資家サイドからの視点

❸ 投資家が資本コストを要求している対象は投下したキャッシュなのだから、資本コストが割り引く相手はキャッシュフローでなければ意味がない。

FCF
＝営業利益×(1－税率)　❶　←❶P/Lに関する項目
＋減価償却費－設備投資　❷　←❷設備投資に関する項目
－追加運転資金　❸　←❸運転資金に関する項目

分子はフリー・キャッシュフロー（FCF）

ＦＣＦとは、①事業そのものから、②正味生み出される、③株主・金融債権者のものとなる、④キャッシュフローである。○付き数字の4つはどれもが重要なキーワードだ。これらを具体的な式で表したものが図表4－2下段の式である。この式に基づいて、検討している事業の将来にわたるキャッシュフローを予測し、これをＮＰＶ算定式の分子に乗せていく。

算定式の中身を見る前に、フリー・キャッシュフローという言葉について考えておこう。フリー（Free）とは、企業にとって使途自由なキャッシュフローであることを意味する。よって、入ってくるすべてのキャッシュフローから、出ていくすべてのキャッシュフローを差し引いて計算される。前記①～④の4つのキーワードのうち、「正味生み出される」という部分がそれを示している。また、使途自由と言っても、企業の究極の所有者は株主や金融債権者だから、「株主・金融債権者のものとなる」というキーワードが現れる。

では、具体的なＦＣＦの計算式を見ながら、各項目の意味をひと通り解説していこう。その際、ぜひ読者に意識してほしいのは、式を見て、その解説を読んで、いったいどんな疑問が浮かぶかを考えるという、能動的な姿勢で読むことだ。

能動的に読むためのコツは、自分が現在携わっている事業でも、あるいは新規に検討したい事業でもよいから、ＦＣＦ計算式の各項目を、自分が実際に作成することをイメージ

しながら読み進めることである。実際の事業計画を思い浮かべながら、「数値が作れるのか？」「どこから数値を引っぱってくるのか？」「何を調べなければならないのか？」などと能動的に読むことだ。そうすることで、学んだ理論が実務の世界へと結びついていくし、また実務で活用する際の注意点や限界も感じられることだろう。

ひと通りの解説が終わった後には、私がこれまで担当したファイナンスの受講者からＦＣＦに関してよく受ける質問と、それに対する解答を示していく。**読者が思い浮かべた疑問と一致するものが1つでも2つでもあれば、読者はまさに実際のビジネススクールで学んでいる臨場感を共有していると言えよう。**

ＦＣＦを算定する❶――Ｐ／Ｌに関する項目

では、ＦＣＦ算定式を前から順番に見ていくこととする。ＦＣＦの計算は、営業利益の予測からスタートする。例えば現在が２０Ｘ０年であるなら、２０Ｘ１年、２０Ｘ２年、２０Ｘ３年の営業利益を予測する。経常利益ではなく営業利益を用いるのは、４つのキーワードのうち「事業そのものから」としていることに基づく。財務活動、すなわち株主や金融債権者との間に発生するキャッシュフローについてはここでは考えず、事業のみをとらえている。このことはもう１つのキーワードである、「株主・金融債権者のもの」へと結びつく。ＦＣＦは、株主だけに帰属するなどといった、所有者の色分けはしていない。

あくまで事業が生み出すキャッシュフローに興味があるのだ。よって、支払利息が差し引かれる経常利益ではなく、事業そのものの利益である営業利益を用いている。

もちろん、営業利益を予測することは、口で言うほど簡単な話ではない。普段Ｐ／Ｌの予算を作っているという方は、まさにそれと同じプロセスによって、売上計画、費用計画を立てて、営業利益の予算を作成する作業となる。

次に、営業利益から税金を差し引く。税金は国や地方自治体に支払われるものであって、「株主・金融債権者のもの」ではない。ここには、その事業が生み出す利益に対して、実際に課せられるであろう実効税率を掛け合わせる。ここまでは営業利益から税金を差し引いただけなので、まだ私たちはＰ／Ｌの世界にある。なお、税引後営業利益を、英語ではNet Operating Profit After Taxと言う。このため、税引後営業利益を略して、ＮＯＰＡ《ノーパッ》Ｔ《ト》と呼ぶ人が国内でも多い。覚えておいて損はない。

ここまでを簡単なプロジェクトの予測数値を使って記してみよう。２０Ｘ０年の現在に１００億円の設備投資をおこなうと、２０Ｘ１年から２０Ｘ６年まで図表４-３のようなＰ／Ｌが予測されるものとする。税率は一律40％と考えて、ＮＯＰＡＴが計算される。この際、最初の2年間は赤字のため税金は支払っていない（実際は会社全体で黒字の企業であれば、当事業の赤字計上による節税効果が生まれているが、ここでは簡易に計算するた

図表4-3　予想P／L

（単位：億円）

	20X0	20X1	20X2	20X3	20X4	20X5	20X6
売上		50	100	200	300	400	500
売上原価		35	70	110	150	200	250
売上総利益		15	30	90	150	200	250
販管費		35	30	30	40	50	70
営業利益		−20	0	60	110	150	180
税率		40%	40%	40%	40%	40%	40%
税引後営業利益（NOPAT）		−20	0	36	66	90	108

図表4-4　経年別の設備投資と減価償却費

（単位：億円）

	20X0	20X1	20X2	20X3	20X4	20X5	20X6
設備投資	−100	−20	−20	−20	−20	−20	−20
減価償却費(20X0年投資分)		20	20	20	20	20	
減価償却費(20X1年投資分)			4	4	4	4	4
減価償却費(20X2年投資分)				4	4	4	4
減価償却費(20X3年投資分)					4	4	4
減価償却費(20X4年投資分)						4	4
減価償却費(20X5年投資分)							4
減価償却費　合計		20	24	28	32	36	20

図表4-5　追加運転資金

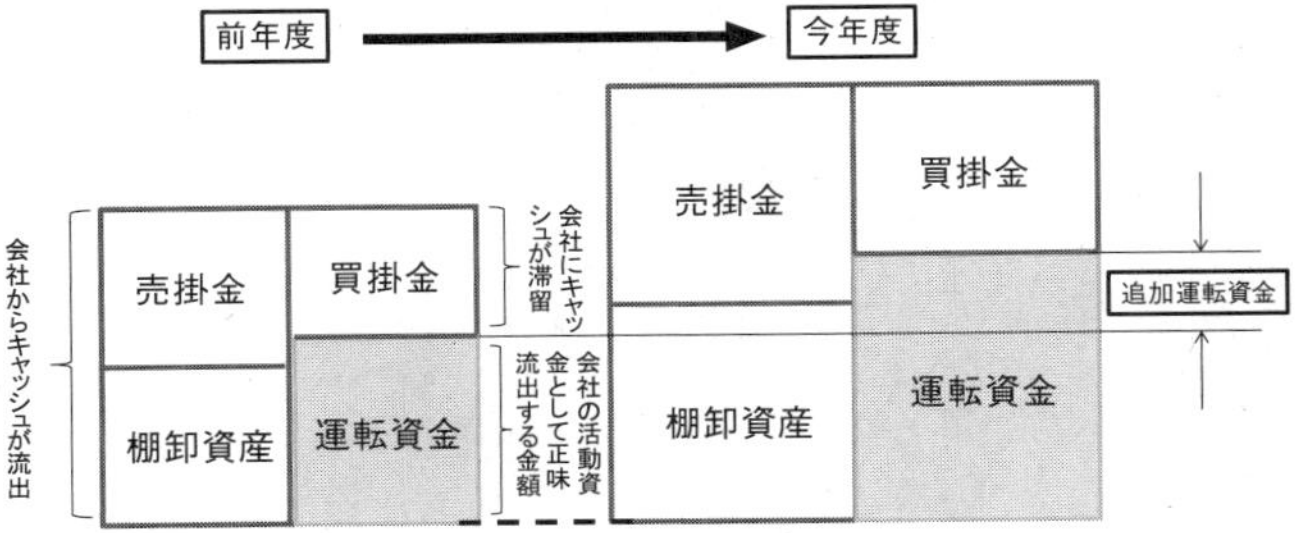

め無視して考える）。

ＦＣＦを算定する❷——設備投資に関する項目

次に、減価償却費を足し戻す。減価償却費は、Ｐ／Ｌ上の売上原価や販管費の中で控除されるものだが、キャッシュフローとしては何ら流出するものではない。よって、利益に減価償却費を足し戻すことによって、税引後の営業キャッシュフローが算出される。一方、設備投資そのものは、実際のキャッシュの流出を伴うので、設備投資のために会社から流出するであろう各年度のキャッシュフローを予測し、これを差し引いていく。

本プロジェクトの設備投資と、これに伴う減価償却費は図表４-４のように予測されているものとしよう。具体的には、２０Ｘ１年から２０Ｘ６年までは一律20億円のキャッシュの流出を伴う設備投資をおこなうものとする。減価償却はすべて5年間の定額法での処理としよう。例えば初期投資の１００億円は、１００億円÷5年間によって、毎年20億円の減価償却費を発生させる。減価償却費はＰ／Ｌ上では生産設備であれば売上原価、本社や営業関連の設備であれば販管費に計上されているはずだ。

ＦＣＦを算定する❸——運転資金に関する項目

最後に追加運転資金を引く。ここで言う運転資金とは、図表４-５の右下を意味する。

すなわち、

運転資金＝売掛金＋棚卸資産－買掛金

によって計算される。

貸借対照表の左側に表れる売掛金と棚卸資産は、その勘定が膨らむほど、会社からキャッシュが流出してしまうものだ。売上の増加に伴って売掛金が増えるのは当たり前だから、それ自体は否定するものではない。しかし、キャッシュフローという点では、売掛金の回収が終わらない限り、キャッシュは企業に１円も入ってこない。同様にして、棚卸資産は売れるまではＰ／Ｌ上の費用にはならないが、それを獲得するためにキャッシュが先行して流出している。一方、右側に表れる買掛金は、その勘定が膨らむほど、会社にキャッシュが滞留することを意味する。原材料などの棚卸資産を購入しても、買掛金を支払わない限り、キャッシュは企業から１円も出ていかない。

よって、会社からキャッシュが流出してしまう売掛金と棚卸資産を足し、会社にキャッシュが滞留する買掛金を引くことによって、会社の活動資金として正味流出してしまう金額、すなわち運転資金が算出される。

ＦＣＦの式で、運転資金に「追加」という言葉がつくのは、ここだけ貸借対照表（Ｂ／Ｓ）の情報であるためだ。Ｂ／Ｓは各年度末の残高情報に過ぎない。よって、前年度と今年度の差額、すなわち追加分を差し引くことにより、運転資金としての追加のキャッシュ

図表4-6　予測運転資金

（単位：億円）

	20X0	20X1	20X2	20X3	20X4	20X5	20X6
売掛金		10	19	29	62	89	112
棚卸資産		5	15	24	37	53	68
買掛金		5	10	15	33	50	80
運転資金		10	24	38	66	92	100
追加運転資金		10	14	14	28	26	8

図表4-7　FCFの算定

（単位：億円）

	20X0	20X1	20X2	20X3	20X4	20X5	20X6
売上		50	100	200	300	400	500
売上原価		35	70	110	150	200	250
売上総利益		15	30	90	150	200	250
販管費		35	30	30	40	50	70
営業利益		−20	0	60	110	150	180
税率		40%	40%	40%	40%	40%	40%
税引後営業利益（NOPAT）		−20	0	36	66	90	108
設備投資	−100	−20	−20	−20	−20	−20	−20
減価償却費　合計		20	24	28	32	36	20
売掛金		10	19	29	62	89	112
棚卸資産		5	15	24	37	53	68
買掛金		5	10	15	33	50	80
運転資金		10	24	38	66	92	100
追加運転資金		10	14	14	28	26	8
FCF:税引後営業利益＋減価償却費－設備投資－追加運転資金	−100	−30	−10	30	50	80	100

が、正味どれだけ流出入したかをとらえることができるようになる。

先ほどのプロジェクトの売掛金、棚卸資産、買掛金と、そこから計算される運転資金、さらには追加運転資金の金額が、図表4-6のように予測されているものとしよう。20X2年を例にとれば、運転資金24億円から20X1年の運転資金10億円を差し引いて、追加運転資金は14億円と計算されている。この14億円の中身は、売掛金は9億円の追加、棚卸資産は10億円の追加、買掛金は５億円の追加によって起きている。９億円＋10億円－５億円によって算出される14億円の数値と、当然一致している。

なお、本書では、運転資金を売掛金、棚卸資産、買掛金にしぼって解説しているが、未収入金や前払費用などの流動資産、未払費用や前受金などの流動負債も、金額が大きい場合にはＦＣＦに適宜算入すべきである。

ＦＣＦ算定式のすべての項目が出そろったところで、ＦＣＦを計算したものが図表４－７である。記憶力のよい読者は、３章「ＮＰＶ法とＩＲＲ法」で扱ったプロジェクトＡのＦＣＦの数値（図表３－７）と等しいことにお気づきだろう。ＦＣＦの予測数値は、例えばこのような計算プロセスによって算出されることとなる。第２部の事業数値化力では事業を具体的に構想しながら、ＦＣＦの算定式にある各項目を予測し、ＦＣＦを算定した上で、ＮＰＶやＩＲＲを計算することとなる。

ビジネススクールの風景

前章までの「ビジネススクールの風景」では、受講者ＦＡＱさんからの質問に答えるかたちで、私とのインタラクティブなやりとりを再現してきた。しかし、ＦＣＦに関する質問は実に数が多い。ページ数の都合上、ここではよくある質問と、それに対する私からの簡潔な答えの表記という形式にとどめておく。すべて実際に教室でよく聞く質問である。

どういった思考プロセスからこのような質問をしてくるのか、自分だったらどう説明するかを考えながら、私からの回答を読むと、理解もパワーアップされよう。

◆ＦＣＦに関する質問

⑬「ＮＰＶは、Ｐ／Ｌ上の予測利益ではなく予測キャッシュフローの現在価値だと言うのに、予測ＦＣＦのスタートは、なぜＰ／Ｌの売上や営業利益なのですか？」

回答　これはもっぱら計算の便宜上の理由による。言い方を変えれば、キャッシュフローベースでの予算を直接作成できる場合には、営業利益を介した予測はおこなわなくてよい。しかし現実的には、売上計上と現金収入のタイミングのズレなど、細かなものをそのつど拾いながら無理にキャッシュフローで予算を直接作るのは、膨大な手間を要する。手間がかかる分だけ、誤った数値計算をしてしまう可能性も高い。一般的に予算と言えば、Ｐ／ＬやＢ／Ｓといった決算書を作成する作業を指すように、これら決算書の予測のほうがおこないやすい。よって、いったんＰ／Ｌ、Ｂ／Ｓを予測して、そこからキャッシュフローとのズレを修正するような間接的なアプローチを用いて、ＦＣＦを予測するのが通常となっている。

⑭「アカウンティングのクラスで学んだフリー・キャッシュフローとは、どこが違うのですか？」

図表4-8　2つのルートから見たFCF

	計算対象	算出の目的	計算アプローチ
CF計算書から計算するFCF【アカウンティングの世界】	企業全体	過去の企業活動の報告	会計のルールに則って計算
事業価値算出のためのFCF【ファイナンスの世界】	個別事業（ただし、事業の集合体としての企業価値全体の評価をおこなうこともある）	将来の事業価値の算出	将来の事業活動を自ら描き、数値を予測

回答　財務3表の1つであるキャッシュフロー計算書は、営業キャッシュフロー、投資キャッシュフロー、財務キャッシュフローの3つのキャッシュフローから構成されている。一般に前者の2つを正味足した数値を、フリー・キャッシュフローと呼ぶことが多い。中身を見れば、本業で稼ぎ出す営業キャッシュフローから、投資に要したキャッシュフローを差し引くことで、当該年度に正味稼ぎ出した使途自由(Free)なキャッシュフローを計算している。言葉が同じなのだから、基本的な考え方ももちろん一緒だ。

大きな違いは、算出の目的にある。アカウンティングのＦＣＦは、あくまで過去の企業活動の報告に過ぎない。また、企業全体の数値であることと、会計のルールに則って計算される点でも異なっている。いま私たちが学んでいるＦＣＦの算出の目的は、もっぱら事業価値を算出することにある。企業全体というより、個別の事業を評価していることと、将来の事業活動を自ら描き、数値を予測している点で異なっている（図表4-8）。なお、キャッシュフロー計算書の概略については、本書末の付録Ⅰで紹介するので参照してほしい。

◆営業利益についての質問

⑮**「会社から支払利息は流出するのでフリーではないはずのに、なぜフリー・キャッシュフローの式からは引かないのですか？」**

回答　これは、ＦＣＦの定義による。具体的には、４つのキーワードのうち、「事業そのものから」と「株主・金融債権者のものとなる」に関連している。事業そのものというのは、資金調達などの財務活動は含めないことを指している。支払利息が発生するのは有利子負債によって資金調達をしているからだが、これは財務活動の話だ。支払利息を引かないでＦＣＦに残しておく結果、きちんと「株主・金融債権者のものとなる」キャッシュフローが実現できている。ちなみに財務３表のキャッシュフロー計算書では、営業キャッシュフローの中で支払利息は控除されるため、この点でも、いま私たちが学んでいるＦＣＦとは数値計算が微妙に異なっている。

⑯**「なぜ『株主のものとなる』ではなく『株主・金融債権者のものとなる』なのですか？」**

回答　必然的に読者の次の質問は、「なぜ金融債権者を残すのか？」になるだろう。もちろん株主だけに帰属するキャッシュフローを計算することは容易にできる。しかし、い

図表4-9　事業は分子のFCFで評価、資金調達は分母のWACCで評価

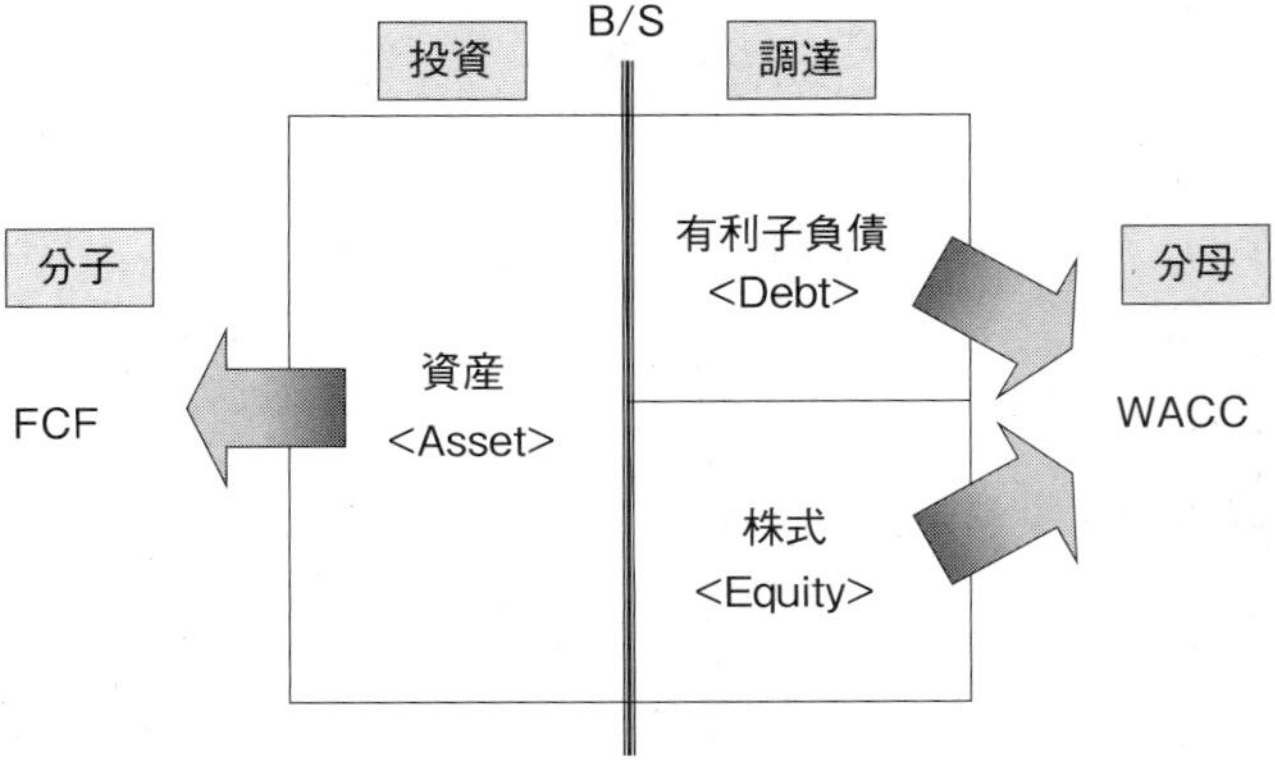

まはあくまで事業サイドに軸足を置いているのであって、誰から調達した資金かという資金調達サイドではない。図表４-９に示したＢ／Ｓのイメージ図における左側、すなわち資産（Asset）のみに関心があるのだ。

図に示すように、企業を真ん中で真っ二つに切り、左側は分子で、右側は分母で考えようというアプローチを踏んでいる。同じことはどちらかで一度考えればよいのだ。資産が生み出すＦＣＦ、すなわち事業そのものについては分子で検討する。これに対して、どのような投資家からどのような資金を調達したかについては、５章で学ぶ分母の資本コストで検討することとなる。

このように、最初から特定の投資家（例えば株主）に帰属するキャッシュフローだけで考えるのでなく、事業（または企業全体）を

	税金が課される利益	税額(税率は40%)
FCF算定式による税額計算	営業利益　20億円	20億円×40%＝8億円
実際に支払う税額計算	経常利益　10億円 (20億円－10億円)	10億円×40%＝4億円

とらえてＦＣＦを算出し、後に分母で資金調達を考えるアプローチを、Enterprise DCF（エンタープライズＤＣＦ）法と呼ぶ。「どんな事業に育てたいのか？」という考察と、「資金はどこから調達するのか？」という考察は、究極的にはまったく別の問題である。最初からそれを一緒にしてしまうと、価値の源泉が有望な事業（Ｂ／Ｓの左側）から生み出されているのか、それとも資金調達（Ｂ／Ｓの右側）の巧みさから来ているのかが、曖昧になってしまう。実務においても、最初は左と右を別々に考えるほうが分かりやすいだろう。

⑰「実際に支払うであろう税金とはズレませんか？」

回答　ＦＣＦに関するＦＡＱ⑯が理解できると、次はこの質問に至らないだろうか。例えば営業利益が20億円の企業があるとしよう。税率40％とすると、ＦＣＦの式に代入して、営業利益×（1－税率）のところまでは、20億円×（1－40％）＝12億円と算出される。この場合、支払っている税金は、利益20億円に対して課される40％の税金、すなわち8億円である。

ところがこの企業には有利子負債が存在するため、支払利息として10億円を支払うものとしよう。すると、20億円の営業利益から10億円の支払利息を引いて、経常利益は10億円となる。税金は経常利益に対して40％が課されるのだから、同企業が実際に支払うであろう税金は、経常利益10億円×40％＝4億円となる。ＦＣＦの式で計算される税額8億円と、実際に同企業が支払うであろう税額4億円とがズレていることに気づく。

「ズレてしまってよいのか？」というのが質問であれば、「もちろんよい」というのが答えとなる。「なぜよいのか？」と問われれば、それはここまで何度も触れてきたように、ＦＣＦの定義を、「事業そのものから」、「株主・金融債権者のものとなる」としたためである。それでも、机上の計算と、実際の数値がズレてしまうのは気持ちが悪い、というのが学ぶ側の心情だろう。最終的な答えは、「ズレている部分は、この後に学ぶ資本コストで調整する」となる。ＦＣＦの式だけ見ているとたしかに両者がズレているが、分母で調整するので、最後はズレがなくなることとなる。5章の「資本コスト」で理解しよう。

⑱「金融収益は入れないのですか？」

回答　営業利益と経常利益の間に存在するのは、出ていく支払利息だけではない。受取利息や受取配当金といった金融収益が、ＦＣＦの式には足されていないことに気づく。これについては、2つのパターンがあり得るというのが実態である。つまり、金融収益をＦＣＦに含めたければ含めればよいし、含めたくなければ含めなくてよいということ。ケースバイケースではあるが、私は後者を勧めている。

検討している事業に密接に関連するもので、将来にわたって毎年の予測が立てやすい金融収益であれば、ＦＣＦに含めてしまうのも一案だ。この場合は、ＦＣＦの営業利益の式を営業利益＋金融収益（一般に、ＥＢＩＴ《イービット》と呼ぶ）とすればよい。しかし、計算が複雑になったり、金融収益が入ったがために、価値の源泉がどこから生まれているかが不明瞭になったりするのなら、無理してＦＣＦに金融収益を入れ込むこともない。その場合には、ＦＣＦはあくまで事業のみから算出した上で、金融収益の部分は個別のものとして予測される受取利息や受取配当金をもとに計算したり、あるいは金融資産そのものの時価や予測売却価格を想定して、あとで足し込ばよいのである。

◆減価償却についての質問

⑲「利益に減価償却を足すとキャッシュになるというのが、どうもしっくり来ないのですが？」

回答 営業利益に減価償却費を足し戻してキャッシュフローにする。この概念がつかめない人が意外に多い。具体的な数値で考えてみよう。例えば１００億円の設備投資をして、５年償却の定額法で減価償却する。この場合の各決算書への影響は図表４-10の通りとなる。

図表4-10　100億円を５年間で定額法償却

	年　度	0	1	2	3	4	5
定額法	固定資産［純額］(BS)	100	80	60	40	20	0
	減価償却費（PL）	n/a	20	20	20	20	20
	減価償却累計額（BS）	0	20	40	60	80	100
	減価償却進捗度	0%	−20%	−40%	−60%	−80%	−100%
	CF	−100	0	0	0	0	0

同社の1年目のP／Lは次の通りであるとしよう。

売上高	100億円
営業費用	▲80
営業利益	20
税金（40%）	▲8
税引後営業利益	12億円

ここで、営業費用80億円には、20億円の減価償却費が含まれている。簡易のため、減価償却費を除く60億円の営業費用は、すべてキャッシュの流出を伴うものとする。売上高もすべてキャッシュの流入を伴うものとして、1年目のキャッシュフローを直接計算すると、

となる。今度はＦＣＦの算定式のうち、減価償却費を足すところまで（ＦＣＦ＝営業利益×（１－税率）＋減価償却費）を使って、間接的にキャッシュフローを計算してみよう。

【直接法】

収入（売上高）	100億円
支出（営業費用－減価償却費）	▲60
税金	▲ 8
税引後営業CF	32億円

【間接法】

営業利益	20億円
税金（40%）	▲8
減価償却費	+20
税引後営業CF	32億円

このように、ＦＣＦの算定式において、利益に減価償却費を足し戻すという一見分かりにくい概念での計算が、きちんと実際のキャッシュフローを算出できていることが確認できる。

［コラム］　定率法は企業価値を高める

減価償却の定額法は、１２３ページの図表４‐10に１００億円の５年償却の例で示した。１００億円の５年償却と、同額同期間だが定率法でこれを償却した場合は、以下のようになる。定率法では２５０％償却と呼ばれる方法を用いるため、５年償却の場合は、１／５×２５０％＝50％という定まった率を、固定資産の前年度簿価（残存価値）に掛けて費用計上する。最後の３年間は、５年目の耐用年数で残存価値ゼロに着地させるため、定額法に変化する。

	年度	0	1	2	3	4	5
定率法	固定資産（ＢＳ）	100	50	25	17	8	0
	減価償却費（ＰＬ）	100	50	25	8	8	8
	減価償却累計額（ＢＳ）	0	50	75	83	92	100
	減価償却進捗度	0%	▲50%	▲75%	▲83%	▲92%	▲100%
	ＣＦ	▲100	0	0	0	0	0

減価償却そのものはＣＦに直接関係しないので、図の最後の行のＣＦは定額法で示

したものと同じように、投資年度（0年目）に１００億円の支出があって、後は発生しないことになる。しかし、税金が絡むとそうはならない。

定率法を用いる１つのメリットは、初期に費用を多めに計上することで利益を減少させ、そのお陰で初期の節税効果を生むことにある。例えば1年目は、定額法なら20億円の費用計上だが、定率法では50億円の費用計上が可能だ。差額の30億円分だけ定率法を用いた場合の利益は減少するが、そのお陰で30億円×40％（税率）＝12億円の節税効果が生まれている。税金はキャッシュで支払うものだから、ＦＣＦ、ひいてはＮＰＶに影響を与えることとなる。

この税金ＣＦの違いを5年間引き延ばして、割引率５％で現在価値に戻した場合、定率法には（定額法に対して）以下のように１・７億円のＮＰＶが発生することとなる。定額法ではなく、定率法を採用することは、企業価値向上のための立派な手段と言うことができる。

年度	0	1	2	3	4	5
定額法の費用計上		20	20	20	20	20
定率法の費用計上		50	25	8	8	8
利益の違い（定率－定額）		▲30	▲5	12	12	12
定率法の税金節税額（40%）		12.0	2.0	▲4.7	▲4.7	▲4.7
ＰＶ		11.4	1.8	▲4.0	▲3.8	▲3.7
ＮＰＶ	1.7					

FCF＝営業利益×（1－税率）＋減価償却費－設備投資－追加運転資金

❶P/Lに関する項目（NOPAT）　❷設備投資に関する項目　❸運転資金に関する項目

◆ＦＣＦ算定式の覚え方

⑳「だらだらした式を、どうやって覚えたらよいのでしょうか？」

回答　ＦＣＦの式は一見すると、分かりにくいものだと思う。もちろん丸覚えするものでもないが、どうやって取っ掛かりをつかめばよいかは、知っておきたい。何でもそうだが、多くのものを一度に覚えるときに、グルーピングするというやり方がある。上に掲げたように、**ＦＣＦの式は、①Ｐ／Ｌ（利益）に関する項目、②設備投資に関する項目、③運転資金に関する項目、という3つにグルーピングすることができる。**

1つ目のＰ／Ｌに関する項目は、ＦＡＱの中でも再三にわたって説明に登場した部分なので、もうよいだろう。

2つ目の設備投資に関する項目は、減価償却費と設備投資からなる。設備投資するから減価償却費が発生するので、この両者は密接に関連している。比較的安定している業界では、減価償却費とだいたい等しい金額の設備投資を毎年おこなう傾向が見られる。こうした場合、減価償却費と設備投資は、上式でほぼ相殺されるので、2つ目の項目のＦＣＦへの影響は、小さいこととなる。

3つ目の運転資金に関する項目は、先に解説したそのままである。

ＦＣＦの１つの理想形とはどのようなものだろうか。一般に事業が成長ステージにあるなら、売掛金や棚卸資産は増加するので、追加運転資金の部分ではキャッシュの流出が発生している。同様にして事業が成長しているなら、減価償却費より設備投資のほうが大きいのが普通で、２つ目の項目もキャッシュの流出超過だ。しかしながら、事業が成長しているなら１つ目のＮＯＰＡＴはそれ以上に成長していることが期待できる。結果として、ＦＣＦ自体も成長していることになる。

このように企業の成長ステージによるものの、３つの項目をバランスよく向上させていくことはＦＣＦの向上につながり、ひいては事業価値や企業価値の向上へと発展していくこととなる。

［コラム］アマゾン・ドット・コムの経営戦略を具現化する、ＦＣＦ重視の経営

ＦＣＦは３つの項目（①Ｐ／Ｌに関する項目、②設備投資に関する項目、③運転資金に関する項目）にグルーピングすると覚えやすいと述べた。でもその３つが何だったかを忘れてしまっては意味がない。忘れそうな時には、アマゾンという会社は何が優れているのか？と思い出してみるとよい。

アマゾンはＥＤＬＰ（Everyday Low Pricing）、つまり低価格戦略を柱として、書籍に始まりＣＤ、ＤＶＤ、電化製品、文房具、食品、ジュエリーまでを販売するインターネット上の一大小売店舗だ。網羅する国・地域の拡大とあわせて売上規模は急成長を続けており、２００９年12月期の売上は２４５億ドルに達している。１ドル90円で換算すると約２兆２０００億円となるが、これは日本国内小売業第２位のヤマダ電機の連結売上高約２兆円（２０１０年３月期）をも上回る。ヤマダとアマゾンがもっとも異なるのは、ヤマダがリアルな店舗をグループ総数１９７６店（非連結子会社、ＦＣ含む）保有するのに対して、アマゾンはリアルな店舗は１つも保有しない点にある。

ＥＤＬＰによって価格訴求し、網羅する国・地域と商品ラインの拡大によって、売上と利益は急成長している（２００９年12月期は、前年度比で売上28％、営業利益34％、純利益40％成長となった）。**ＦＣＦの１つ目の構成要素となる「Ｐ／Ｌに関する項目」は実に堅調だ。**

ヤマダ電機が売上拡大を目指すのであれば、Ｍ＆Ａを除けば、既存店の１店舗当たり売上を増やすか、新たな店舗を作る以外にない。成熟する日本国内中心であるため、前者の見込みは立ちにくい。後者を実施するとすれば、相応の設備投資が不可欠となる（ただし、ＦＣを用いたり、建物・土地を賃借したりする場合には、投資額は抑制可能）。これに対して、リアルな店舗を持たないアマゾンは、売上を増やすための設備投資は限定的だ。サーバーやソフトウェアへの投資は逓増するが、建物や土地とは金額のケタが異なる。**ＦＣＦの２つ目の構成要素となる「設備投資に関する項目」に**

ついてだが、インターネット上の小売業として売上や利益は急成長しても、同じ勢いで固定資産への投資は必要とはならない。マイナス額が少ないわけだ。

運転資金は、小売業として売掛金は早期回収が可能となる。問題は、これだけ多くの国・地域をカバーし、これだけ多くの商品ラインを扱う小売業となると、棚卸資産が巨額となることだ。オーダーが入ってから取り寄せる物も多々あろうが、すべてがその方式では、迅速な商品デリバリが実現しない。いくらバーチャルな小売業であっても、顧客への商品到着があまりに遅ければ、顧客は早晩離れていくだろう。一定の棚卸資産を購入するには、それなりのキャッシュが必要となる。どうやって資金を回せばよいのか。

答えは簡単だ。要は棚卸資産を売って、顧客（クレジットカード会社）からキャッシュを回収し、しばらくしてからメーカーなり卸なりにキャッシュを払えばよいのだ。売上高２兆円を超えるアマゾンは、消費財メーカーにとって重要な販売チャネルだ。**アマゾンは売掛を早期回収し、棚卸資産は一定量抱えるが、それを販売してキャッシュを回収するまでは、仕入先に支払わない仕組みを持つ。こうすることで、ＦＣＦの３つ目の構成要素となる「追加運転資金に関する項目」は、マイナスのマイナス、すなわちプラスとなるのである。**

アマゾンのＦＣＦには、①Ｐ／Ｌに関する項目は２ケタ成長、②設備投資に関する項目はネット小売業として多額の投資を必要としない、③運転資金に関する項目は圧倒的な販売力による支払条件の長期化、という3つの特性が表れている。アマゾンにとってFCFはまさに自社の経営戦略を具現化する指標なのである。

図表4-11　永久年金型の公式

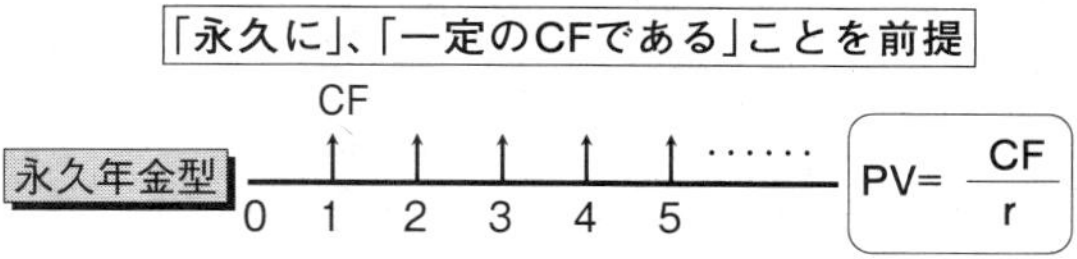

永久年金型

永久に継続すると予測されるキャッシュフローに対して使える、2つの便利な公式がある。1つ目は**永久年金型**と呼ばれる、

$$PV=\frac{CF}{r}$$

という公式だ。この公式がどのように導かれるかは巻末の付録Ⅱに掲載したので、気になる方はそこを参照してほしい。非常に単純な公式だが、**この公式を使うには2つのキーワードが前提条件として必ず存在しなくてはならない。それは、「永久」であることと、「一定のキャッシュフロー」であること**だ。例えば、「向こう10年間は、我々の事業は安定的に10億円のFCFが見込まれる」などという場合には、「永久」の条件を満たしていないので、この公式は絶対に使ってはならない。向こう10年く

らいは大したことはないので、前章で紹介した形式でエクセルに入れて計算すればよい。

私たちにはエクセルという強い味方があるので、どんなに長期にわたるプロジェクトであっても、わけなく入力やコピー&ペーストができる。しかしエクセルが唯一苦手とするのは、永久であることだ。永久とは終わりがないことを意味するのだから、エクセルに入れることはできない。

一方、「永久に続くプロジェクトなんてあるのか」という疑問もあるだろう。これが企業のゴーイングコンサーン（継続企業）の考え方と非常にマッチするのだ。企業は投資家から資金を預かり、これを事業に投資して、そのリターンを投資家に還元していくことを繰り返しながら、永久に存続していくことを前提としている。よって、企業価値を考えたり、株主の価値、すなわち株価を考えたりする場合に、この公式が役に立つ。必然的にM&Aの際の企業価値算定や、株式アナリストの株価評価などにおいて、この公式はよく登場することとなる。設問を1問解いておこう。

設問

友人より、彼の会社の株式を一部保有してほしいとの依頼を受けました。事業自体は安定しているため、1株当たり20円の一定した配当収入は永久に続くものと想定できそうです。株価の上昇によるキャピタルゲインは期待できません。割引率が5%とすると、妥当な株価はいくらと考えますか？　ここでは税金は無視して考えてください。

【解答】

「一定のキャッシュフロー」と「永久」が前提条件にあるので、永久年金型の公式を使うことができる。

これにより、妥当な株価は４００円と判断される。

$$\frac{20円}{5\%} = 400円$$

ビジネススクールの風景

㉑「計算はできるのですが、なんだかピンと来ません」

㉒「そもそも永久にキャッシュが生まれるのに、なんで値段が決まるのですか？」

ＦＡＱさん　４００円という答えは**計算できたんですが、なんだかピンと来ません。**

大津　ピンと来ない人はピンと来るように、自分で努力しなくてはいけない。分からない！ではなく、分かるようになるにはどんな努力をしなくてはならないかを、自分の頭で考えること。それには、**自分が実際にそうした環境に置かれた当事者だったら、どのよう**

に考えて、どういった意思決定をするかを思い浮かべるのが大事なんだ。

ＦＡＱさん　まあ、４００円くらいですから。私だったら友人の会社の株を買ってあげますよ。

大津　それじゃ全然ダメ。友人は４００円もらって、何かよいことがあるの？　株を買ってくれというのだから、何らかの理由があって、資金が欲しいわけだよね。４００円なんてもらっても、何の足しにもならない。例えば１万株買ってくれと言ってきたらどうだろう？

ＦＡＱさん　１万株ということは、４００円×１万株だから、４００万円の払い込みですか……。ちょっと悩みますねえ。そもそも私に４００万円はない、っていう話もありますけど……。

大津　じゃあ、銀行から４００万円を借りられれば、買ってもいい？

ＦＡＱさん　そういうことか。でも、友人の事業が将来どうなってしまうか分からないし、銀行が貸してくれるかも分からないし、銀行の金利だって変わっていきますよね。

大津　そうそう、やっと当事者らしくいろいろと考え出してきたね。当事者だと思ったら、そう簡単に意思決定できるものではない。

ＦＡＱさん　ピンと来るために自分を当事者の立場に置いて考えるというのは、そういうことですね。なるほど当事者になると、他にもいろいろなことが気になってきます。永久に20円の配当が見込める友人の事業っていったい何なんだろうとか、割引率の５％って、どうやって決めたんだろうとか、友人は私からもらった資金を使って何をやろうとしているのかとか……。眠れなくなりそうです。

大津　眠らなくてよいです（笑）。当事者なんだから。それくらいのつもりで真剣に考えていれば、ピンと来ないなんて、もう言えないはずですよ。

ＦＡＱさん　はい、分かりました。それとー、そもそもの話で恐縮なんですが……。この公式を見た時から引っかかってるんですが。永久にお金がもらえるっていう話ですよね。

大津　その通り。私たちの設問だと、永久に20円の配当がもらえるという前提です。

ＦＡＱさん　**そもそも永久にキャッシュがもらえるのに、なんで値段が決まるのですか？**永久に20円もらえるのに、たった４００円でよいんですか？　永久ということは、私の子孫末代まで20円もらえるんですよね。

大津　その通り。大盤振る舞いに思えるの？

ＦＡＱさん　だって４００円だったら20円の配当を20年で回収できちゃいますよ。あっ、でも時間には価値があるのか。それでもさすがに永久なんだから、いつかは元が取れるような……。

大津　よい着眼ではあるね。でも永久に存続してＣＦを生み出すという、ゴーイングコン

図表4-12　当該年度に受け取る20円の現在価値

<割引率は5%>

1年度	19.0
50年度	1.74
100年度	0.15
200年度	0.0012
500年度	0.00000000051
1000年度	0.000000000000000000000013

サーンを前提とする企業だって、株価が毎日ついて、株式市場で株が売買されているんだから。永久が前提でも値段はつくという身近な例はあるよね。

ＦＡＱさん　なるほど。公式を逆から考えれば、４００円を友人に預けて５％で永久に運用してもらっているということですもんね。そう考えれば、友人の会社が永久に存在するなら、４００円×５％＝20円の配当が永久にもらえるっていう、それだけのことですか。

大津　そういうこと。永久と言ったって、いまから５００年も１０００年も遠い将来の20円では、５％で割り引いた現在価値は、図表４-12のように極小になってしまう。そんな現在価値をいくら永久に足していっても、価値の貢献はほとんどなく、結果として一定の現在価値の合計に収束していくということ。さっきの答えも厳密に言えば、４００円ではなく、３９９・９９９９……円だから、実質４００円と言っているわけだね。

割増永久年金型

２つ目は**割増永久年金型**と呼ばれる、

図表4-13　割増永久年金型の公式

「永久に」、「(g%)で成長する」ことを前提

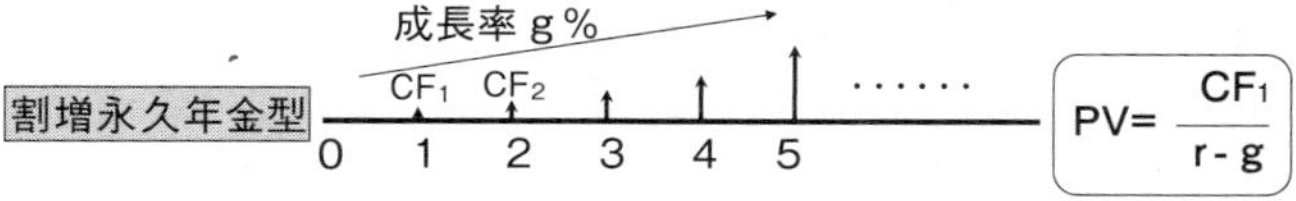

$$PV=\frac{CF_1}{r-g}$$

という公式だ。この公式がどのように導かれるかは、やはり巻末の付録Ⅱに掲載したので、気になる方はそこを参照してほしい。**この公式を使うのにも、やはり2つのキーワードが前提条件として必ず存在しなくてはならない。それは、「永久」であることと、「一定の成長率で成長する」**である。例えば、「向こう10年間は、我々の事業は安定的に5％のＦＣＦの成長が見込まれる」などという場合には、「永久」の条件を満たしていない。よって、この公式は絶対に使ってはならない。向こう10年くらいなら、前章で紹介した形式でエクセルに入れて計算すればよい。

「永久に」「成長する」という、非常に大胆な前提条件がこの公式を使う時には必要とされている。よって、2つの条件の成立が本当に妥当だと思われない限りは、本公式は無理に使わないほうがよいだろう。この公式もまた永久が前提である以上、Ｍ＆Ａの際の企業

価値算定や株式アナリストの企業株価評価などに、よく登場する。

仮に成長率gが0%の場合には、2つ目の公式（割増永久年金型）が1つ目の公式（永久年金型）に一致することが確認できるだろう。1つ目の公式は覚えるまでもなく、単に2つ目の公式の派生形の1つに過ぎないということだ。2つ目の公式を用いる設問を1問解いておこう。

設　問

ある事業を他社から買収することにより、来年5億円のフリー・キャッシュフロー（FCF）が期待されます。その後のFCFは前年比で、毎年1%の安定的な成長が永久に続くと見込まれます。割引率を6%とした場合、同事業の買収のための妥当な金額はいくらですか？

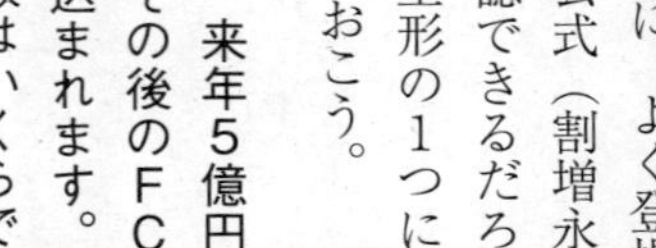

「永久」と「一定の成長率で成長する」が前提条件にあるので、公式を使うことができる。

$$\frac{5億円}{6\%-1\%}=100億円$$

これにより、妥当な事業買収価格は、１００億円と判断される。先の「ビジネススクールの風景」で議論したように、ピンと来るためには、事業買収を検討している当事者の立場に自分を置いてほしい。その場合、読者はどんなことが気になり、どんな質問を問いかけるだろうか？

ビジネススクールの風景

㉓「成長率が割引率を上回ったら、価値がマイナスになってしまいませんか？」

ＦＡＱさん　成長率が高いっていうのはよいことですよね。でも、**成長率が高過ぎて割引率を上回ったら、分母がマイナスになって価値もマイナスになってしまいませんか？**　成長率が高い事業の価値がマイナスって、何か変じゃないですか？

大津　その通りだね。どう考えたらよいんだろう？

ＦＡＱさん　超えそうな時には、この公式は使わないとか……。

大津　それだと、ずいぶんと使い勝手の悪い公式になってしまうよ。いまＦＡＱさんは、成長率が割引率を上回る時って言ったけど、どれくらいの成長率をイメージしているの？

ＦＡＱさん　そうですねえ、例えば10％とか。

大津　２つのキーワードは覚えているかな？　永久に、その成長率で成長するっていうことだよ。もしある企業が永久に10％で成長したら、いったい何が起きるだろう？

FAQさん　それはいつか天文学的なキャッシュを生み出す会社になって……。

大津　その会社が世界を支配する……と言うより、その会社自体が世界になるだろうね。でも、そんなことはあり得ない。

FAQさん　なるほどー。では、こういう考えはどうですか。いまの日本では、GDPが2％で成長すれば景気がよいなどと言っているので、それくらいでどうでしょう？　それ以上の成長率で永久に成長すると、いつか日本より大きくなってしまいますよね？

大津　そういうイメージだね。永久成長率の1つのベンチマークとしては、たしかにその国のGDP成長率は参考になる。向こう10年や20年の期間限定の成長率ではなく、永久の成長率なのだから、慎重な数値を使って設定しなくてはならない。

FAQさん　実際にどんな数値を使う場合が多いのでしょうか？

大津　事業が国内中心であれば、たしかに2％くらいは高めの数値としてよく見る水準だね。1％とか、0・5％とか……。そして、0％になった瞬間に、2つの公式は同じものとなる。それから、あんまり入れたくないけど、マイナスの永久成長率はいくら大きくてもいいんだ。わが社はこれからマイナス5％で永久に成長する……など。

FAQさん　それは、永久に縮小するってことですよね。たしかに、成長率がマイナスになると、公式の分母がどんどん大きくなって、事業価値が小さくなってしまいますね。

図表4-14　ターミナルバリューの概念図

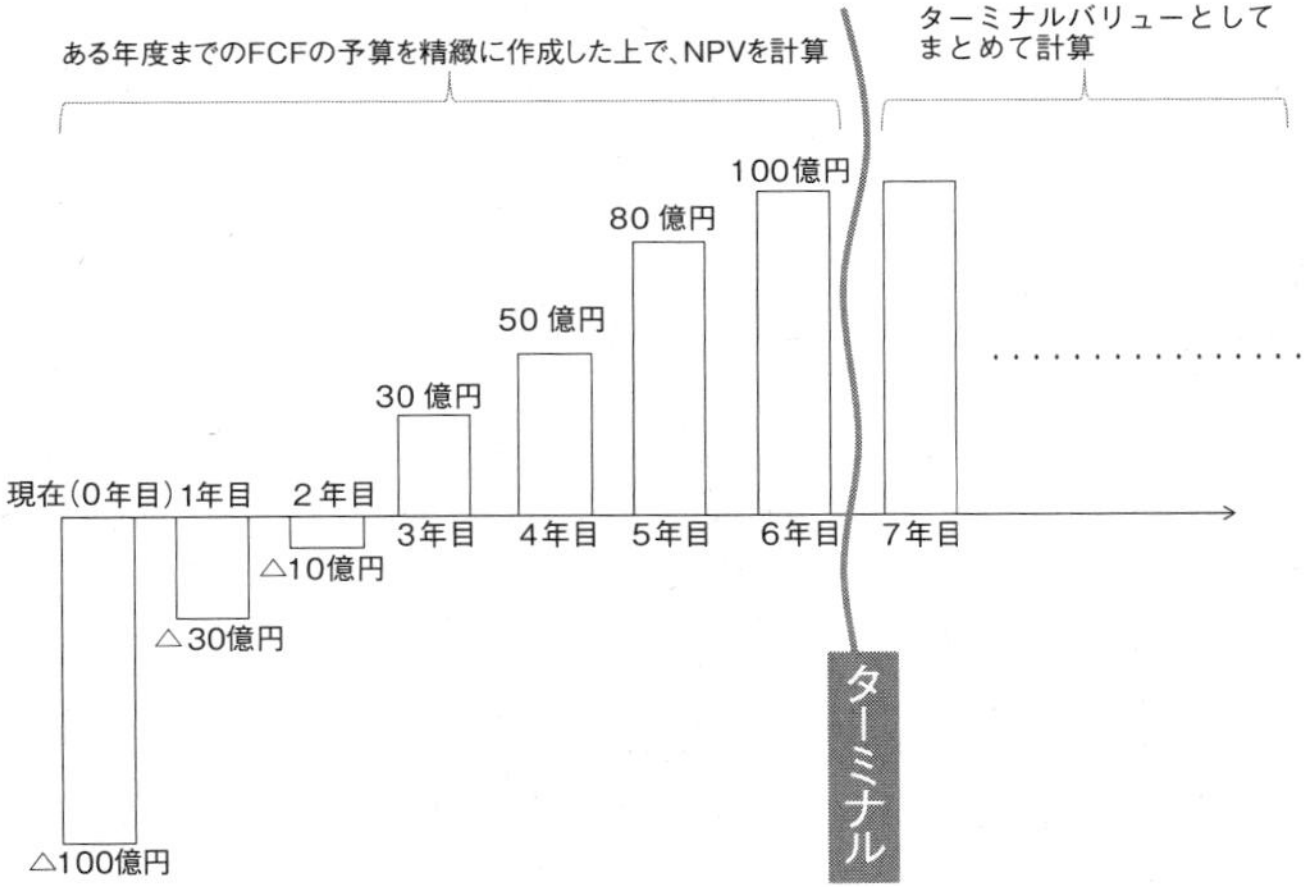

ターミナルバリュー

前章から本章への宿題とした受講者からのＦＡＱ⑩（71ページ）に、「設問では6年目でキャッシュフローを止めてますが、7年目以降はどうなってしまったんですか？」というものがあった。そして、10年後だろうが20年後だろうが、予測数値が妥当であれば、それは予測すべきであること、一方でいつまで計算してもきりがないから、そこにはターミナルバリューという考え方を用いるのが一般的であることを説いた。

企業活動はゴーイングコンサーンを前提とするものの、未来永劫に及ぶＦＣＦの予算を作成することなど実際できない。このため、**ある年度まではＦＣＦの予算を精緻に作成した上で、その終結時点**

（＝ターミナル）で想定される残りの価値（＝バリュー）をそれに加えるという、2段階で計算するのが一般的である。後者の終結時点での価値を、ターミナルバリューと呼ぶ。

ターミナルバリューの考え方や算出方法は、多数存在している。そのうちの代表的な手法の1つは、先に学んだ2つの公式を用いるものである。例えば次のような設問が考えられる。

設問

初期投資に100億円を要し、以降6年目までのフリー・キャッシュフロー（FCF）が以下に示したように予測されるプロジェクトがある。また、7年目以降は、FCFが1％で永久に成長すると考えるのが妥当な予測である。本プロジェクトは実施すべきだろうか。割引率を5％として、NPV法によって意思決定してください。

本設問の7年目までは、3章のNPVで扱った

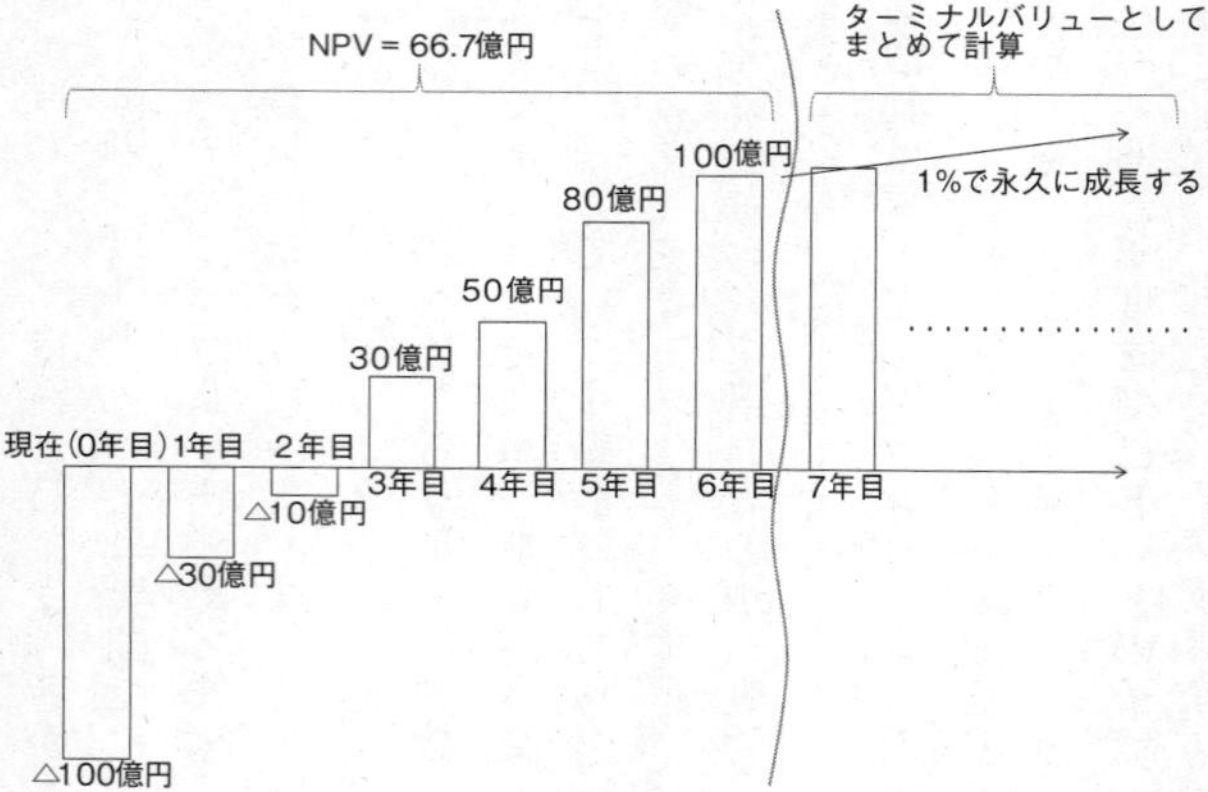

$$PV_6 = \frac{FCF_7}{r-g}$$

$$= \frac{FCF_6 \times 1.01}{r-g}$$ ←6年目から7年目へ1％成長

$$= \frac{100\text{億円} \times 1.01}{5\% - 1\%}$$

$$= 2525\text{億円}$$

設問と同じ数値を使っている。よって、初期投資を含めた7年目までのＮＰＶは、先に算出した66・7億円である。この時点で十分ＮＰＶが高いプロジェクトなので、数値からの結論はＧｏだが、あくまでターミナルバリューまでを含めるとどれだけのＮＰＶとなるかを目的として計算してみることとしよう。

７年目以降のＦＣＦは、１％で永久に成長するとしている。「永久に」と「一定の成長率で成長する」の２つのキーワードが存在するので、２つ目の公式（割増永久年金型）が使える。この際、間違えやすいのは、公式の分子に６年目のＦＣＦである１００億円を置いてしまいがちなことだ。右下の図に示したように、６年目のＦＣＦは前半のＮＰＶ66・7億円の中ですでに算入されている。いま私たちが計算している対象は、７年目以降のＦＣＦである。よって、自ら7年目のＦＣＦを計算した上で、公式の分子にこれを乗せなくてはならない。

公式の求める現在価値の「現在」に相当する年度が、７年目ではなく6年目である点も、多くの学生がよく混乱するところだ。もともとの公式を見れば、分子に１年目のCF_1を乗せると

1年前の0年目の価値、すなわち現在価値（PV^{0}）が算出されている。よって、今回は分子に7年目のＦＣＦを乗せたのだから、求められる数値は1年前の6年目時点での価値（PV^{6}）でなくてはならない。ターミナルバリューは、2525億円と計算される。

後はこれを0年目まで割り引くだけである。2525億円÷（1＋5％）の6乗によって、1884・2億円と算出される。よって、本プロジェクト全体のＮＰＶは、

ＮＰＶ＝初期投資を含む1年目～6年目のＮＰＶ＋7年目以降は永久成長を前提として計算したターミナルバリューの現在価値
＝66・7億円＋1884・2億円
＝1950・9億円

と計算され、数値からの意思決定は改めてＧｏと判断される。

ビジネススクールの風景

㉔「ターミナルバリューですべて決まってしまいませんか？」
㉕「ターミナルバリューなんて、本当に算入して計算するんですか？」

FAQさん　6年目までのＮＰＶが66・7億円なのに、ターミナルバリューから来る現在価値が１８８４億円って、すごい違いですねえ。**ターミナルバリューの大小で、プロジェクトのＧｏ、ＮＯ Ｇｏがほとんど決まってしまいませんか？**

大津　もちろんプロジェクトの予測数値次第だけど、今回の設問ではまさにその通りだったね。ターミナルバリューは未来永劫をすべてとらえているのだから、どうしてもインパクトの大きな数値となって表れる傾向が強い。たしかに、ターミナルの設定次第でプロジェクト実施の可否が決まってしまうようなケースも時折見られる。

FAQさん　そもそも、6年先なんて何が起きるか分からないのに、さらに7年目以降を予測して、しかも永久に１％成長するなんて……。予測があまりにも無謀過ぎませんか？

大津　無謀かどうかは、プロジェクトの中身を精査しないと一概には言い切れないけど。でも考えようによっては、たった１％しか成長できない企業って、必ずしもそんなに魅力的には響かないでしょう？

FAQさん　たしかにそうですけど……。問題は、7年も先の話だってことですよ。**ターミナルバリューなんて、本当にＮＰＶに算入して計算するんですか？**

大津　妥当なら入れるべきだし、妥当でなければ入れないというのが正論だよ。どんな新規事業でも、最初から6年後にやめるつもりで事業計画は立てないよね。企業も事業も永久にそれを存続させていくことが前提にあるはず。でも永久の予算は作れない。だから、それをターミナルバリューという代替手段で算入すべきとなる。

FAQさん　では、妥当でないと思う時は入れなくてもよいのですね。

大津　もちろん。実務上の話をすれば、例えば「ターミナルバリューは一切勘案しないで計算したNPVが、6年以内にプラスになる見込みでなければ投資はしてはいけない」といった具合に、ターミナルバリューを入れない基準を設定している企業が多いのが実態ではある。

FAQさん　それはプロジェクトを厳しめに評価していると考えてよいのでしょうか？

大津　そういうことだろうね。途中でキャッシュフローを切ってその後を一切考えないというのは、理論的にはおかしいのだけれど、それが会社の考えであり、プロジェクトを厳しく評価したいと言うのであれば、それ以上は理論を振りかざす場所ではないだろう。

FAQさん　逆にターミナルバリューを入れたほうがよいケースって、あるんですか？

大津　分かりやすい例としては、買収しようかと検討している相手企業の株価算定が挙げられるだろう。もし相手の将来キャッシュフローを勝手に6年目で切って、ターミナルバリューなしで算定したら、とんでもなく安い価値で算定されてしまう。そんな価値を「お宅の株価はこんなもんです」などと提示しようものなら、門前払いが関の山だろう。

FAQさん　企業はゴーイングコンサーンが前提ですから、やはり永久のキャッシュフローを考えるということですね。企業レベルの話ではなくて、事業単位でも、ターミナルバリューを考えるケースはあるのでしょうか？

大津　よい質問だね。例えば、不動産会社が商業施設やホテルの開発をおこなって、最初の3年くらいは自社で運営するけど、その後はしかるべきタイミングで、それら事業の専業企業に売却することを目的としている場合はどうだろう？

FAQさん　商業施設とかホテルとかだったら初期投資も巨額ですから、3年で回収するのってそもそも無理ですよね。それに最初から、売却して誰かに運営してもらおうというのだったら……。そこにターミナルバリューを用いるってことですか。

大津　そういうこと。こうした場合こそ、まさに売却相手（＝買い手）の立場に立って、永久型の公式を使うのがふさわしいだろう。商業施設もホテルも、永久に運営していくことを前提として開発しているわけだから。

FAQさん　売却狙いってことなら、例えば航空会社の航空機材なんかもそうなんですか？　シンガポール航空は新機材を購入して何年か使用した後の早いうちに売却することで常に機材の最新化を図っていると、雑誌の記事で読んだことがあります。

大津　最初から売却狙いなんであれば、売却する予定の年度までFCFを予測して、あとは売却金額をその年度のターミナルバリューとすればよいだろう。ただし、その場合は永久型の公式は使えるのかな？

FAQさん　永久型の公式を使う条件の1つは、「永久に」だから……。この場合はNG

ですか？　だって、航空機材は、永久に使用するのは無理ですから。

大津　そうだろうね。そうした場合には、売却相手（＝買い手）が機材を引退させるまでの限定的な年数でのＦＣＦで計算するのがよいだろうね。あるいは、機材のおおよその売却相場があるだろうから、そうした直近の相場を使うとか、または同等の使用条件（エンジン、使用年数、客席数など）を持つ新機材の価格を参考にするとか。

ＦＡＱさん　そういうのもありなんですか？　私はてっきり、ターミナルバリュー＝永久型の公式で計算、と思ってました。

大津　それはよくある勘違いだよ。ターミナルバリューは、あくまでＦＣＦをある年度で切った際の、残存価値のようなもの。売却狙いだったら、売却予想金額を相場から算定して入れるのも妥当だし、せめてコストは回収したいというなら、それまでに回収できていないコストを入れるのでもいいんだ。もちろんすべて無謀な願望ではなく、妥当と思える数値でなくてはならないけどね。

ＦＡＱさん　ターミナルバリューのＮＰＶへのインパクトは大きいということでしたから、慎重に算入する必要があることは、変わらないんですね。

第1部
ファイナンス

5章 資本コスト

【学習ノート】

1. リスクとは将来の予測の不確実性

ファイナンスの世界では、予測の不確実性をリスクと呼ぶ。危険性や恐れといったマイナス要因を、私たちが日常リスクと呼ぶのとは根本的に異なる。つまり、プラス・マイナスの方向性ではなく、将来予測の不確実性（バラツキ）の度合いを表している。

2. ハイリスク・ハイリターン、ローリスク・ローリターン

投資家が背負うリスクと、投資家の要求リターンには、比例関係が存在する。ハイリスクな事業であれば、投資家はハイリターンを要求する権利を有する。ローリスクな事業であれば、投資家はローリターンしか要求してはいけない。

3. 加重平均資本コスト（ＷＡＣＣ《ワック》）

企業は投資家（株主と金融債権者）から資本投下を受けることで、初めて成り立つ。よって、企業が達成しなくてはならない利回りは、投資家からの要求リター

ンである。これを加重平均資本コスト（ＷＡＣＣ《ワック》）と呼ぶ。

4．割引率は資本コスト

資本コスト（ＷＡＣＣ）をＮＰＶ法の割引率、ＩＲＲ法のハードルレートとして採用することで、企業は資本コストを意思決定の判断基準とすることが可能となる。この結果、投資の意思決定（Ｂ／Ｓの左側、ＮＰＶ算定式の分子）と、資本提供者の要求（Ｂ／Ｓの右側、ＮＰＶ算定式の分母）が融合した経営が実現される。

リスクとは、将来の予測の不確実性

リスクという言葉を聞いて、読者は何を思い浮かべるだろうか。今後も業績回復が見込めない会社に勤め続けること？　１カ月前に買った投資信託が下がり続けていて、今後もその傾向が続きそうなこと？　担当している事業や製品の動向にまったく回復の兆しが見られないこと？　それとも、為替が円高へと推移し続けていて輸出企業である自社の売上、利益が大幅減になりそうなこと？

これらは、本当にリスクなのだろうか？

ピーター・バーンスタインの著名な著書、『リスク〈上〉——神々への反逆』（日経ビジネス人文庫）の中で、リスクという言葉の語源について次のように語っている。

リスクという言葉は、イタリア語のrisicareという言葉に由来する。この言葉は「勇気を持って試みる」という意味を持っている。この観点からすると、リスクは運命というよりは選択を意味している。

この言葉を読んだ上で、いま一度リスクと思われた前記４つの例を読み返してみよう。

悪い運命だと思ったのは実はどれも思い込みであって、あなたには常に選択肢が与えられていることに気づくだろう。

●今後も業績回復が見込めない会社に勤め続けること？ ➡あなたには、業績不振の会社を辞める、あるいは自ら業績回復を作り出すという選択肢が存在している

●1カ月前に買った投資信託が下がり続けていて、今後もその傾向が続きそうなこと？ ➡あなたには、投資信託を売却して、これ以上の損を防ぐという選択肢が存在している

●担当している事業や製品の動向に、まったく回復の兆しが見られないこと？ ➡あなたには、事業や製品から撤退する、あるいは改善を実現するという選択肢が存在している

●為替が円高へと推移し続けていて、輸出企業である自社の売上、利益が大幅減になりそうなこと？ ➡あなたには、いまの相場でドルを売ることによって売上、利益を確定できるという選択肢が存在している

私たちが日常会話で用いるリスクという言葉とは違い、マイナス要因が不安要因にはなっても、必ずしもリスクではない。それは、**マイナス要因を除去するという選択肢が、**

私たちには常に与えられているからだ。では、本当のリスクとは何だろうか？　4つの不安を以下のように言い換えてみよう。

- ●今後、業績が急回復するか、不振なままでいるのか、まったく判断が難しい➡退職の意思決定ができない
- ●下がり続けた投資信託が、今後はいよいよ急反転するのか、それとも下がり続けるのか、まったく判断ができない➡売却の意思決定ができない
- ●担当している事業や製品が、今後は改善するのか、それとも芳しくないまま推移するのか、まったく先が読めない➡撤退の意思決定ができない
- ●為替が円高に行くのか、円安に行くのか、アナリストの意見もまったく五分五分に分かれている➡ドル売りの意思決定ができない

例えば4番目の為替動向の例を取り上げてみよう。輸出企業に勤めるあなたなら、どういう行動を取るのだろうか？　これ以上円高に行くのは避けたいから、いまのうちにドルを売るか、ドル売りの先物予約をするか、あるいはドルプットの為替オプションを買うだろうか。しかし、その後円安に推移する可能性も同様に高いことを考えれば、いま慌ててドルを売らずに、今後の円安の推移に乗って徐々にドルを売っていくほうが賢明だ。円高

	除去できる？	リスク？
予測の方向性	できる ➡	NO
予測の不確実性（バラツキ）度合い	できない ➡	YES

に行くのか、円安に行くのか、将来の予測はまったく不確実である。将来が不確実であるほど、選択肢の採りようがない。これはあなたにとって、リスクである（デリバティブを用いると、一定のリスク除去が可能ではある）。

このように、**将来の予測の不確実性をリスクと呼ぶ。将来確実に、あるマイナス事象が起きるというのはリスクではない。私たちには、それを選択しないという選択肢が与えられているからである。確実に悪いことが起きるというのは、除去することができるのだ。しかし、将来よいほうに転ぶのか、悪いほうに転ぶのかがまったく予想できないというのは実に厄介である。選択という行動の取りようがない。このように、将来の予測が不確実であることが、リスクなのである。**

ビジネススクールの風景

㉖「でもやっぱり、いやなことがリスクであって、よいことはリスクではないですよね？」

FAQさん　リスクとは、将来のマイナス要因ではなくて、将来が不確実であることという理屈は分かったんですけど……。**でもやっぱり、いやなことがリスクで**

あって、よいことはリスクではないですよね？　よいほうにブレる分には、問題ないじゃないですか？

大津　私たちが日常リスクという言葉を使うのは、悪いものを指すから、たしかにそう考えるのが普通だよね。もちろん、リスクとは将来の予測の不確実性だというのも、あくまで定義に過ぎないわけだけど。1つ具体的な例で考えてみよう。分かりやすくするため、ちょっと大袈裟な例を使うけど、明日東京で必ず大地震が起きるという予測は、リスクだろうか？

FAQさん　それは……東京に住んで、東京で働く私にとっては、大きなリスクですよ。超ハイリスクです。

大津　普段口にする「リスク」だとその通りだろうね。で、将来の予測の不確実性こそがリスクだという定義に従うと……？

FAQさん　地震が明日必ず起きるんですよね……。であれば、不確実性はゼロ。つまり、ノーリスクということですか？　明日地震が起きるというのに、リスクがないって、やっぱりおかしいですよー。

大津　明日東京で必ず大地震が起きるとすれば、FAQさんはどうするの？

FAQさん　それは、いますぐ東京から逃げますよ。

大津　だったらリスクはなくならない？

FAQさん　あっ、たしかにそうすれば、震災に遭わなくて済むわけか。確実に悪いことが起きるというのは、確実に避けることができると。

大津　そういうこと。明日必ず東京で地震が起きるのなら、リスクはない。東京にいなければいいだけの話。私たちにとって本当にリスクなのは、いつか東京に大地震が起きるけど、それが明日なのか１００年後なのかがまったく分からないこと。そこまで不確実だと、私たちは対処のしようがない。

FAQさん　なるほど、そういうことか。

大津　ＦＡＱさんの最初の質問にあったけど、決してよいことをリスクと呼んでいるわけではないよ。リスクが高いということは、不確実性が高いのだから、悪いほうにブレるのと同様に、よいほうにブレることもあると言っているに過ぎないんだね。

ハイリスク・ハイリターン、ローリスク・ローリターン

２０１０年3月11日付の時事通信で、以下のような記事を見つけた。

> **危ない投資話に注意！＝「必ずもうかる」、被害増加——ＨＰで呼び掛け・警視庁**
>
> 「必ずもうかる」「元本を保証する」。甘い言葉で事業への投資を持ち掛け、現金をだまし取る被害が増えているとして、警視庁は11日、ホームページで注意呼び掛けを

始めた。
（中略）
全国の警察が昨年摘発した出資法違反、金融商品取引法違反など「資産形成事犯」の被害者は約5万４０００人、被害総額は約１６５４億２０００万円に上り、振り込め詐欺の７１５６人、約95億８０００万円を大きく上回る。

この手のニュースは毎年定期的と言ってよいほど、必ず新聞やテレビで取り上げられる。なぜ5万人を超えるような人が、いとも簡単にこのようなウソの儲け話に騙されてしまうのか、不思議でならない。本書を読んだ読者は、リスクとリターンの関係をきちんと理解した上で、こうした騙し話に乗ることのないように願いたい。

ハイリスク・ハイリターン、ローリスク・ローリターンという言葉は、誰もが聞いたことはあるだろう。また、時折口にする言葉かもしれない。ただ、この言葉を誤って理解して使っていたり、行動が伴っていなかったりする人に、時折お目にかかる。リスクとリターンの関係について、この記事を使いながら、ここでしっかり押さえておくこととしよう。

記事の「必ずもうかる」の「必ず」は、確実性が高いことを示している。言い換えれば、将来の不確実性は低い。将来の予測の不確実性をリスクと呼ぶので、「必ず」であることは、ローリスクと表現できる。一方、「もうかる」はそのままリターンと訳せるから、「必ずもうかる」という表現は、「ローリスク・ハイリターン」と翻訳できる。記事では「必ずもうかる」と言い切っているから、ローリスクどころか、ノーリスクだ。「ノーリスク・ハイリターン」というわけだが、読者はこれを信じるだろうか。そのような話は絶対にあり得ない。

例えば、ここにこれから必ず値上がりするという株の銘柄があったとしよう。そのような話が本当であれば、すでにその情報を聞きつけた人たちがその株を買い込んでいるはずだ。その結果、株価はかなり値上がりしてしまっている。そんな株をいまから買っても、儲けは大したことない（ローリターン）し、場合によっては、あとは値下がりを待つだけ（ネガティブ・リターン）となるだろう。

外部に流通していない内部情報を極秘に入手し、それを使って儲けたのなら、インサイダー取引として法律違反となる。未公開企業の友人の社長から持ちかけられた話であれば、自分の運を褒めることだ。しかし、「必ずもうかる」の多くが、その後事実でないことが判明するという先の記事をよく読んでから、友人の株を買うべきだろう。

確実性が高いということは、将来がほぼ予測通りになることを意味している。であれば、その予測がもたらすであろうリターンは、低くなければならない。ローリスクである以上、期待できるメリットはローリターンなのだ。「確実に儲かります」などと言うものは、合

図表5-1　ハイリスク・ハイリターンの概念図

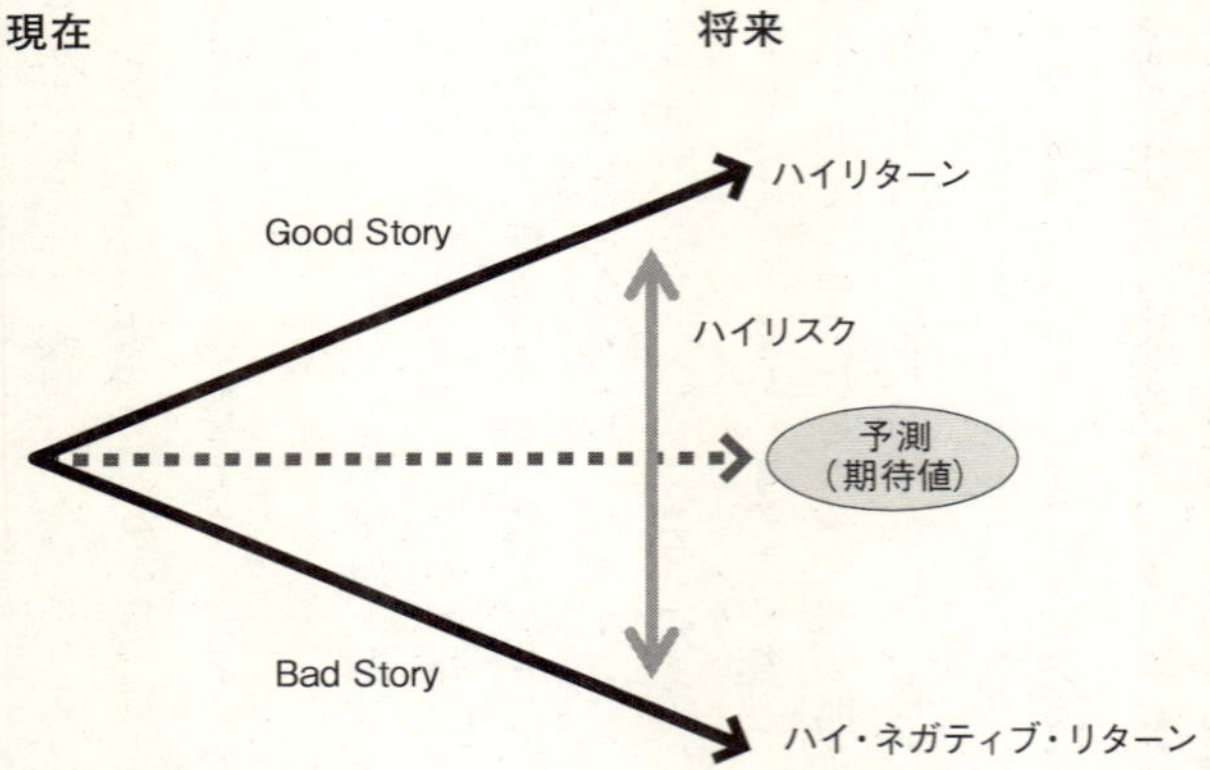

法的な社会には存在しない。

反対に、将来の予測の不確実性が高い、すなわちハイリスクであるほど、投資家のリターンは上下にブレることを意味する。上方向にブレてくれればうれしいが、下方向にブレる可能性も同じように高い。下降への不安が大きいにもかかわらず、その案件に投資をする投資家がいるのは、むろん上昇を期待してのことだ。

よって、ハイリスクな案件に投資する投資家は、ハイリターンを期待している。または、ハイリターンを期待する権利を有すると言ってよいだろう。これを、ハイリスク・ハイリターンと呼ぶのである。よくある誤りは、ハイリスクを取れば、高いリターンが手に入るものと断定してしまう考えだ。ハイリスクである以上、下降方向へのブレも上昇方向と同

様に高い。よって、ハイリターンという言葉の裏側には、ハイリターンを要求し、それを得る権利を有すると同時に、大きな損失（ハイ・ネガティブ・リターン）を被る可能性も同様に高い、という意味があることを見落としてはならない。

最後に、ハイリスク・ハイリターンの概念を納得する上で、もっとも分かりやすい古代中国のことわざを記すこととしよう。

虎穴に入らずんば、虎子を得ず

この短いことわざ1つから、ハイリスク・ハイリターンに関する示唆は、以下のように数多く読み取ることができる。

- ●虎の子どもを手に入れたければ（ハイリターン）、虎の穴に入らなければ（ハイリスク）ならない
- ●虎の穴に入れば虎の子どもが得られる可能性もある（ハイリターン）一方、虎の親に食べられてしまう可能性（ハイ・ネガティブ・リターン）も同様にある
- ●虎の穴に入らなければ、虎の子どもは得られないとしているが、虎の穴に入ったからといって必ず虎の子どもが手に入るとは言っていない

図表5-2　ローリスク・ハイリターンがパラダイスではあるが……

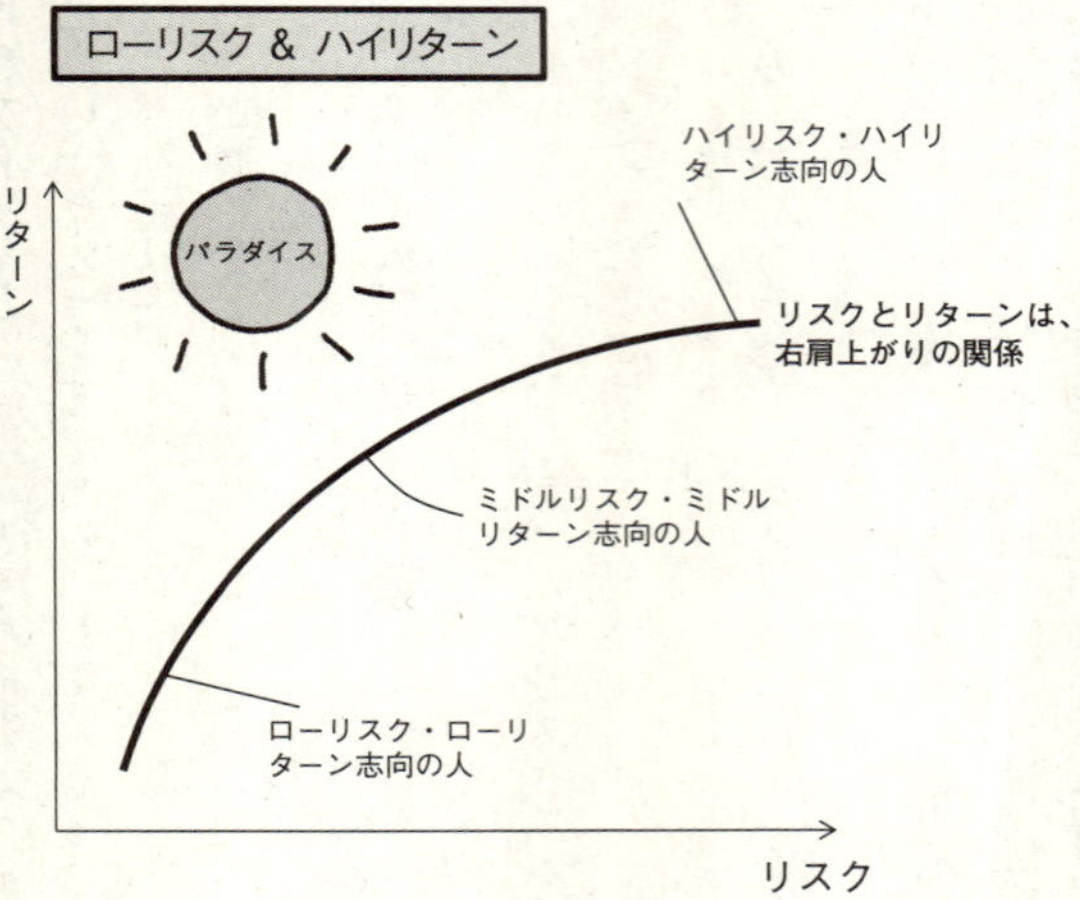

> ●虎の穴に入るのか（ハイリスク）、虎の穴には入らずに平凡な日々を送るのか（ローリスク）は、個人の選択に委ねられる。これは、よい、悪いの問題ではなく、個人のリスクに対する志向の問題である

リスクはできるだけ小さいほうがよい（ローリスク）し、リターンはできるだけ大きいほうがよい（ハイリターン）と、誰もが願っている。図表5-2の左上が、皆にとってのパラダイス（ローリスク・ハイリターン）だ。しかし実態は、虎穴に入らずんば、虎子を得ず。一定のリスクを取らなければ、一定の成功は収められない。右肩上がりの線の上で、自分はどの程度のリスクまで許容できるのか？

自分はどの程度のリターンが欲しいのか？　と自己に問い続けることだ。その答えは、個々人のリスクとリターンに対する志向であり、いわば人生観そのものと言うことができよう。

ビジネススクールの風景

㉗「私はいつも、ハイリスク・ローリターンで終わってしまうんですが、そんなことってあるのですか？」

FAQさん　私もここ2、3年ほど、ネットで株式投資をしているんですが、損してばかりですよ。**いつも、ハイリスク・ローリターンなんですが、そんなことってあるのですか？　ハイリスク・ハイリターンじゃないんですか？**

大津　虎穴に入らずんば、虎子を得ず！

FAQさん　つまり、リスクを取らなければ、リターンはなしですよね。私、かなりリスクを冒しているんですけど？

大津　株をやっているのなら、銀行預金よりは断然ハイリスクだろうね。でも虎子のことわざの説明のところで、3番目に書いたことを思い出してみよう。「虎の穴に入らなければ虎の子どもは得られないとしているが、虎の穴に入ったからといって必ず虎の子どもが手に入るとは言っていない」だよね。

FAQさん　つまり、「株をやらなければ、大きなリターンは得られないけど、株をやったからといって、必ず大きなリターンが得られるとは言っていない」ということですか。どうも私は後者のようです。

大津　いまのところ、そうみたいだね。繰り返すけど、ハイリスク・ハイリターンのハイリターンとは、高いリターンを要求する権利があると言っているに過ぎない。必ずハイリターンを得られるという意味と履き違えてはいけないよ。でもずっと下振れしているようだから、そろそろ上振れするころかもしれないね。

〔コラム〕　局アナとフリーアナウンサー

ハイリスク・ハイリターン、ローリスク・ローリターンの違いの、分かりやすい例として、局アナとフリーのアナウンサーを考えてみよう。

前者はサラリーマンなので、給与は固定給。テレビ局の給与水準は一般に高いとは言っても、サラリーマンなので自ずと限界がある。その代わり、年をとったり人気が陰ったりしても、裏方の仕事も含め何らかの就業の場は与えられるはずだ。また、景気が急に悪化しても、給与は安定的に払い込まれる。つまり、失業の不安にさらされない（ローリスク）代わりに、限定的な収入（ローリターン）という代償を受け入れることになる。

一方のフリーアナウンサーは、人気があれば、仕事は次々と舞い込んでくる。自分の実力で勝負しているから、フラストレーションもたまらない。報酬も活躍した分だけ、ぐんぐんとハイリターンとなって上昇する。でも万一、担当番組の視聴率が低迷を続ければ、仕事は一気になくなってしまうだろう。自分がミスをしなくても、テレビ局のコスト削減策、局アナ重視の番組編成等となれば、仕事は急減する。激動のハイリスクを選択するのだから、ハイ・ポジティブ・リターンにもなるし、ハイ・ネガティブ・リターンにもなる。

ずっとサラリーマンの局アナでいるのか、あるいはフリーアナウンサーとして独立して夢を実現するかは、本人の人生観。どちらがよい、悪いの問題ではない。ただし、確実に言えるのは、局アナである以上、他のチャンネルには決して出ることはできないということ。雇用や報酬の確保はできているが、せっかくの自分の成長の可能性、活躍の場を自ら制限していることになる。

このことをすばらしく表現しているのが、元GE会長のジャック・ウェルチの次の言葉ではないだろうか。

Control your destiny, or someone else will.

〈自分の人生は自分で支配せよ。さもなければ、誰かに支配される。〉

機会コストと、要求リターンを定めるリスクとの関係

いよいよ割引率はどう定めるべきかについて、考えていくこととしよう。時間には価値があること、そしてその時間の経過に対して機会コストが発生していることは、1章で学んだ。企業に資本を投下しているのは投資家なのだから、機会コストが発生しているのは、あくまで投資家である。

ここで、先に紹介した『リスク〈上〉——神々への反逆』から、もう1カ所引用してみる。

時間というのはギャンブルでは決定的な要因になる。リスクと時間は同じコインの裏表でもある。明日がなければリスクも存在しないのだから。時間はリスクの姿を変える。そして、リスクの性質は時間の長さによって規定される。未来こそが真のギャンブル場なのだ。

「明日がなければリスクも存在しない」とは言い得て妙ではないだろうか。たしかに世の中にいましか存在しないなら、いまは１００％確実なのだから、不確実性、すなわちリスクは存在しないことになる。しかし実際は、投資家が企業にキャッシュを今日投下しても、期待したリターンを得るのは明日以降である。その時間の経過に対して、投資家には機会コストが発生する。しかも、投資時点では確定できない不確実な機会コストである以上、それはリスクとなるわけだ。引用文における、「時間はリスクの姿を変える」が、そ

図表5-3　投資家のリスクが、企業への要求リターンを決定する

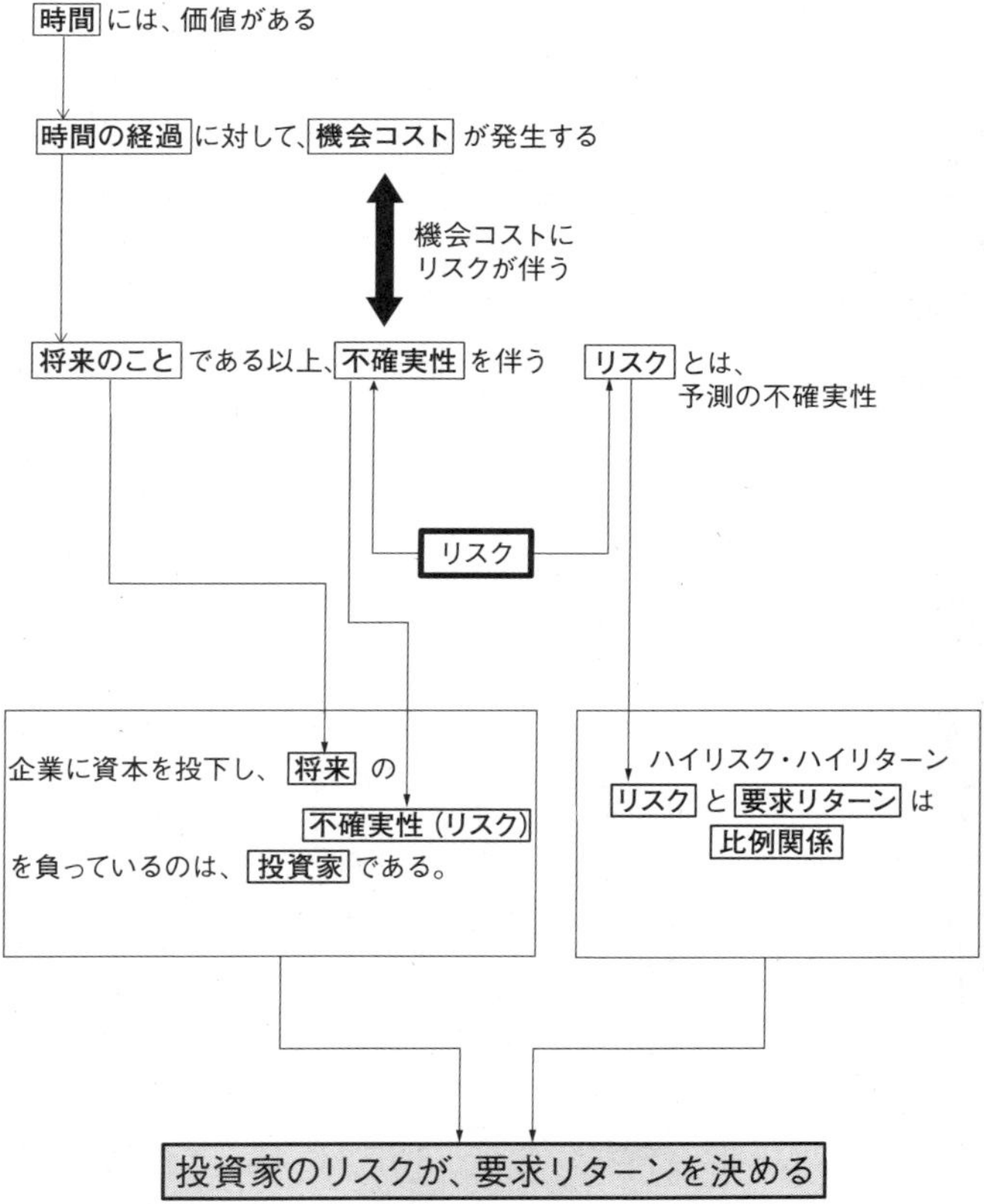
時間には、価値がある
時間の経過に対して、機会コストが発生する
機会コストに
リスクが伴う
将来のことである以上、不確実性を伴う
リスクとは、
予測の不確実性
リスク
企業に資本を投下し、将来の
不確実性（リスク）
を負っているのは、投資家である。
ハイリスク・ハイリターン
リスクと要求リターンは
比例関係
投資家のリスクが、要求リターンを決める

れを端的に表していよう。ここまでに登場した様々な概念の関係性をまとめると、図表5-3のようになる。投資家のリスクこそが、企業への要求リターンを決定すると結論づけることができる。

加重平均資本コスト（WACC）

では、投資家が背負っているリスクはいったいどのように求めるのだろうか？　ここで、株主のリスクをもとにその要求リターンを計算する式として、CAPM《キャップエム》（**Capital Asset Pricing Model: 資本資産価格モデル**）が登場する。しかし、CAPMについては、やや立ち入った定量的な話が中心となるため、本文ではなく付録で簡易に解説することとしたい。本書のタイトルにあるように、第2部では事業数値化力へと発展していく。つまり、資金調達サイドよりも、事業サイドに焦点を当てることになる。したがって、ここでは株主のリスクや要求リターン（株主資本コストと呼ぶ）といった資金調達の話を、これ以上掘り下げることは避ける。付録を読んでCAPMの概略をつかんだ上で、さらに興味のある読者は、同じく付録で紹介する他のファイナンス書籍から深く学んでいってほしい。

投資家が負っているリスクを踏まえて、要求リターンが定まったという段階から話を再開しよう。ここまで、「投資家」と一言で済ませてきたが、企業には株主に加えて、もう

図表5-4　企業が目指すべき利回りは、投資家の要求リターンであるWACC

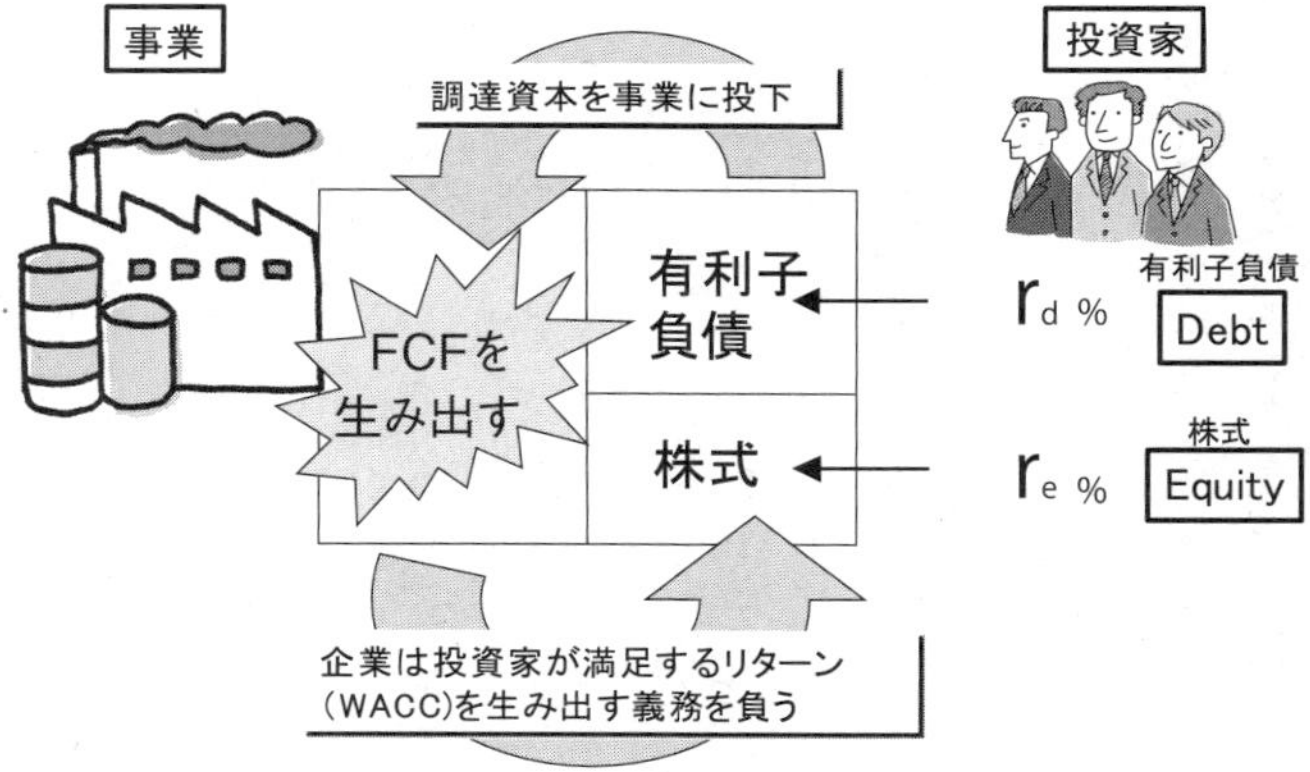

1つ大事な投資家が存在している。それは、銀行などの金融機関を中心とした、有利子負債の債権者である。債権者としての銀行は確定利回り、元本保証を前提として、企業に対して資金を融資する。企業が債務不履行に陥らない限り、銀行に対して事前に定められた利息と元本の支払いが企業から確実におこなわれる。確実であるということは、ローリスクであり、銀行はローリターンを要求する。

これに対して株主は、仮に企業業績が好調であっても、何らかの理由によって短期的には株価が下がってしまうような不確実性を負っている。それでも株を買うのは、上昇方向へのブレを期待しているからだ。銀行に比べて将来予測が不確実、すなわちハイリスクである以上、銀行よりもハイリターンを要求してくる。

いま２つの投資家がそれぞれのリスクをもとにして要求するリターンが、仮に銀行は２％、株主は７％としよう。銀行から融資１０００億円、株主から出資１０００億円の合計２０００億円を受け取って事業をおこなうとする。その場合、企業はいったい何％を目標として事業を営めばよいのだろうか。銀行には１０００億円に対する彼らの要求リターン２％、すなわち20億円を支払利息という名目で還元する必要がある。株主には１０００億円の７％、すなわち70億円の要求リターンを還元する必要がある。株主へは、配当（インカムゲイン）と株価の上昇（キャピタルゲイン）によって報いていく。結局のところ、２０００億円をもとに事業をおこなって、合計90億円（20億円＋70億円）のリターンを還元するのだから、平均リターンは、４・５％（90億円÷２０００億円）と考えればよい（この時点では、有利子負債による節税効果は考慮していない）。

投資家には株主と金融債権者の２つが存在するのだから、彼らの要求リターンの加重平均値こそが、企業が目指すべきリターンとなる。投資家から見れば要求リターンと呼ばれるこれら利回りも、企業から見れば、資金調達に要するコストである。その加重平均を取るため、これを加重平均資本コストと呼

$$WACC = \frac{D}{D+E} r_d (1-T) + \frac{E}{D+E} r_e$$

D：有利子負債価値（時価ベース）
E：株主価値（時価ベース）
r_d：有利子負債コスト（＝金融債権者要求リターン）
r_e：株主資本コスト（＝株主要求リターン）
T：実効税率

図表5-5　有利子負債の活用による変化

	A社 ＜無借金経営＞	B社 ＜借金250億円＞	有利負債による変化
営業利益	20億円	20億円	
支払利息（2%）	0	▲5	▲5億円
経常利益	20	15	
税金（40%）	▲8	▲6	＋2億円 （250億円×2%×40%に相当）
税引後純利益	12億円	9億円	▲3億円 （250億円×2%×（1－40%）に相当）

ぶ。加重平均資本コストは、英語の表現もそのままで、Weighted Average Cost of Capitalと言う。頭文字を取って、WACC（ワック）と呼ぶことも多い。

式を一般化しよう。銀行からの要求リターン（借入金利）をr_d（%）とし、株主からの要求リターン（CAPMで算出）をr_e（%）とする。すると、WACCは前ページ上段の式により算出される。

WACC算定式の中で、有利子負債の利回りr_d（%）に、（1－T）がついているが、これは支払利息による節税効果を表している。4章のFCFに関するFAQ⑰で、FCFの算定式から計算される税額と、実際の税額の数値がズレてしまうが、それは資本コストで調整するとした（120ページ）ことを覚えているだろうか。ここがまさにその場所に相当する。

具体的な数値で考えてみよう。いまここにまったく同じ事業をおこなっているため、営業利益が双方とも20億円の2社があるとしよう。A社は無借金経営を貫いているが、B社は250億円の有利子負債を保有しているとする。借入金利を2%とすると、支払利息は5億円（250億円×2%）となる。この場合、2社の

P／Lはそれぞれ図表5－5のようになる。

B社は有利子負債から来る支払利息負担のため、純利益はA社より少なくなっている。しかしその差額は、支払利息の5億円より少なく3億円のみである。これが、有利子負債による節税効果と呼ばれるものだ。有利子負債によって、支払利息2％を負担するのはたしかに痛手である。B社の経常利益はA社より、支払利息の分だけ5億円も少なくなってしまう。ところが、経常利益が減ったおかげで、支払う税金も少なくて済む。税率40％を掛ける相手は、営業利益ではなく経常利益となるためだ。このため、最終純利益は3億円のみの減少で済む。

この事実をWACC算定式に組み込む必要がある。有利子負債の実際のコストは、5億円ではなく正味3億円だ。3億円とは、250億円の1・2％に相当するが、要は税金分だけコストが浮いているのだから、2％×（1－税率40％）によって算出される。一般化すれば、r_d（％）×（1－T）となる。式はいびつな形になってしまうが、銀行から課される金利の（1－税率）のみが企業にとっての真の負担であるのは事実なのだから、これを式から漏らすことはできない。もし読者のこれまでの先入観が「借金＝悪」であったとするなら、この節税効果の事実からも、借金は決して悪いものではないと感じられるだろう。

ビジネススクールの風景

㉘「投資家からは簿価に計上された資金しか受け取っていないのに、どうして時価ベースで加重平均するのですか？」
㉙「利益が減っているのに、株主はハッピーなんですか？」
㉚「だったら、ひたすら借金したほうが株主はハッピーになりませんか？」

FAQさん　WACC算定式のDとEは、簿価ではなく、時価ベースで計算するってありますけど……。

大津　その通り。有利子負債（D）は、簿価も時価も国内では実質的に同じだから、簿価をそのまま使っても大きな問題はないけれど、株式を上場している企業なら株式時価総額があるから、それをベースにして考えないといけない。

FAQさん　でも、株価が上がっている企業だと、どんどんEが大きくなってしまいますよ。そもそも、**投資家からは簿価に計上されたキャッシュしか受け取っていないのに、どうして時価ベースで加重平均するのですか？**　株式市場で勝手に上がったり下がったりしている株価で自社の資本コストが変わるのは、ちょっと納得できません。

大津　株価が勝手に上がったり下がったりというのは、もしFAQさんが企業の経営者だったら口にしてはならない言葉だよね。まるで人ごとのように聞こえる。

FAQさん　たしかにそうですけど……。私が言いたいのは、うちの会社が実際にもらってもいないお金に対して、なぜリターンを出してあげなければならないのかと。

大津　うちの会社が……ですか。会社の論理では、たしかにそうだよね。でも、いまは誰の立場で考えないといけないのだろう。そもそも、r_dとかr_eっていうのは、何だったけ？

FAQさん　投資家の要求リターンだから、誰の立場って……。そうか、投資家の立場に立てば、時価ベースでないとまずいか……。

大津　ＦＡＱさんは最近株を始めたって言ってたけど、例えば１０００円で買った株なら、株価の上昇と配当と合わせて、1年間でどれくらいに増やしたいの？

FAQさん　配当で50円、あとキャピタルゲインで50円儲かって、10%の利回りだったら、十分満足です。

大津　その10%の利回りって、いまの株価である１０００円をベースに考えているよね。つまり、投資家であるＦＡＱさんにとって大事なのは、時価であって簿価ではない。そもそも、その会社の簿価ベースの1株当たりの株主価値（純資産価値）なんて、知らないんじゃないの？

FAQさん　たしかにそうですね。要は、r_dとかr_eは、投資家の要求リターンなのだから、投資家の立場である時価で加重平均しなければならないということですね。

大津　そういうこと。そうでないと、極端な話、簿価で計算したＷＡＣＣは常に上回り続けたのだけど、投資家がみんな逃げてしまって、会社は破綻してしまいました、なんてことになりかねないよ。

FAQさん　それからちょっと戻りますけど、図表5-5で質問があります。有利子負債による節税効果のメリットっていうのはよく分かったんですが、それでも借金したせいで税引後純利益が12億円から９億円まで、３億円減ってますよね。**利益が減ってるのに、株主はハッピーなんでしょうか？**

大津　株主としてのＦＡＱさんは、どんな時にハッピーになるの？

FAQさん　そりゃあ、株価が上がるか配当が増えた時ですよ。株主優待券もけっこう気になりますけどね。

大津　つまり、税引後純利益が増えた時ではないと？

FAQさん　あれっ、それもそうだな。でも、税引後純利益って配当の原資ですよね？原資が減ってるのだから、やっぱり配当額も減る可能性は高いんじゃないんでしょうか？

大津　配当の総額はね。でも、ＦＡＱさんは株式１００％所有のオーナーじゃないんだから、総額なんてもらえないし、興味ないでしょう？　興味あるのは自分の配当、つまり１株当たりいくらの配当をもらえるかでしょう？

FAQさん　あっ、そうか。有利子負債で資金調達したっていうことは、その分株式での資金調達は必要ない、つまり発行している株数が少ないということですか？

大津　ようやく分かったね。もし発行した後だったら、自社株買いで株数を減らせばよい。借金して、自社株買いするというのもありだよ。

FAQさん　例えばA社は1億株発行しているとすれば、1株当たり税引後利益（EPS）は12円ですが、もしB社がその70％の7000万株しか発行していなければ、EPSは、9億円÷7000万株で、12・86円となります。

大津　株価収益率（PER）が同じだったら、B社の株価のほうが高いことになるし、配当性向が同じだったら、B社の株主のほうがより多くの配当を得ることになるね。

FAQさん　B社の株主のほうがハッピーです。株主の力を抑えて、有利子負債を活用することで、株主価値を高める……。これがいわゆる有利子負債の有効活用によるレバレッジ効果というものですね。でもー、**だったら今度はひたすら借金したほうが、株主はハッピーになりませんか？**

大津　過剰な借金を抱える企業には、例えば何が起こるだろう？

FAQさん　銀行の金利が割高になると思います。そもそも銀行は貸さないかも。

大津　だとすれば、WACCの式のr_d自体が上がっていることになるよね。有利子負債による調達が立ちいかないとなれば、リーマンショックのような急な環境変化が起きると、破綻する可能性も高くなっている。

ＦＡＱさん　そうした破綻懸念の高い企業であれば、株主もより多くのリスクにさらされることになりますか。

大津　そういうこと。株主のリスクが高まれば、株主はそれだけ高いリターンを企業に要求する。つまり、ＷＡＣＣの式のr_eも上昇することになる。これを財務リスクと言うんだ。他にも過剰な借金の弊害はあるかな？

ＦＡＱさん　ビジネスの面にも影響があるはずです。例えば、顧客が破綻懸念からその企業の商品の購入を控えるとか、原料の調達先が、いままでは手形だったのが現金での支払いを要求してくるとか……。

大津　前者は営業利益の減少、後者は仕入債務支払いの短期化につながるね。どちらもＦＣＦの減少を意味している。

ＦＡＱさん　つまり、有利子負債が過剰になると、分子のＦＣＦの減少や、分母のＷＡＣＣの上昇と、いろいろ不具合が生じるということですね。

大津　そうだね。無借金がよいとも言っていないし、ひたすら借金するのがよいとも言ってない。節度ある有利子負債の活用が求められるところだ。では、いったい有利子負債と株式の資金調達のバランスはどう考えたらよいのか。これはＣＦＯ（最高財務責任者）に常につきまとう最重要テーマと言えるだろう。

株主の要求リターン　<　キャピタルゲイン　＋　インカムゲイン
（株主資本コスト(r_e)）

割引率は資本コスト

投資家（株式と金融債権者）の要求リターンは、資本コスト（WACC）であることを学んできた。投資家から貴重なキャッシュを預かっている以上、企業はWACCを企業経営における長期的な目標リターンととらえた上で、活動していかなくてはならない。企業は個別の事業の集合体であることを考えれば、個別の事業の評価においても、達成すべき目標リターンは、WACCとなる。このことから、WACCをIRR法におけるハードルレートとして、個別の事業を評価していくことが必要となる。また、IRR法におけるハードルレートと、NPV法における割引率は同一なのだから、NPV法における割引率としてWACCを採用することが導かれる。

ここで多くの受講者が疑問に思うのは、いくら企業がWACCを上回る経営を実現していても、それがキャピタルゲインやインカムゲインのかたちで株主に還元されていなければ、株主はハッピーではないのではないか？という点だ。たしかに株主が最終的にハッピーになるのは、自分が投資した100万円なら100万円が、期待した利回り分だけ実現益として増えることだ。企業がWACCを上まわる経営をおこなっても、株価は下がっているかもしれないし、配当は十分ではないかもしれない。

図表5-6　投資の意思決定（B／Sの左側）と、資本提供者の要求（B／Sの右側）の融合

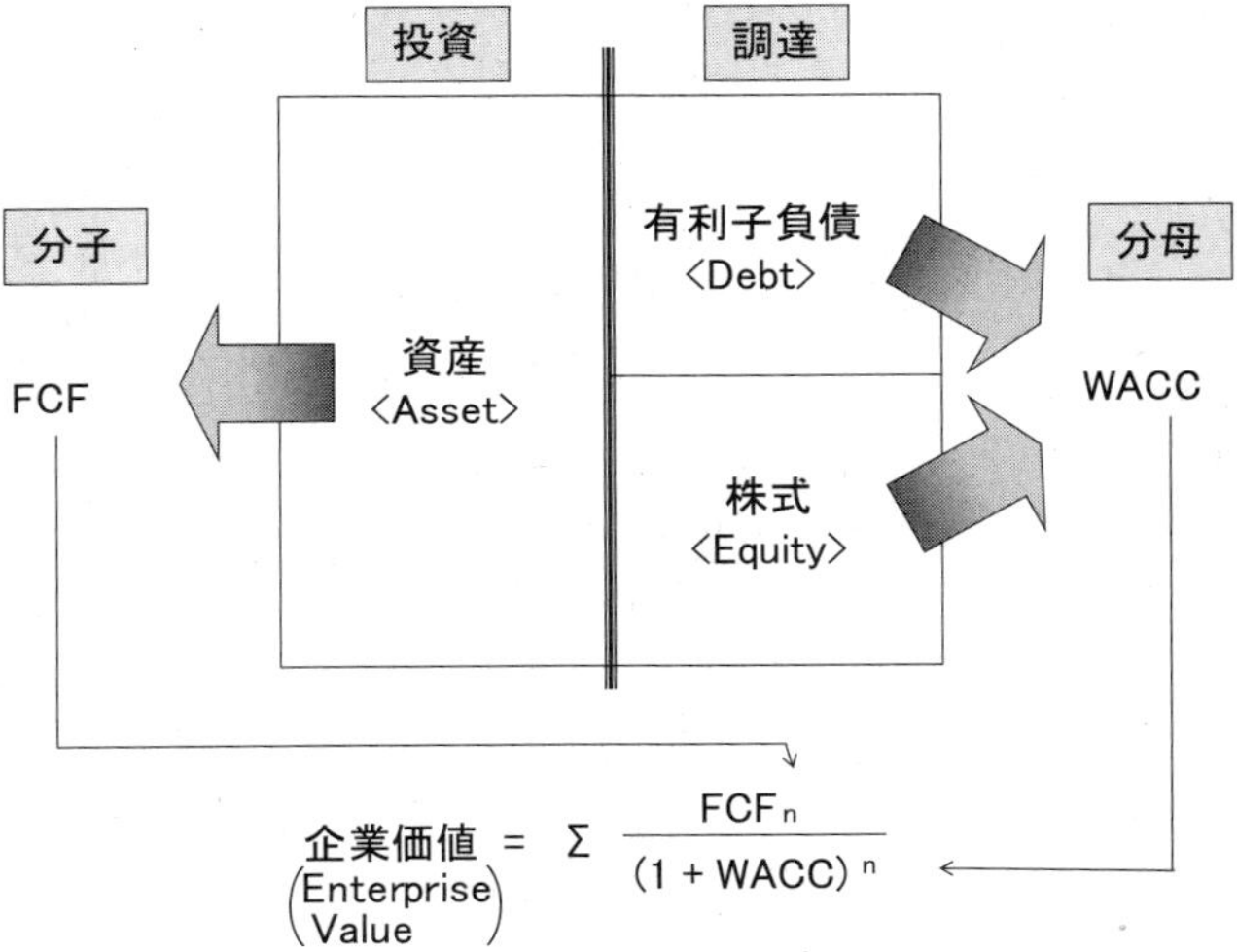

　企業がＷＡＣＣを上回る経営を実現した結果、企業価値が理論上は向上するというところまでは正しい。一方、理論がすぐに実際の株価や配当に表れるかというと、様々な外部要因が影響を与える。いくら業績がよくても、リーマンショックのような事態が起きれば、株価は暴落する。また、いくら業績がよくても、グーグルやアマゾン・ドット・コムなどの急成長企業は、次の投資の原資としてキャッシュを確保するため、２０１０年現在、上場以来一度も配当を支払ったことはない（株価の上昇、すなわちキャピタルゲインで十分に応えてはいる）。

このように、理論上の投資家の価値向上と投資家の実現益の確定の間には、どうしても理論と現実のズレが生じる。しかし、長期的にとらえれば、理論は適正に現実に反映されていくはずだ。仮に一時的にでも理論に見合わない株価が存在するなら、そこに投資家は殺到し、適正な株価へと上昇していくはずである。そのため、ここは少し長い目でとらえた上で、ＷＡＣＣを上まわる経営が実現されていれば、企業価値は向上すると考えてほしい。

以上より、**資本コスト（ＷＡＣＣ）をＮＰＶ法の割引率、ＩＲＲ法のハードルレートとして採用することで、企業は資本コストを意思決定の判断基準とすることが可能となる。**

この結果、投資の意思決定（Ｂ／Ｓの左側、ＮＰＶ算定式の分子）と、資本提供者の要求（Ｂ／Ｓの右側、ＮＰＶ算定式の分母）が融合した経営が実現されることとなる。

第1部
ファイナンス

6章
企業価値向上の経営

【学習ノート】

1. 事業価値から企業価値へ

事業の価値は、次の計算式によって算出される。

$$\Sigma \frac{FCF_n}{(1 + WACC)^n}$$

分子のＦＣＦは株主と金融債権者のものとなるキャッシュフロー、分母のＷＡＣＣは株主と金融債権者の加重平均資本コストである。よって、計算される価値は、株主と金融債権者の価値となり、これを企業価値と呼ぶ。

企業価値(Enterprise Value)　＝　株主価値　＋　金融債権者価値

「企業価値　＝　Σ 事業価値　＝　Σ 事業のＮＰＶ」である事実と合わせれば、事業のＮＰＶは、株主と金融債権者に帰属するものと導かれる。

事業価値から企業価値へ

上場している企業であれば、3〜5カ年先を見越した中期経営計画を定期的に開示するのは一般的だ。企業自らが自社の今後の目指すところを語るものなのだから、貴重な情報の宝庫である。これからその会社の株を買うにしても、その会社に営業をかけにいくにしても、あるいはその会社の商品を買おうか検討しているにしても、中期計画にしっかり目を通してから行動することはお勧めだ。いろいろな企業の中期経営計画を見ていると、よくお目にかかる言葉がある。

「企業価値の向上を目指して」「企業価値最大化の経営」「企業価値の極大化」……

いったい企業価値とは何なのだろうか？　響きはよいし、会社の価値を高めようというのだから、悪い話ではない気がする。ただ、どうやって高めたらいいの、となった瞬間に、具体的に考えが進まずに固まってしまう言葉かもしれない。こうした用語を思考停止用語と呼ぶ。他にも、「付加価値を高める経営」とか、「シナジー効果を発揮して」とか、どれも聞こえがよいだけに、その言葉を聞くと何となく納得してしまう危険な言葉だ。ただし、どれも具体的なことにまったく踏み込んでいない点で共通している。

企業価値ではなく、株主価値と言ってくれれば分かりやすい。株価は上がっているのか？　配当は増えているのか？　客観的に判断できる数値がある。価値というくらいだから、本来数値で表すことができるもののはずだ。本書はファイナンスを扱う書籍なのだから、あくまで企業価値を定量的にとらえていくことにしたい。ここまでに学んだ価値算定式をいま一度整理してみることとしよう。

　事業の価値は、次の計算式によって算出される。

$$\Sigma \frac{FCF_n}{(1 + WACC)^n}$$

　分子のＦＣＦは、「事業そのものから、正味生み出される、株主・金融債権者のものとなる、キャッシュフロー」という定義であった。誰が所有しているのかと問えば、それは株主と金融債権者である。一方の分母のＷＡＣＣは、「企業が達成しなくてはならない、投資家（株主と金融債権者）からの要求リターン」であった。誰のコストかと問えば、それは株主と金融債権者である。
いかなる分数であっても、分子と分母の所有者が一致していなければ、算出される数値はまったく意味をなさない。今回は分子も分母も株主と金融債権者で一致しているため、算

図表6-1　事業価値＝株主価値＋金融債権者価値

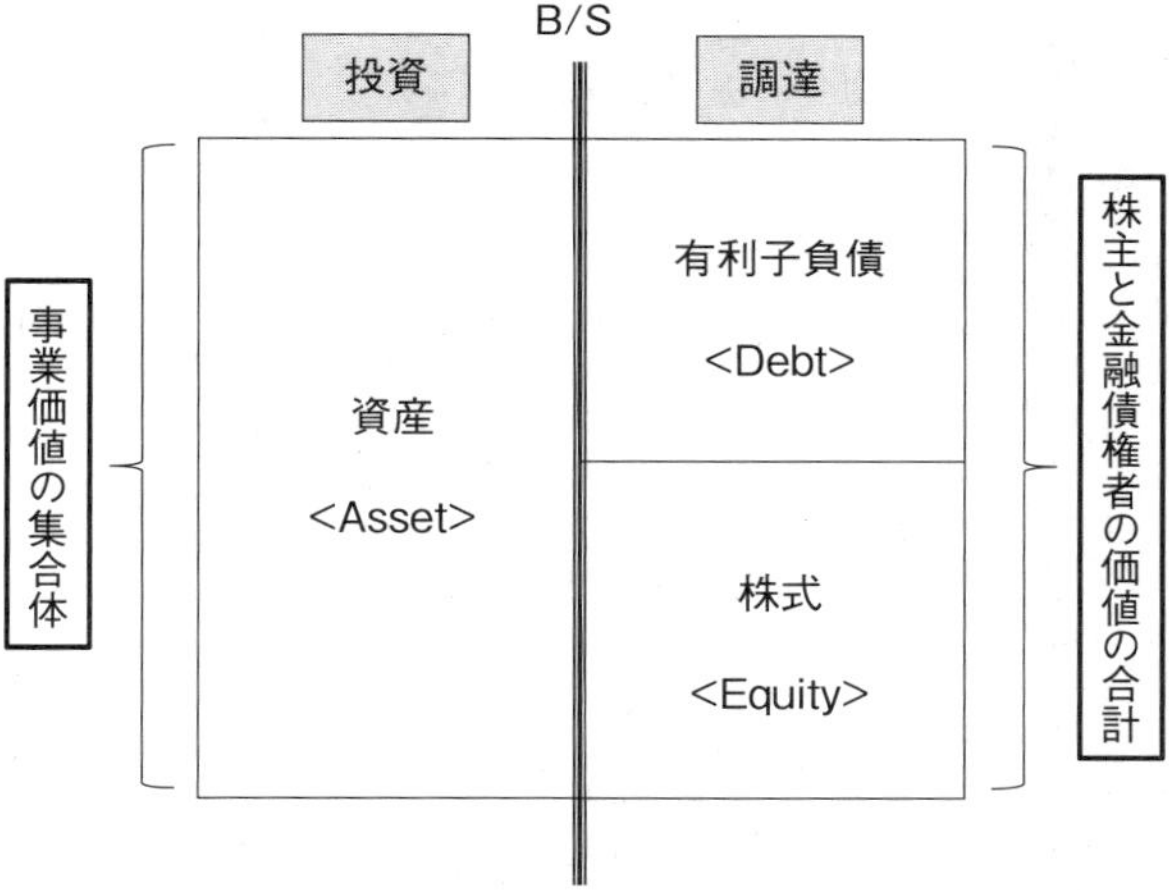

出される価値自体に意味がある。言うまでもなくそれは、株主と金融債権者に帰属する価値である。つまり、事業の価値として計算されたＮＰＶが、株主と金融債権者の価値の合計に等しいことを意味する。これを図に表したものが図表６-１になる。

事業が１つしかなければ事業価値＝企業価値となるが、複数の事業が存在するなら、事業価値と企業価値の関係は、これとあわせて次のように表現できる。

企業価値＝Σ事業価値＝Σ事業のＮＰＶ＝株主価値＋金融債権者価値

これらの事実から、**「企業価値を高める経営」とは、企業内に存在する各事業のＮＰＶを最大化すること、具体的には、分子**

のＦＣＦを高め、分母のＷＡＣＣを下げることを意味するものとなる。そうすることが、企業の所有者である株主と金融債権者の価値の合計を最大化することにもつながっていく。

では具体的にどのようにして事業を構想し、これら数値に結びつけた上で、企業価値を高めていくことができるのだろうか。それについては、本書の第２部「事業数値化力」で、取り扱っていくこととしよう。

ビジネススクールの風景

㉛「上場企業なら時価総額が株主価値だし、借金の額もすぐ分かるから、ＤＣＦ法なんて使わなくても、２つの足し算で企業価値は簡単に計算できませんか？」

ＦＡＱさん　図表6-1を見ていて、ちょっと頭がこんがらがってきたんですが……。

大津　何でしょう？

ＦＡＱさん　企業価値＝株主価値＋金融債権者価値っていうのは分かったんですけど。だったら、上場企業なら、時価総額が株主価値だし、借金の額もすぐ分かるから、ＤＣＦ法なんて使わなくても、企業価値は計算できませんか？

大津　マーケットバリューはね？

ＦＡＱさん　マーケットバリューって？

大津　そのまま訳して市場での価値ということ。具体的に考えてみようか。例えばいまＦＡＱさんは八百屋さんの前に立っていて、リンゴを１つ買おうかどうか悩んでいる。リンゴは１つ５００円と書いてある。さて、買いますか？

ＦＡＱさん　買いますかって、唐突に言われても……。そろそろ難しい話ばかりで頭が飽和してきたので、甘いリンゴだったら買いたいけど……でも１個５００円ってちょっと高くないですか？

大津　じゃあ、いくらくらいだったら妥当なのかな？

ＦＡＱさん　先日スーパーでは１５０円で売ってましたよ。私の感覚では上限でも２５０円かな……。

大津　では、質問。古くはマルクスの『資本論』の中で価値と価格の議論があるけど、八百屋さんが提示している５００円は、価値？　それとも価格？

ＦＡＱさん　八百屋さんが５００円という値段をつけているのだから、それはもちろん価格ですよ。

大津　英語では、priceだね。一方、ＦＡＱさんが、リンゴは上限でも２５０円だと言っているのは？

ＦＡＱさん　私がリンゴの価値は２５０円以上はないと言ってるんだから、それは価値ということになりますか。

大津　英語では、value。あるいは、適正価値を英語にしてFair valueだね。で、今回はどっちのほうが大きかったの？

ＦＡＱさん　八百屋さんが提示するリンゴの価格（５００円）＞私の考えるリンゴの価値（２５０円）➡だから買わない、ですよね。価格が価値より高ければ買わないし、逆に価格が価値を下回れば買うということです。先生、リンゴの話と私の質問と、どうやって結びつくんですか……？

大津　ＦＡＱさんの質問は、企業価値＝株主価値＋金融債権者価値なのだから、ＤＣＦ法を使わなくても企業価値は計算できるんじゃないか、だったよね。株価は市場が決めるし、借金の額も貸借対照表を見ればすぐ分かる。でもこれは、市場が言っているリンゴの値段と一緒で、いわば企業価格に過ぎない。

ＦＡＱさん　なるほどー。一方、ＤＣＦ法で求めている価値は、企業が将来生み出すであろうＦＣＦをもとに計算した理論上の本質的な価値、つまり適正価値ということですか。

大津　そういうこと。あとはリンゴを買うか、買わないかとまったく同じ話。もし、株価をもとに計算した株主価格に借金を加えた企業価格が、エクセルでＦＣＦを予測して計算した企業価値より上回っていれば、その会社の株は買わないほうがよい。逆に、市場が値づけしている企業価格がＦＡＱさんの考える企業価値を下回っているのなら、いますぐ株を買えばよいということ。証券アナリストの仕事は、まさにこの価値算定の作業と推奨レポートの執筆と言えるんだ。

FAQさん　ようやく謎が解けました。いまの市場が考えている企業価格を知りたければＤＣＦ法は要らないけど、自分はいくらだと思うのか、という本質的な企業価値を知りたいのなら、やはりＤＣＦ法を使わないといけないということですね。

大津　そういうこと。ＤＣＦ法以外にも企業価値や株主価値を計算する方法はあるけど、それは第２部の事業数値化力の中で見ていくこととしよう。

［コラム］　コングロマリット・ディスカウント

先に示した次の式は、本当に正しいのだろうか。

企業価値 ＝ Σ事業価値 ＝ Σ事業のＮＰＶ

コングロマリット・ディスカウントという言葉がある。コングロマリット（conglomerate）は日本語では複合企業体と訳すことが多いが、要は独立した事業をいくつも保有する総合型企業グループだ。米国ではＧＥ、国内では総合電機業界がそれに近い。そのコングロマリットがディスカウントするとは、この式が、

企業価値＜Σ事業価値＝Σ事業のNPV

といった状態に陥っていることを意味する。個別の事業のNPVがプラスであっても、全体の企業価値がその和を下回っているという現象である。例えば成長性が低かったり、利益率がよくないなど、自社の競争優位性が発揮できない事業があるとする。しかし、他社もやっているからとか、創業からの事業だからというだけの理由で保有し続けている。全社売上の1％にも満たない規模なら何のことはないが、仮にその事業の売上が全社の20％を超えているような規模だったらどうだろうか。経営資源の非効率な配分、思い切った意思決定をおこなうことのできない企業文化、株主への脆弱な配当還元の姿勢などを露呈していることになる。そうした企業の株価は、おそらく長期にわたって低迷を続けることだろう。

自社では当該事業の競争優位性が発揮できなくても、他社がそれを保有すれば一気に拡大できるというなら、その事業は売却対象としてとらえるべきだ。長い目で見れば、そのほうが当該事業に所属する従業員もハッピーとなるはずである。選択と集中が進んだ自社も、より効率的な経営資源の配分が可能となる。そうなれば、もはやコングロマリット・ディスカウントは発生せず、むしろ将来のさらなる拡大に向けたコングロマリット・プレミアムが生じているかもしれない。

第2部

事業数値化力

7章

3つのFCFを予測する事業数値化力

FCFに影響を与えるすべての要素を洗い出し数値化する

事業数値化力の話を始めるにあたり、まず受講者Aさんに登場してもらおう。Aさんはこれまでは本社で原材料の購買を担当してきた。しかし、２カ月前に現在の職場である工場に転勤となり、新規や更新設備の投資判断および投資後の管理業務をおこなっている。

QUIZ①

Aさんの所属するX事業部では、ある製造工程の自動化を促進するため、最新の機械を主力工場に3台導入することを検討しています。1台当たり2億円の初期投資が必要となりますが、この機械の導入によって年間30人の臨時従業員の削減ができる見込みです。臨時従業員1人当たりの人件費（社会保険料などすべて含む）は、総額４００万円とします。X社はこの機械を導入すべきでしょうか。

Aさん　人件費は、１人当たり４００万円×30人分の減だから、年間１億２０００万円削減できますね。２億円の機械を３台買うのだから、６億円のコストが最初に発生するけど、ちょうど5年間で回収できます。うちの会社は5・5年の回収期間法でやってますから、これはGoですよ。

大津　時間に価値がなければね？

Aさん　あっ、そうだった。最初に6億円のお金を使うということは、そこに機会コストが発生しているわけですね。

大津　そういうことだったよね。会社には無数の事業やプロジェクトがあるはず。6億円使って、もっと川上の研究開発に投資したり、新規事業を手掛けたり、あるいは営業担当者のボーナスに回してモチベーションを高めることだってできる。なぜ、新機械の購入による自動化を優先するのか。優先するに値するだけの案件なのかを、きちんと資本コストで割り引いて考えないといけない。

Aさん　機械1台買うのにも、相当の熟慮がないと買えなくなりそうです。

大津　自分の6億円だったらどうだろう？　6億円じゃ、ちょっと現実性がないなら、自分の60万円だったらどう？　もっと熟慮しないかな？　会社のお金は自分のお金だと思えば、熟慮はあっても熟慮のし過ぎはないよね。さて、議論の都合上、今回はこの新機械の導入を進めることは決まったものとしよう。割り引く作業を忘れているということも大事だけど、それ以前にそもそも設備投資額の6億円と毎年の人件費1億2000万円の削減だけを考慮すれば、それでよいのかな？

Aさん　と言いますと……？

大津　新機械の導入によって、他にも変化することはないの？

Aさん　うーん、例えば新機械はかなり動力を必要とするものなので、電気代がかさむとか……ですか？

大津　それが事実なら、製造原価の中の動力費が上昇するね。それから？

Aさん　当然ながら機械の修繕費の発生は、少し見ておかなくてはならなくなります。

大津　それも製造原価の上昇につながる。

Aさん　そう言い出すと結構ありますよ。最初の6億円だけで機械投資は終わりではなくて、おそらく継続的に追加投資をしなくてはならないとか、新機械に合わせて原材料メーカーから納品してもらう原料仕様の変更コストが発生するとか、うちの会社の製品自体も仕様が多少変わるので、そのための開発コストも見ておいたほうがよいとか。それに、新機械の消耗品となる部品も、購入して常に在庫として持っておかなくてはならなくなるから、そのコストもちゃんと取っておかないと。

大津　その部品在庫は、購入したあと使うまで持ち続けるのだから貯蔵品在庫としてキャッシュを食うことになる。ここまでは自動化によって新たに発生するコストの話ばっかりだったけど、逆に人件費が削減できること以外に、他に何かいい話はないの？

Aさん　在庫の圧縮が図れると思います。つまり、これまでは労働集約的だったので、作業効率の悪い人がいたりすると、そこがボトルネックになって仕掛在庫が多くなることがありました。それから、自動化することで作業の流れがスムーズになれば、部品メーカーからの部品の到着を、よりジャスト・イン・タイム（ＪＩＴ）にすることができます。もちろんでき上がった製品も、できたら自動的に出荷プロセスに入る仕組みが取りやすくなるので、いまより製品在庫の水準を下げることができるはずです。

大津　それが実現できれば、製品の過度な陳腐化を防ぐことで売値の下落を食い止めることにもつながるかもしれないね。それから、そもそもいままでは、まったくの労働集約的な作業だったのかな？　その臨時従業員の方々は別の旧い機械を使っていたの？　だとしたら、その機械は今後どうするの？

Aさん　たしかに、いままでも機械を使ってはいましたが、全自動化を図ることのできない旧型の機械でした。中には買ったばかりの機械もあるので、中古市場では幾ばくかで売れるはずですよ。

大津　でも、解体したり運んだりする処分コストは少し見ておいたほうがよいだろうね。それと、旧い機械はもう存在しないのだから、旧い機械の貯蔵品在庫は逆に圧縮できるはず。

Aさん　なるほどー。考えるといろいろと出てきます。

大津　まあ、これくらいにしておこう。第1部の4章「フリー・キャッシュフロー」で学んだFCF算定式を3つに分解することは覚えているかな？

Aさん　もちろんです。そもそもFCFの式は分かりにくいから、3つに分解して覚えようということですよね。それを忘れちゃ話にならない。①P／L（利益）に関する項目、②設備投資に関する項目、③運転資金に関する項目、ですよね。

図表7-1　3つのFCFで予測する

	営業利益×（1－税率）＋	減価償却費－設備投資 －	追加運転資金
	①P/L	②設備投資	③運転資金
プラスの変化	◆人件費の削減（毎年1億2000万円） ◆製品の陳腐化回避による値くずれの抑止	◆旧い機械の売却収入（初年度のみ、処分コスト控除後）	◆原材料のJIT化による原材料在庫の圧縮（毎年） ◆製造工程短縮による仕掛在庫の圧縮（毎年） ◆製造から出荷までの自動化実現による製品在庫の圧縮（毎年） ◆旧い機械の部品保有に伴う貯蔵品在庫の圧縮（毎年）
マイナスの変化	◆動力費のアップ（毎年） ◆修繕費のアップ（毎年） ◆原材料メーカーへの仕様変更依頼コスト（初年度のみ） ◆製品仕様変更の開発コスト（初年度のみ）	◆設備投資（初年度6億円） ◆追加設備投資（毎年）	◆新機械の部品保有に伴う貯蔵品在庫の発生（毎年）

大津　ご名答。さて、そのFCFの3つの分解と、いまたくさん挙げたコストや在庫の増減の変化が、どう結びつくんだろう？

Aさん　あっ、もしかしたらいま先生と議論したメリットやデメリットが、すべてFCFの3つに落とし込めるということですか……？

大津　そういうこと。だって、FCFは事業が生み出すキャッシュフローであって、そしていま新機械の購入という1つの事業の計画を立てているのだから、それがもたらすすべての変化はFCFのどこかに結びつかないとおかしい。いま出てきたポイントをまとめてみよう（図表7-1）。**事業のFCFを予測するということは、こうしてF**

CFに影響を与えるすべての要因を洗い出して、そしてそれを数値化することにほかならないんだよ。

企業のゴールは、企業価値の向上

企業はいったい何のために存在しているのだろうか。

最初から堅苦しい問いかけだが、読者の皆さんは、この問いかけに何と答えるだろう。どんな企業でも経営理念を掲げ、実現したい世の中を経営ビジョンとして語る。雇用の提供、ひいては人間が人間らしく生きていくための場所と生きていくための報酬を提供するのも企業の役割だ。しかし企業には、これらすべての役割を実現するために持ち合わせなくてはならない1つの絶対条件が存在する。それは、企業活動を営むために必要な資金を、投資家から調達してくるということだ。

投資家は慈善活動をしているわけではない。例えば読者が投資家として銀行にお金を預けるのは、あくまで自分の金利収入を期待してのことだ。決して銀行の資金繰りを楽にしてあげようと思ってする行為ではない。銀行は銀行で、読者の預けたその資金を今度は企業に融資したり、金融商品で運用したりしている。貸し倒れリスクを考えれば、必然的に私たちが銀行からもらえる金利以上の利率を目指しているはずだし、そうでないと私たち預金者もいざという時に困ってしまうことになる。

図表7-2　企業活動のゴールは企業価値を高めること

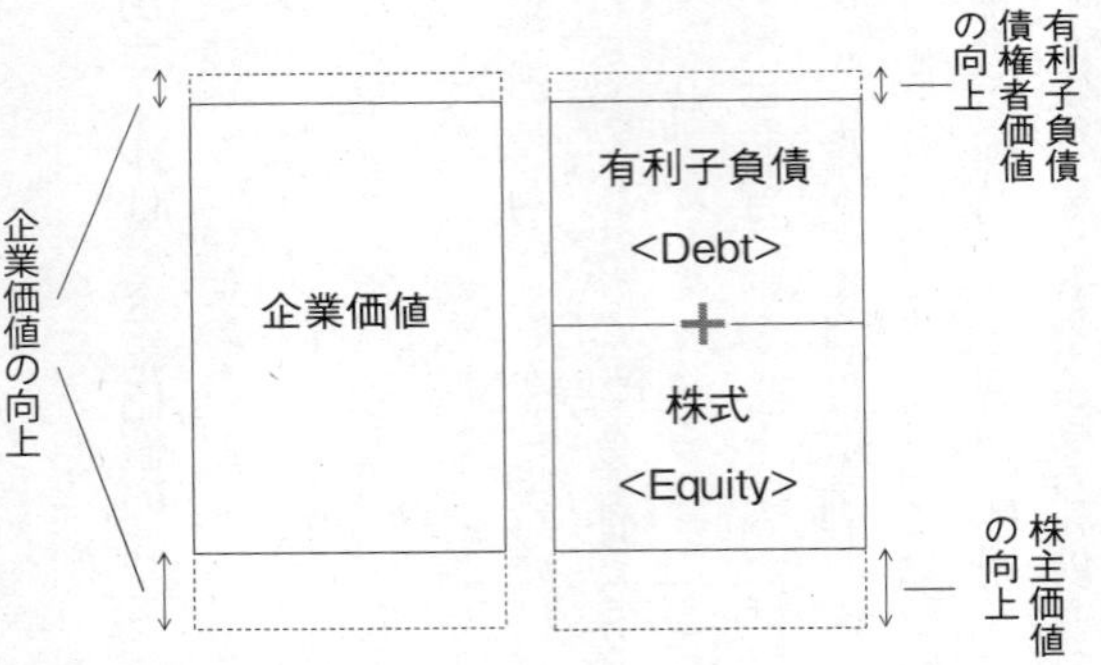

$$\text{企業価値}= \sum \frac{FCF_n=\text{営業利益}\times(1-\text{税率})+\text{減価償却費}-\text{設備投資}-\text{追加運転資金}}{(1+WACC)^n}$$

いかなる企業であっても、投資家から預かったキャッシュの価値を高めなければならない義務がある。第1部「ファイナンス」で見たように、投資家とは株主であり、金融債権者だ。投資家の価値を高めるとは、株主価値、金融債権者価値を高めること。つまり企業の究極のゴールは、あくまで企業価値を高めることにある。

第1部で、企業価値は上に掲げた式で算出されることを導いた。分子と分母を個別にとらえれば、企業価値を高めるとは、分子のＦＣＦを高めるか、分母のＷＡＣＣを下げることによって実現される。しか

FCF＝営業利益×（１－税率）＋減価償却費－設備投資－追加運転資金

P/Lに関する項目（営業利益×（１－税率））　設備投資に関する項目（減価償却費－設備投資）　運転資金に関する項目（追加運転資金）

も、Σ《シグマ》がついているから、これを永久に実現していかなくてはならない。分母のＷＡＣＣについては、会社の健全性を高め格付けを上げることで借入金利を下げたり、あるいは先に考察した通り、有利子負債の有効活用によってＷＡＣＣを低減することが主たる手法となる。しかしながら、過度な有利子負債は企業の倒産リスクを高め、かえってＷＡＣＣを上昇させることにもなりかねない。経営者やＣＦＯ（最高財務責任者）には、自社の最適な株式と有利子負債のバランス、すなわち最適資本構成を追求し続けていくことが望まれてくる。

この第２部「事業数値化力」は、題名の通り、焦点を事業そのものに当てていきたい。よって、ここからは主に企業価値算定式の分子にあるＦＣＦに焦点を当てた上で、事業を構想し、その数値化を試みていく。

第２部の冒頭に挙げたＱＵＩＺ①に対する私とＡさんとのやりとりから、事業を構想し、これを数値化することのイメージを持っていただけただろうか。**事業によって生じる様々な変化はＦＣＦの３つの項目、すなわち①Ｐ／Ｌ（利益）に関する項目、②設備投資に関する項目、③運転資金に関する項目、に分解することができる。この３つの項目に生じるプラスの変化とマイナスの変化をモレなくダブリなく予測し、数値化していくことが求められる。そ**

図表7-3　企業価値向上を分解する

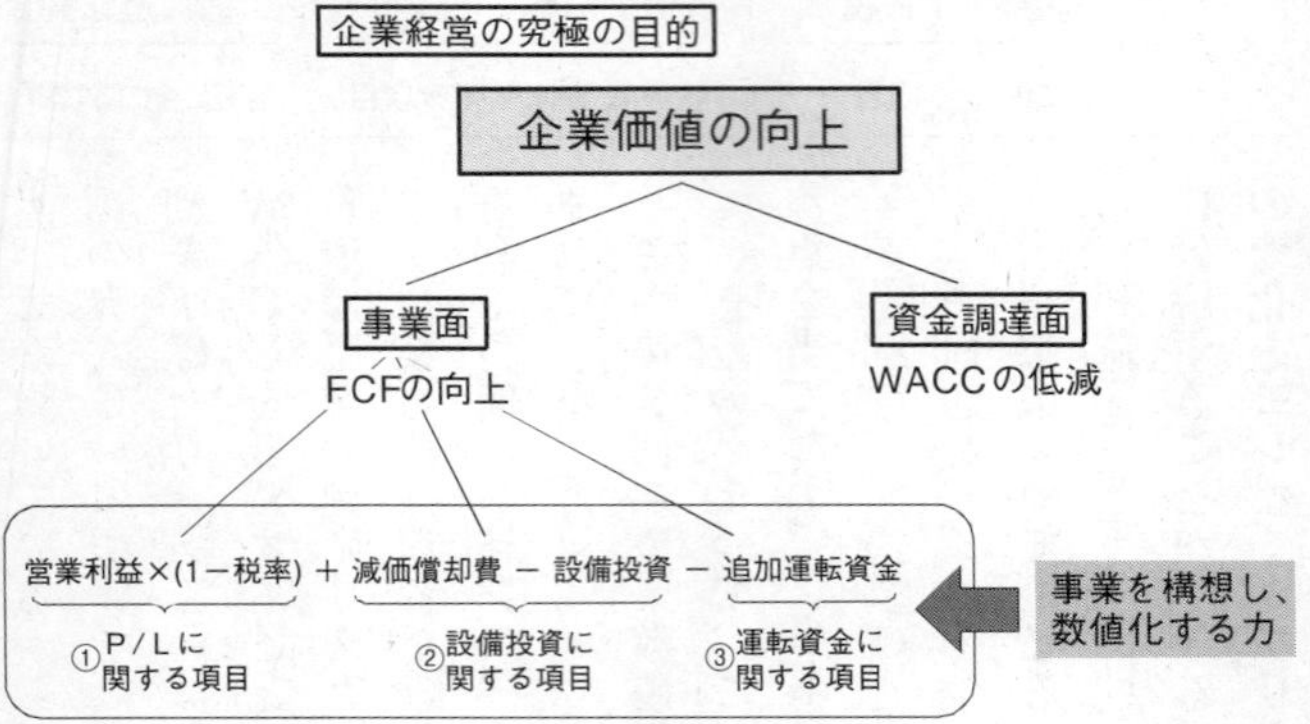

して、３つの項目をバランスよく向上していくことはＦＣＦの向上につながり、ひいては企業価値の向上へと発展していくこととなる。

ここまでの議論をまとめたものが図表７-３となる。

いかにアイディア性に富んだ案件であっても、最終的に永続的なＦＣＦの向上、すなわち３つのＦＣＦのバランスのよい成長に結びつかない事業は、企業価値を高めない。よって、そうした事業は採用されてはならない。仮に読者がいま社長から新規事業を何か１つやってみろと言われたら、どんな事業をやりたいか構想してみてほしい。売上計画、費用計画、利益計画はどのように描かれるだろうか。その際、３年目くらいには何とかＰ／Ｌ上黒字になりそうなら、それはＧｏとなるだろうか。否、ならない。ＦＣＦは３つの項目から構成されているのだから、Ｐ／Ｌの議論だけで終わってしまっては、事業数値化のいまだ３分の１しか考えていないことになる。

２つ目の設備投資に関する計画はどうだろうか。それに伴って発生する減価償却費との見合いで、各年にどの程度の投資が必要かといった緻密な計画がなくてはならない。そして、ここで終わってしまうと、残り３分の１の事業数値化がないままの事業計画となってしまう。仮に利益予測がすばらしくても、その上、設備投資を抑制することができていても、売掛金の回収に法外な時間を要することで多額のキャッシュフローが流出し続けたり、あるいは棚卸資産が莫大に発生して、やはりキャッシュフローが流失し続けることで、ＦＣＦのマイナスが続くことは十分にある。もしＦＣＦはプラスに何とか保てても、それを割り引いた結果のＮＰＶがマイナスとなってしまうのなら、そのプロジェクトはやはりＮＯＧｏなのだ。

本書の冒頭において、事業数値化力とは、「将来の事業を構想し、具体的な数値に落とし込む力」と定義した。事業とは、新規事業の立ち上げ、海外進出、企業買収といったものに加えて、新機械の購入、販売チャネルの変更、ＳＣＭ（サプライチェーンマネジメント）の導入、垂直統合モデルから水平分業モデルへのシフトなど、ありとあらゆるプロジェクトを意味する。第２部の「事業数値化力」では、こうした代表的な事業を具体的にイメージしながら、事業を構想し、これを数値に落とし込むプロセスについて、受講生間

図表7-4　バリューチェーン

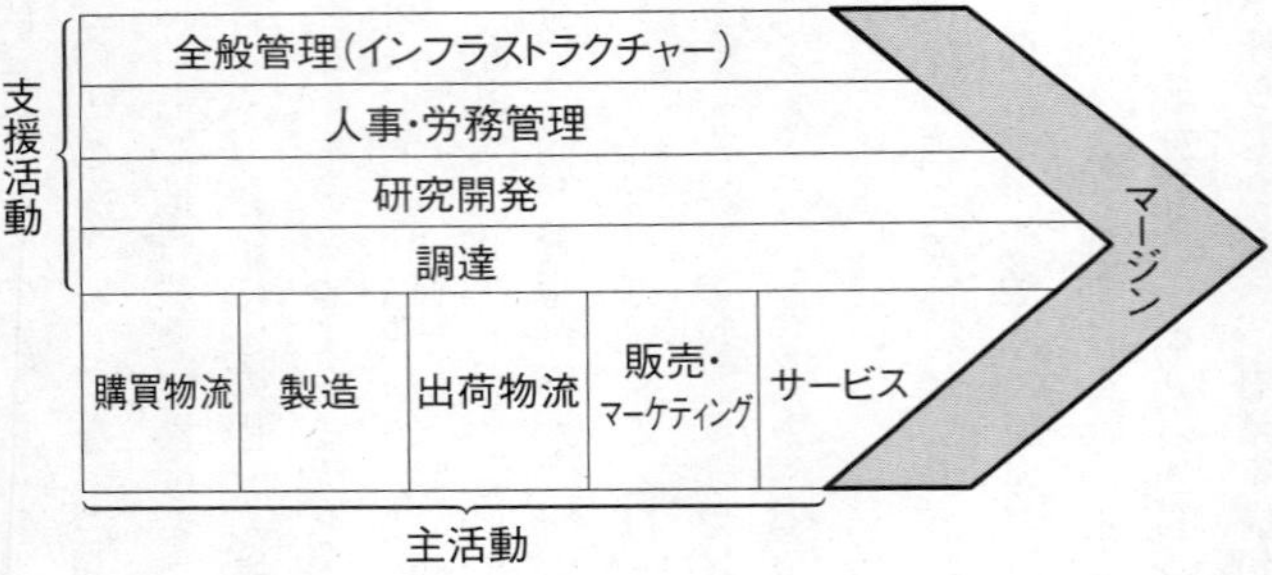

出所：M.E. ポーター『競争優位の戦略』

のインタラクティブなやりとりを通して描いていくこととする。

バリューチェーンを使ってモレなくダブリのないFCFを予測

企業の事業活動を分析するためのフレームワークの1つに、ハーバード大学教授のマイケル・ポーターによるバリューチェーン（付加価値連鎖）がある。

事業活動の流れを、バリュー（価値）のチェーン（つながり）として分解することによって、企業が製造や販売・マーケティングといった個別戦略にどのような手を打ちながら、競争優位性のある事業モデルを描いているかを分析することができる。図表7－4に示した流れはあくまで1つの例で、事業内容によってその中身は変わってくる。**こうしたフレームワークは物事をモレなくダブリなく**（MECE：Mutually Exclusive Collectively Exhaustive）**考察する際に有**

効だ。

例えば本章冒頭のQUIZ①において、新機械への設備投資に伴うFCFへの影響を考察した例を思い出してみよう。

工場での設備投資と人件費の圧縮の話だったので、バリューチェーンの中でも「製造」の話が中心ではあった。しかし、これ以外にも製品仕様の変更に伴う「研究開発」や、原材料メーカーからの納品のジャスト・イン・タイム化推進という「購買物流」の話もきちんとおこなわれていたことに気がつく。一方、製造の自動化という製造方法の話に偏り、バリューチェーンにおける「販売・マーケティング」や「サービス」への言及はまったくなかったが、本当にそれで大丈夫だろうか。例えば、製造の自動化によって手の空いた正社員を、営業やサービス部門に配置転換するというのであれば、それら部門の人件費増も本プロジェクトのFCF算出のマイナス要因として組み込まなくてはならない。もちろんそうした営業・サービス部門の強化によって、製品の拡販が図れるのなら、今度はFCFのプラス要因として算入を検討する必要が生じる。

図のバリューチェーンには5つの主活動と4つの支援活動がある。合計9つの活動には相応のコストが発生するが、そのコストに利益を乗せたしかるべき価格で最終製品やサービスは販売されるはずだ。その結果生み出されるのが図の一番右にあるマージンとなる。

9つの活動には相応のコストが発生するが、これらはすべてキャッシュフローで表すこ

図表7-5　9つの活動×3つのキャッシュフロー

支援活動			
全般管理（インフラストラクチャー）	P/L	設備投資	運転資金
人事・労務管理	P/L	設備投資	運転資金
研究開発	P/L	設備投資	運転資金
調達	P/L	設備投資	運転資金

購買物流	製造	出荷物流	販売・マーケティング	サービス
P/L	P/L	P/L	P/L	P/L
設備投資	設備投資	設備投資	設備投資	設備投資
運転資金	運転資金	運転資金	運転資金	運転資金

主活動

マージン

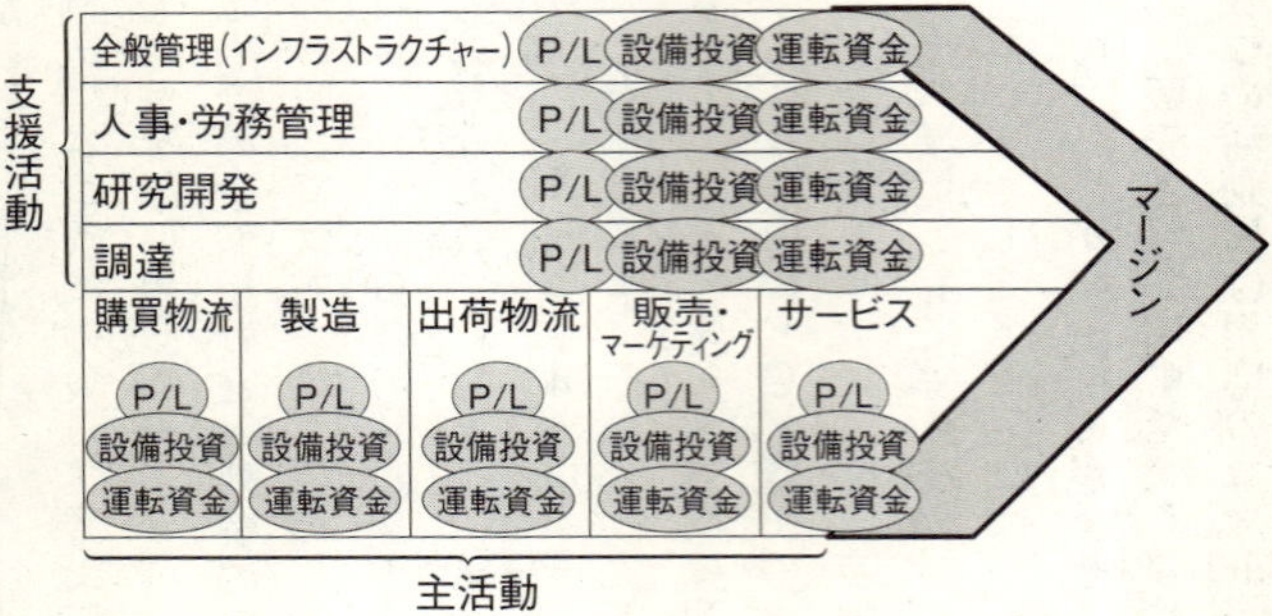

とが可能となる。言うまでもなくFCFの3つのキャッシュフローだ。よって、9つの活動×3つのキャッシュフローだから、全部で27のキャッシュフローが存在し得る。考察するバリューチェーンの形状によって異なるが、今回であれば、この27のキャッシュフローへの影響の有無を1つひとつ考察し、そのプラス・マイナスの方向、金額のインパクト、一時的なものか永続的なものかなどを各年度についてつぶさに予測することが望まれる。そのすべての予測ができ上がったものこそが、事業の数値化をFCF予測という姿で具現化したものとなる。

紙幅の都合上、あらゆる形態の事業すべてを、ここで取り上げて考察することはできない。しかしながら、いくつかのグルーピングをすることによって、考察のアプローチを、同じグループ内では共通化できるのも事実である。そこで最初に事業の形態をグルーピングしてみることとしよう。

図表7-6　ゼロワン型とデルタ型への事業分類

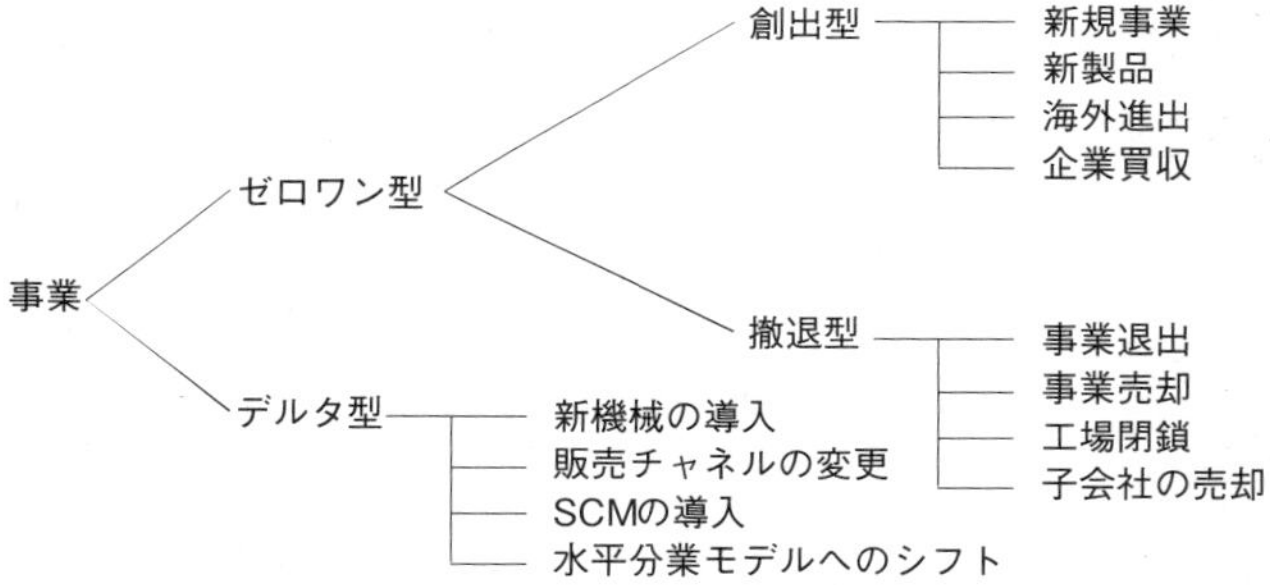

まずはあらゆる事業計画を、**ゼロワン型とデルタ型**とに分けてみたい。**ゼロワン型とはすなわち、まったくゼロの状態から何かを作り上げたり（創出型）、反対に何か存在しているものをゼロの状態にする（撤退型）**ものとしよう。典型的な創出型としては、新規事業、新製品、海外進出、企業買収などが挙げられる。撤退型には、事業退出、事業売却、工場閉鎖、子会社の売却などが挙げられる。

デルタ型は、「変化」という意味を持つデルタという言葉にちなんだ筆者オリジナルのネーミングだ。**ゼロワン型と異なりデルタ型は、すでに存在している事業について何らかの改善や向上を目指してアクションを手掛ける形態となる。**第２部冒頭で扱った、新機械の導入による自動化の推進が典型的な事例である。他にも、間接販売から直販への販売チャネルの変更、サプライチェーンマネジメントの導入、垂直統合モデルから水平分業モデルへのシフトなどもこの形態である。

本書では、ゼロワン型の代表として企業買収（創出型。反対の立場から見れば、企業売却なので撤退型）、デルタ型を代表して水平分業モデルへのシフトを、ＱＵＩＺの事例として取り上げていく。基本的なアプローチは、他の案件にもそのまま転用できるものとなるはずである。

◎7章のまとめ

■企業の究極のゴールは、企業価値を高めることにある。企業価値は、将来の予測ＦＣＦを資本コスト（ＷＡＣＣ）で永続的に割った現在価値の総和に相当する。企業価値の向上は、ＦＣＦを永続的に高めることと、資本コストを適切に低位に導くことによってのみ実現される。

■第２部は事業数値化力と題し事業そのものに焦点を当てるため、以降は企業価値算定式の、主に分子のＦＣＦに重点を置く。

■ＦＣＦは３つの項目、すなわち①Ｐ／Ｌ（利益）に関する項目、②設備投資に関する項目、③運転資金に関する項目、に分解できる。３つの項目に生じるプラスの変化とマイナスの変化をすべて予測し、それらを数値化していくことこそが事業の数値化となる。

■事業を数値化する上で、バリューチェーンのフレームワークを用いることにより、想定される変化についてモレなくダブリのない（ＭＥＣＥな）ＦＣＦ予測をおこなうことができる。

■事業をゼロワン型（まったくゼロの状態から何かを作り上げる創出型の形態、反対に何か存在しているものをゼロの状態にする撤退型の形態）と、デルタ型（すでに存在している事業について、何らかの改善や向上を目指してアクションを手掛ける形態）に分類し、それぞれのＱＵＩＺに対して次章以降、インタラクティブなやりとりを通して、事業数値化を試みる。

第2部

事業数値化力

8章

ゼロワン型を事業数値化する

ケーススタディ――食品会社の買収金額を考える

「アサヒビールは、第一三共傘下のベビーフード最大手、和光堂を買収」（２００６年５月）
「キリンホールディングスは、武田薬品との合弁会社、武田キリン食品（現キリン協和フーズ）を１００％子会社化」（２００７年４月）
「ハウス食品は、武田薬品が保有していた、飲料・食品事業（Ｃ１０００などを含む）を買収の上、１００％子会社化（現ハウスウェルネスフーズ）」（２００７年10月）

これらは、ここ数年で起きた買収案件の事例だ。３件の共通点は、企業や事業の売り手が医薬品会社で、買い手は食品会社であるということ。主力市場としていた米国で、特許切れによる売上減速感が強まった医薬品大手企業は、研究開発投資の増大やバイオベンチャー企業の買収などに備えて、ヒト・モノ・カネの経営資源を集中する必要に迫られていた。当時彼らの傘下にあった食品事業は、決して赤字ではなかったが、医薬と食品では研究に対する投資規模、マーケティング手法、販売チャネルなどの競争優位の源泉が根本的に異なるため、シナジー効果も低かった。そこで、医薬品会社は経営資源を本流の医薬に集中するために、食品事業の切り離しを推進した。

一方、受け手の食品業界は、国内市場の成熟と過剰な競争環境によって、事業の多角化や海外進出が求められていた。そのための有望な手段として、Ｍ＆Ａは重要な選択肢となった。幸いにして、その安定した収益構造と研究開発に多額の投資を必要としない事業構造から、潤沢なキャッシュを保有している食品会社は多い。その結果として、医薬品業界が手放した食品事業を食品会社が買収するという、必然の結論に至ったわけだ。

さて、最初のケーススタディでは、食品会社に勤める社員になったつもりで、買収金額について議論してもらうことにしよう。自社のメインバンク系列の証券会社より、ある医薬品会社が、その子会社である食品会社の売却を検討しているが、興味はあるかとの打診を受けた。幸いにしてその食品事業は、すでに子会社として本体から切り出されているため、決算書が存在する。食品子会社の損益計算書（P／L）と貸借対照表（B／S）は、図表8-1、図表8-2のように示されていた。

QUIZ②

アサッテラス医薬品工業(株)は、今後、医薬品事業に経営資源を集中するため、健康食品事業を営む100%子会社、デイアフター食品株式会社の売却を検討しています。デイアフター社の直近の損益計算書(P／L)と貸借対照表(B／S)は図表の通りで、ここ数年は同じような売上、利益規模で推移しています。同企業を買収するには、株主価値（=株価×株数）いくらが適切だと考えますか。価値を算定するにあたって、5つまで講師から情報を聞き出すことが可能とします。

図表8-1　デイアフター食品（株）の損益計算書

（単位：百万円）

自20X1年4月1日 至20X2年3月31日	金　額	売上比（%）
売上高	10,000	100.0
売上原価	5,000	50.0
売上総利益	5,000	50.0
販売費及び一般管理費	4,800	48.0
人件費	1,500	15.0
広告宣伝費	300	3.0
販売促進費	500	5.0
研究開発費	1,000	10.0
その他	1,500	15.0
営業利益	200	2.0
営業外収益	10	0.1
営業外費用	20	0.2
経常利益	190	1.9
特別利益	0	0.0
特別損失	40	0.4
税引前純利益	150	1.5
法人税等	60	0.6
当期純利益	90	0.9

図表8-2　デイアフター食品㈱の貸借対照表

20×2年3月31日　（単位：百万円）

	金　額	売上比（%）		金　額	売上比（%）
資産の部			負債の部		
流動資産			流動負債		
現預金	1,000	10.0	仕入債務	700	7.0
売上債権	2,500	25.0	短期借入金	500	5.0
棚卸資産	1,000	10.0	その他流動負債	500	5.0
その他流動資産	300	3.0	流動負債合計	1,700	17.0
流動資産合計	4,800	48.0	固定負債		
			長期借入金	500	5.0
			その他固定負債	800	8.0
			固定負債合計	1,300	13.0
			負債合計	3,000	30.0
固定資産			総資産の部		
有形固定資産	2,000	20.0	資本金	4,000	40.0
無形固定資産	400	4.0	利益剰余金	600	6.0
投資その他資産	800	8.0	その他純資産	400	4.0
固定資産合計	3,200	32.0	純資産合計	5,000	50.0
総資産	8,000	80.0	負債純資産合計	8,000	80.0

私が年間30社ほどの企業に赴いてこなしている企業内研修の場には、様々なバックグラウンドの方々が参加する。決算書や事業部の予算などに慣れている経理・財務および経営企画部門の方ももちろんいるが、営業、製造、研究開発、マーケティング、人事・総務などといった、どちらかと言うと会計や財務に苦手意識を持っている方々も集う。企業内で選抜された人材や、公募型研修に自ら手を挙げて参加した方たちなので、必然的にこのような状況となる。

グループ討議をする際の彼らの議論を聞いていると、興味深いことが起こる。それは同じ企業であっても、各人のバックグラウンドによって着眼点や物の考え方が異なることだ。ここでは、企業内研修の雰囲気を少しでも味わってもらうため、ある化学会社に所属するバックグラウンドの異なる3人によって、この設問を討議した状況を再現してみることにしよう。前著『ビジネススクールで身につける会計力と戦略思考力』（日経ビジネス人文庫）でも登場してもらった、あの3人の精鋭である。

〔登場人物〕

売野くん（男性）：入社以来12年間営業一筋。名古屋→福岡→埼玉と、これまで3支店を経験してきた。福岡支店では支店での月間営業記録を塗り替えて支店長賞を受賞する活躍もあり、直属の上司の推薦によって今回の選抜研修に選ばれた。

巧田さん（女性）：大阪府にある当社最大規模の工場で製造工程の品質管理と管理業務を担当している。大学で専攻した化学の専門性を活かし、次世代を担う技術を活かした新たな製品を開発したいと考えている。

数山くん（男性）：大学では工学専攻であったものの、なぜか入社時は営業担当。ここ5年間は経理部門に配属されるなど、いまだ自分の専門性が活かし切れていないと嘆いている。ただ今回の選抜研修に選ばれたことから、実は会社の自分に対する期待は強いのだと考えを改めつつある。

大津　制限時間は20分。食品会社であるわが社は、いったいいくらでデイアフター社を買収すべきか、議論してください。5つまで私に質問できます。質問カードは5枚しかないのだから、慎重に考えて質問するように。では、始めましょう！

売野くん　えー、今度はいくらで買収するかを考えろですか。昨日決算書を初めて学んで、今日はファイナンスを初めて学んだばっかりなのに……。

巧田さん　まあ、そう言わず。ゼロベースで考えながら、仮説を立てていきましょうよ。

数山くん　買収するって、要は相手の株を買うってことでしょう。だから最初に注目するのは、やっぱりB／S上の株主の価値、つまり純資産だよね。２０Ｘ２年３月末の純資産は50億円。だから、買収金額は50億円と考えるのがスタートじゃないかなあ。

売野くん　50億円!?　とんでもないでしょう。この会社の今年の純利益は、たったの９０００万円だよ。50億円も払ったら、50億円÷９０００万円で、56年経たないと回収できないよ。この会社、そもそもダメ会社なんだよ。利益剰余金もたった６億円しかないし。僕だったら、そもそも買収したいと思わないな、こんな会社。

巧田さん　さすが支店長賞の売野くん、着眼点がすばらしいわね。56年も先って、私たちみんな退職しているだろうから、責任逃れできるかもしれないけど（笑）。

数山くん　でもー、50億円っていうのはあくまで簿価だから、それがそのまま値段になるかどうかは、分からないよ。

売野くん　帳簿に載っているのが値段じゃないって、それじゃ決算書自体が信用ならないってこと？　じゃあいったい、いくらで買収しろって言うの？

巧田さん　何言っているの？　それがいま先生から与えられた課題でしょう？

売野くん　あらら。

数山くん　イメージで言うと、オークションサイトで売っている野球のチケットかなー。つまり、券面には５０００円って書いてあっても、日本シリーズなんか、平気で２万円とか３万円とかでチケットが売買されている。価格が決まるのは売り手と買い手の交渉で

$$\text{PBR（株価純資産倍率・倍）} = \frac{\text{株式時価総額}}{\text{純資産価値}}$$

株式時価総額 ← 株主価値の時価

純資産価値 ← 株主価値の簿価

※株式時価総額 ＝ 株価 × 株数

あって、極論すれば券面に書いてある金額、つまり簿価とはまったく異なる金額で取引が成立するわけだよ。

巧田さん　なるほど分かりやすい説明ね。でも、だいたい簿価の何倍くらいで取引されているかっていう、相場みたいなのはないの？

数山くん　いわゆるＰＢＲだね。Price Book-value Ratio、株価純資産倍率だよ。つまり、純資産の何倍くらいで株が取引されているかを表す指標だ。

売野くん　そんなのあるんだー？　あっ、そうだ、たしか先生に５つまで質問していいんだったよね。どうだろう、そのＰＢＲとかの現在の水準を聞いておくのは？

巧田さん、数山くん　賛成！

３人（質問１）　上場している食品会社の、現在のＰＢＲのおおよその水準、特に健康食品のみに特化した企業のＰＢＲの水準を教えてください。

コストアプローチ――ＰＢＲを用いて、コストベースのバリュエーションを試みる

大津　ＰＢＲは、純資産価値に対する株式時価総額の割合を示す指標だね。上掲の式で算定できる。この指標が１倍を下回るような株価だと、株価が

簿価割れしていることになるから、株主としても企業としても心地よいものではない。ＰＢＲ1倍は、株価の最低ラインとしてもよく使われるんだ。

食品会社のＰＢＲは、現在の消費不況を受けて、１倍を若干下回る０・９倍の水準にあるとしよう。健康食品のみに特化した上場企業の数は少ないけれど、ＰＢＲの水準は食品業界とほとんど変わらないと考えていいよ。

売野くん　50億円×０・９倍だから、45億円か。毎年９０００万円の利益じゃ、50年かかる。やっぱり僕はこの会社買わないよ。

巧田さん　でも純資産価値って、要はいままでに集めた資本金の額だったり、いままでの利益が積み上がった利益剰余金の合計という話よね。どれも過去の蓄積の話じゃない。だからコストアプローチって言うんだろうけど（注：ＰＢＲも市場の相場を使うという点では、次に挙げるマーケットアプローチの一種とすることもできる）。だけど、私たちはこの会社を買収しようとしているんだから、過去の蓄積じゃなくて、どれくらい稼ぐ力を持っているのかっていうほうが大事なんじゃないの。

数山くん　Ｂ／Ｓは過去の蓄積だからストックの情報であるのに対して、Ｐ／Ｌは一定期間に稼ぎ出す力だから、フローの情報と言うよね。ただ悩ましいのは、この会社のフロー、つまり稼ぎ力が９０００万円しかないことなんだなあ。

売野くん　だからそう言っているじゃない。Ｐ／Ｌを見ると全然稼げてないのに、何で50

億円も支払うのって？

巧田さん　数山くん、ＰＢＲと同じように、今度はＰ／Ｌの利益の何倍くらいで株式が取引されているかを表す指標はないの？　もしその倍率が50倍くらいだったら、９０００万円×50倍＝45億円になるから、実は45億円は妥当な金額っていうことになるじゃない？

数山くん　ＰＥＲ（Price Earnings Ratio）のことだね。株価収益率って言うんだ。

売野くん　数山、詳しいなあ。

数山くん　一応、経理担当だからね。それに自分でも少し株をやっているから、ＰＢＲ、ＰＥＲくらいは知っているよ。先生への２つ目の質問で、食品会社と健康食品会社のＰＥＲを聞いてみようか？

３人（質問２）　上場している食品会社の、現在のＰＥＲのおおよその水準、特に健康食品を中心に扱う企業に特化したＰＥＲの水準を教えてください。

マーケットアプローチ――ＰＥＲを用いて、マーケットベースのバリュエーションを試みる

大津　ＰＥＲは、純利益に対する株式時価総額の割合を示す指標だね。要は、いまの株価は何年分の純利益に相当するかを表していて、左上に掲げた式で算定できる。ＰＥＲは、一般的には10倍から20倍くらいが適正と考えられている。食品会社の現在のＰＥＲは、概

PER（株価収益率・倍）＝ 株式時価総額 ／ 純利益

株価は何年分の純利益に相当？

ね18倍の水準だとしよう。ただし、健康食品は成長事業であることが評価されてか、健康食品を中心に扱う企業のＰＥＲは少し高めの20倍になっている。

ＰＥＲ以外にも、売上を用いるＰＳＲ（株価売上高倍率）、ＥＢＩＴ《イービット》（利払い前の税引前当期利益）を用いるＥＢＩＴ倍率、ＥＢＩＴＤＡ《イービットディーエー》を用いるＥＶ／ＥＢＩＴＤＡ倍率などがあるんだ。いずれも市場（マーケット）の株価水準と比較することから、マーケットアプローチと呼ばれている。ただし、上場企業の倍率をディアフター食品のような非上場企業に適用する場合は、換金性の乏しさから、非流動性ディスカウントと呼ばれる低めの設定もおこなわれるのが通常なんだ。

巧田さん　９０００万円×20倍＝18億円か。ＰＢＲで計算した45億円よりは、だいぶ安くなったわね。非流動性ディスカウントを加味したら、なおさらね。私はこの金額だったら買いよ。だって買収した後に万が一、うまくいかなかったら、20億円の有形固定資産を売るだけで、すぐ元が取れるもの。

数山くん　うーん、返済義務のある負債も30億円あるから、そう簡単にはいかないけどね。

売野くん　ねえねえ、ふと思ったんだけど。なんで僕たち過去のＢ／ＳとかＰ／Ｌとか見ながら、いくらがよいとかいう話をしているんだろう。このクラスはファイナンスのクラスだったよね。B／SとかP／Lとか、そもそも会計の世界、しかも過去の決算書の話でしょう。今日1日学んできた、DCFとかはどこに行っちゃったの？

巧田さん　それもそうねえ。私たちがこの会社を買収して手に入れるのは、この会社が生み出すこれからのキャッシュフローよね。そもそも過去の決算書を見て、ああだ、こうだ言っても意味ないんじゃないの。

売野くん　子曰く、故《ふる》きを温《たず》ねて新しきを知らば、以《もっ》て師と為《な》るべし。

巧田さん　どうしたの、売野くん？　昨日からの数字漬けの学習で、ついに頭がおかしくなっちゃったのかしら？

売野くん　いやいや、過去を知ることによって、将来を学ぶのは大切だと言いたかっただけだよ。買収の金額を決めるために、過去の決算書を分析すること自体、僕は否定しないよ。でも、結局はそこから今後のことまで発展させせないと、意味がないんじゃないかなっていうことさ。

数山くん　たしかに、決算書を先に見せられたから、そっちばっかりに気が行ってしまったけど。この会社、今後はどうなんだろう？

巧田さん　今後5年くらいのキャッシュフロー予測を先生に質問するっていうのはどう？だって、私たちが買おうとしている企業の、将来の姿そのものだから、それが分からなければ買収しようって気にもならないわよね。

３人（質問３）　デイアフター社の今後５年間のＦＣＦ予測を教えてください。ついでに割引率も教えていただけると、とてもうれしいです。

インカムアプローチ——ＤＣＦ法を用いて、インカムベースのバリュエーションを試みる

大津　①ＰＢＲを使って、**コストアプローチ**による過去の数値からの価値算定、②ＰＥＲを使って、**マーケットアプローチ**による現在の相場からの価値算定、③そして今度は将来のＦＣＦを予測し、これを現在価値に割り引くＤＣＦ法によって価値算定しようとする**インカムアプローチ**と、３つのアプローチを上手に進めてきたね。様々なモノの価値の測定は、これら３つのアプローチに大別することができるので、今後の参考としておいてほしい。

さて、デイアフター社の今後５年間のＦＣＦ予測と割引率とのことだけど、今後５年間は、ほぼ横ばいといった予測がされているものとしよう。つまり、売上、利益、設備投資規模、運転資金の推移なども、すべて２０Ｘ２年３月期の水準ということ。ＦＣＦの数値は、５年間どころか、半永久的に続くと考えてもよいほど安定している。同事業の割引率は５％くらいが妥当と考えてよいだろう。

売野くん　ＦＣＦは今後ほぼ横ばいって、それじゃいくらと考えればいいの？

巧田さん　ＦＣＦは３つに分解できるってやったよね。だから１つずつ考えれば、いいんじゃないの？

数山くん　１つ目のＰ／Ｌに関する項目は、税引後営業利益（ＮＯＰＡＴ《ノーパット》）だから、２億円の営業利益に税率40％とすると、１億２０００万円ということになるね。

売野くん　２つ目の設備投資に関する項目は……。あれ、減価償却費はどうやって考えればいいんだろう？　それに設備投資の情報なんて、どこにもないし。

巧田さん　金額は表示されていないけど、今後5年間は投資規模がほぼ横ばいということだったわよね。ということは、設備投資をおこなっても、ほぼその分の減価償却が発生するということでしょう。

数山くん　減価償却の方法を途中で変えたりしなければ、そうだよね。ＦＣＦの２つ目の項目では、減価償却費を足した後に設備投資を引くことになるから、同じ金額を足して引いて、結局２つ目の項目は、正味ゼロと考えていいんじゃないかな。

売野くん　――ってことは、３つ目の運転資金も正味ゼロでいいんだよね？　だって、すべてが横ばいということは、運転資金の規模は変わらないということでしょう。売掛も一緒、在庫も一緒、買掛も一緒と。であれば、追加の運転資金は発生しないんだから、追加

$$\text{株式時価総額} \;=\; \text{純利益} \times \text{PER}<20\text{倍}> \;=\; \frac{\text{FCF}}{\text{割引率}<5\%>}$$

$$24\text{億円} \;=\; 1\text{億}2000\text{万円} \times 20\text{倍} \;=\; \frac{1\text{億}2000\text{万円}}{5\%}$$

※この等号式が成立するには、FCFが永久に一定であること（そのためには、設備投資が純増ゼロ、運転資金が純増ゼロ）が必要。また厳密に言うと、純利益×PERは株主価値であるのに対して、FCF／割引率は企業価値を算出している。よって、等号式が成立するには、（株主価値＝企業価値となる）無借金企業であることも必要。これらの条件を前提とすれば、PERが20倍とは、現在のFCFが永久に存続すると想定される企業を、5%の割引率で評価していることを意味する。

運転資金はゼロでいいよね。

巧田さん　そうすると、ＦＣＦ＝２億円×（１－40％）＋０＋０だから、１億２０００万円のＦＣＦが５年間続くっていうことか。

数山くん　ＦＣＦの数値は、半永久的に続くと考えてもよいほど安定しているってことだったから、あの公式が使えるんだよ。「永久に」と「一定のキャッシュフロー」の２つのキーワードが必要っていう、永久年金型の公式。

売野くん　永久年金型って、どんなんだっけ？

巧田さん　ＦＣＦを割引率で割るだけというやつよ。つまり、１億２０００万円÷５％だから、24億円となるわね。

売野くん　24億円って、さっきのＰＥＲで計算した18億円と比較的近いなあ。

数山くん　それはそうだよ。ＰＥＲの20倍って、ひっくり返すと、１÷20倍＝５％になるよね。今回は、ＦＣＦの２つ目と３つの項目がゼロだったから、ＦＣＦ＝税引後営業利益になっている。営業外収支と特別損益が少しあったので、数値はズレてしまったけど、もしそれらがなくて純利益も1億2000万円だったなら、前ページ上の式が成立していることになるだけだよ。

数山くん　この会社は短期と長期で合わせて10億円の借金があるよね。ファイナンスのレクチャーで学んだ通り、ＦＣＦを割り引いて計算される価値は、株主価値じゃなくて、企業価値のはず。つまり24億円は、実際は株主のものだけではなく、株主と金融債権者のものだということ。

売野くん　とすると、24億円－10億円＝14億円が株主価値っていうことか。

数山くん　ただこの会社、手元に10億円の現預金を持っているし、固定資産の中の投資その他資産も8億円あるから、この中で事業に供していない遊休資産の類を足した上で、企業価値と考えたほうがいいんだろうけどね。例えば10億円と8億円を足した18億円の、仮に半分の9億円は事業に供していない遊休資産とすると、株主価値＝ＦＣＦの現在価値（24億円）＋非事業価値（遊休資産9億円）－有利子負債（10億円）＝23億円、が買収価値ということになるかな。1部で学んだ図に落とし込むと、図表8-3のような感じかな。

巧田さん　こうして見てくると、買収金額は20億円前後が1つの目安なのかしらね。相手の医薬品会社はおそらく売りたくて仕方ない事業だから、買い手の私たちは何とか買いたいて、15億円と20億円の間くらいを目標にするっていうのはどう？

数山くん　僕は賛成だね。ただ、あんまり安くすると、コンペになった時に負けちゃうか

図表8-3　DCF法を用いた買収価値の算定

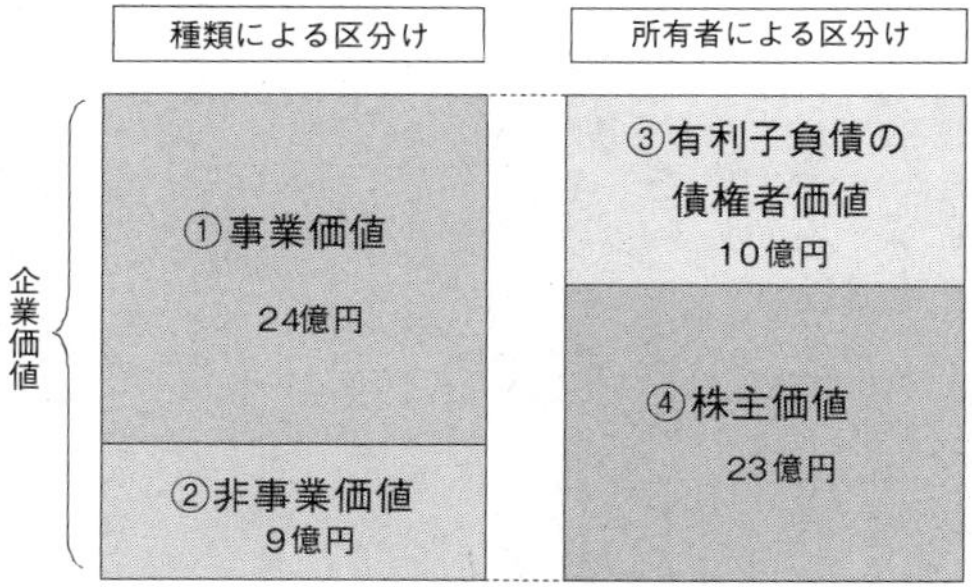

ら、相手の腹の内を探りながらの交渉になるだろうけどね。売野はどう?

売野くん　賛成!と言いたいところだけど、まだ先生への質問カードが2枚残っているよね。もう少し情報を聞き出してみないか?　それで、ちゃぶ台をひっくり返すようなことを言って申し訳ないけど、わが社はそもそも何でこの会社を買いたいのだろうか?　つまり、わが社にとって、この会社にどんな魅力があるのかってこと。

巧田さん　うちも化学会社として、新素材事業のM&Aを標榜しているけど、シナジーが発揮できるような領域でないと買わないと言っているよね。単なる規模の追求のためのM&Aはやらないって。

売野くん　シナジーって何?　シナジーって、たしか思考停止用語の1つだったよね。いや、もちろんシナジーの意味は知っているけど、例えばこの健康食品会社を買収すると、わが社はどんなシナジーが期待できるのだろう。ここまでの議論で、ずっとデイアフター社のことだけを考えてきたけど、そもそもわが社のことをまったく考えないでいいのかな。買うのは我々だよ。

数山くん　さすが有能な営業マンだなあ、売野。君のそうしたいつも違った角度からの問いかけは、本当に参考になるよ。

売野くん　ありがとう。

数山くん　外すことのほうが多いけどな（笑）。じゃあ、4枚目の質問カードで、わが社とのシナジーはどの程度あるのかを聞いてみようか。さっきの、FCFが今後永久に横ばいというのは、既存ベースの話だよな。そもそも我々の会社が買ったら、何らかのシナジー創出によって、FCFが増えるようなことはないのかって。

3人（質問4）　デイアフター社を買収した際に期待される、わが社とのシナジー効果を教えてください。具体的にFCFにどの程度のプラス効果があるのかを知りたいです。

シナジーを組み込んで、再びバリュエーションを試みる

大津　いよいよ買収価値算定の本丸に近づいてきたね。過去のB／SやP／L、そして今後のFCF予測にしても、ここまでの議論はすべて既存のデイアフター社の範囲だった。では、わが社はなぜデイアフター社を買収するのだろう。それはきっと何らかのシナジー効果が見込まれるからだ。であれば、シナジーによるプラス効果をすべて具体的に予測し

て、それらを含めた上で価値を算定しなければならない。もちろん、そこで算出される価値をそのまま相手にオファーするかどうかは別問題。しかし、わが社はいくらまで許容できるかといった本質的価値は、必ず算定しておかなくてはならない。せっかく３人で導き出した着眼点だし、ちょうど会計の復習にもなるから、例えばどんなシナジーが期待できるかを自由に考えてみよう。わが社は売上が５０００億円ある、ある程度大きな食品会社と考えていいよ。

売野くん　じゃあ、僕から行きましょうか。何と言っても、デイアフター社は利益率が悪過ぎると思います。粗利は50％だから悪くないけど、販管費にお金を使い過ぎて、営業利益はわずか２％の２億円。で、何に使ったのかって中身を見ると、研究開発費と人件費が多過ぎ。これじゃあ、まるで医薬品会社だと思います。新薬開発のための研究開発と、多くのＭＲを抱える人件費。デイアフター社は医薬品会社の傘下であっても、事業は食品なのだから、この辺りはもっと減らすことができるのでは、と考えます。それこそ、食品大手による買収によってこうした機能を統合し、コスト面でのシナジーがかなり生まれると思います。

巧田さん　販管費の人件費だから、営業の人たちだけじゃないよね。人事、経理、総務といった管理部門も肥大化しているなら、食品大手の傘下に入って、シェアードサービスの活用でもっと効率化できるんじゃないかしら。

数山くん　逆に、販売促進費と広告宣伝費は、ちょっと少ない気もします。どんな売り方をしているかにもよるけど、ある程度マス市場に対してブランドを認知させ、卸と小売店のチャネルを使って販売するなら、ここはもう少し増やさないと。もちろん新たに親会社となる食品大手の販売チャネルに乗せることができれば、追加で発生するコストはかなり抑えられると思います。

巧田さん　そうした販売チャネルをうまく活用すれば、売上数量の拡大も期待できるんじゃないかしら。それから買収するのは大手の食品会社だから、きっとブランドもしっかりしているはずよね。であれば、売値もいまより値上げすることが可能かも。

売野くん　Ｂ／Ｓを見ると、この会社、売上債権がちょっと多過ぎないですか？　売上の25％相当だから、12カ月×25％で、３カ月ですよ。末締めの翌々々月末受取りっていう感じでしょうか？　食品業界って、エンドユーザーが一般消費者だから、基本は現金商売ですよね。Ｂ２Ｂ２Ｃなのだから、もう少しお金の回収を早くできないのかなって思うんです。それに何と言っても大手食品会社の傘下に入れば、交渉力を活かして、例えば回収期間を半分くらいに短縮できないかと。

数山くん　同じような理屈なんですが、棚卸資産も少し多い気がします。売上と比べると10％相当だけど、この会社、原価率が50％と低いので、原価と比べると20％相当になります。12カ月×20％で、２・４カ月分の在庫。うちみたいな化学会社だったら分かりますが、食品って賞味期限が短いから、２・４カ月の在庫は、ちょっと持ち過ぎじゃないですか。すぐに卸に渡すことを考えるとなおさらです。

巧田さん　設備は売上の20％ということだから、何となく妥当にも思えるけど。でも、売上５０００億円の食品会社に買収されれば、重複する設備の削減とか、そもそも生産機能をグループ企業に外注するとかといったシナジーが効くんじゃないかしら。それから物流機能も統合することができれば、物流設備が削減できるだけじゃなくて、物流在庫も減らせると思います。

売野くん　さっき売上債権の回収が3カ月で遅いって言ったけど、仕入債務の支払いはまたずいぶん早いんですよね、この会社。売上原価と比べると、7億円÷50億円で14％だけだから、３６５日×14％で51日くらいかな。原材料だけの金額と比べれば、もう少し支払いは遅いことになるけど。こうして見てるとこの会社、ずいぶんずさんな経営をしている印象ですよね。経営がずさんなのか、それとも医薬品事業って販管費が多かったり、売上債権や在庫が多かったりするって言うから、医薬品事業の感覚で食品事業を経営してしまった結果なのか……。

大津　さあ、それくらいにしておこう。どれも非常によい着眼点だったね。同社の事業がどのような内容のものか分からない中、数値から様々な仮説や提案を構築できたのは、昨日学んだ会計クラスの効果が、さっそく出ている証しでうれしいです。医薬品事業と食品

図表8-4　3つのFCFに予測されるシナジー効果

FCFの3つの項目	シナジー効果
P/Lの項目	●大手食品会社の傘下入りに伴う販売力とブランド価値の向上により、販売数量は毎年2％成長、売値は平均1％成長が期待できる ●一部製造機能の削減と外注化により、製造原価が一律10％削減できる ●管理の適正化とグループ機能の統合により、研究開発費と人件費は、それぞれ20％削減できる ●一般マス市場への積極的な販売戦略を実行するため、広告宣伝費と販売促進費は1年目に倍増させ、2年目以降は前年度比5％ずつ拡大する
設備投資の項目	●一部製造機能の削減と外注化により、初年度に有形固定資産の売却収入5億円が入る ●これ以外には、減価償却費と設備投資がほぼ同額で推移する点は、これまでと同一。よって、減価償却費と設備費が相殺されるため、FCFの計算プロセスには表れない
運転資金の項目	●大手食品会社の傘下入りにより、売上債権は末締めの翌々月末（平均75日）回収へと早期化、仕入債務は売上原価のやはり75日分相当まで、支払いを長期化する ●グループでの生産調整と物流機能の統合により、棚卸資産は売上原価の月額相当にまで圧縮する

事業の違いを想像しながら、業界平均値や自分のビジネス感覚と照らし合わせるだけでも、これだけの仮説構築ができるということ。ゼロベースで考えること、まずはとにかく自分の結論となる仮説を出そうとする仮説思考の姿勢もすばらしい。では、皆さんの仮説を受けて、実際に期待できるシナジーは、図表8－4のような状況にあることとしよう。

　これらの変化を、忠実にＦＣＦ予測の数値とし

図表8-5　シナジー効果を反映したFCF予測数値

（単位：百万円）

	20X2年3月期	20X3年3月期	20X4年3月期	20X5年3月期	20X6年3月期	20X7年3月期	
	買収前の実績	1	2	3	4	5	備　考
売上高 a	10,000	10,302	10,613	10,934	11,264	11,604	前年度数値×1.02×1.01
売上原価 b	5,000	4,590	4,682	4,775	4,871	4,968	4,500(10%減)×1.02(毎年)
売上総利益 c	5,000	5,712	5,931	6,158	6,393	6,636	a−b
販売費及び一般管理費 d	4,800	5,100	5,180	5,264	5,352	5,445	下記販管費の合計
人件費	1,500	1,200	1,200	1,200	1,200	1,200	20%減
広告宣伝費	300	600	630	662	695	729	1年目に倍増、以降5%成長
販売促進費	500	1,000	1,050	1,103	1,158	1,216	1年目に倍増、以降5%成長
研究開発費	1,000	800	800	800	800	800	20%減
その他	1,500	1,500	1,500	1,500	1,500	1,500	そのまま
営業利益	200	612	751	894	1,041	1,191	c−d
法人税等（40%）	80	245	301	358	416	476	
税引後営業利益(NOPAT) e	120	367	451	537	624	714	
追加設備投資 f	0	▲500	0	0	0	0	1年目に売却収入5億円
売上債権 g	2,500	2,117	2,181	2,247	2,314	2,384	売上高×75日/365日
棚卸資産 h	1,000	377	385	393	400	408	売上原価×30日/365日
仕入債務 i	700	943	962	981	1,001	1,021	売上原価×75日/365日
運転資金 j	2,800	1,551	1,604	1,658	1,714	1,772	g+h−i
追加運転資金 k	n/a	▲1,249	53	54	56	58	今年度j − 前年度j
FCF		2,116	398	482	568	657	e−f−k

て落とし込んでいくことになる。その結果は図表8-5に示す通りとなります。

　さあ、これで材料は全部そろったと言えるかな？　何かモレていることはないだろうか？

数山くん　6年目以降は、これまで同様に5年目のFCFが永久に継続すると考えてよいのでしょうか？

大津　いい指摘だね。ここでは、そういうことにしてみよう。ただ万が一のことを考えて、ターミナルバリューなしの5年目までのNPVと、ターミナルバリューを加えた場合のNPVと、両方計算しておこう。それから、他に抜けて

図表8-6　バリューチェーンの活用によるFCFの考察

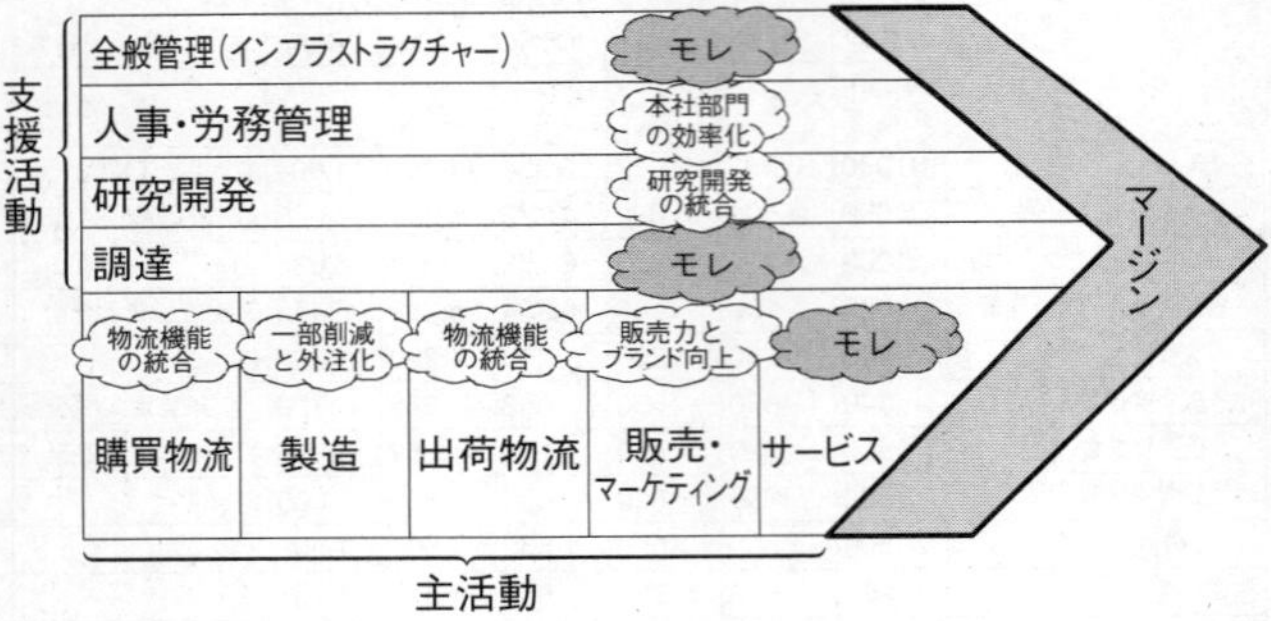

いることは……？

巧田さん　こういう時に、学んだバリューチェーンの図が役に立つんじゃないでしょうか？　こうしたフレームワークは物事をモレなく、ダブリなく考察する際に有効ということでしたよね。

大津　例えば、どんなシナジーが抜けていた？

巧田さん　支援活動の中の、「全般管理（インフラストラクチャー）」って、資金調達の話も入るんですか？

大津　そうだけど、それが何か……？

巧田さん　資金調達の話が抜けていると思います。大手食品会社の傘下に入ったことで、銀行からもっと安くお金を調達できると言うのなら、割引率が５％じゃなくて、例えば４・８％まで下がるとか。それも買収によってもたらされるシナジーですよね？

大津　買収によって、当該事業の資本コストが低減できると言うなら、それも立派なシナジー効果だよね。

数山くん　「調達」もモレていますよね。大手食品会社の傘下に入れば、原材料は大量購買によって、もっと安く調達できるかもしれない。

大津　なるほど、それが事実なら、調達コストの低減として組み込むべきだね。

売野くん　主活動では、物流や製造、販売・マーケティングの話は、何らかのシナジー効果として予測数値に反映したけど、「サービス」に関してはまだだったと思います。健康食品って、1回限りの売り切り商売というより、何度もリピートしてもらって効果が出るもんですよね。だったら、このサービス面の充実がとても大切だと思います。もしこれまでデイアフター社がそうしたことにあまりお金を使ってこなかったのなら、ここは費用が拡大しても、充実させていくべきだと思います。

大津　なるほど、さすが営業の売野くんだね。それが妥当なら、販管費の中に人件費やコールセンターへの外注費などが発生するだろうね。もちろんそれに見合ったさらなる売上拡大や、リピート購入比率向上による販促費の効率化を目論んでいるなら、それらも予測数値に織り込むべきだね。

さて、3人のやりとりを、読者はどのようにとらえただろうか。少々細かい数値の話が出てきて、つかみにくいところがあったかもしれない。また、3人がすいすいとモレを指摘し過ぎではないか……？と思われるかもしれないが、そこは紙幅の都合上、物分かりのよい生徒が集まっていたということでご容赦願いたい。私が毎年30社訪問して教鞭をとる

図表8-7　デイアフター食品㈱のDCF法による価値算定

（単位：百万円）

	20X2年3月期	20X3年3月期	20X4年3月期	20X5年3月期	20X6年3月期	20X7年3月期
年　度	0	1	2	3	4	5
FCF		2,116	398	482	568	657
PV		2,015	361	417	468	514
NPV (5年目までのFCFのみ)	3,775					
ターミナルバリュー　@5年目						13,132
ターミナルバリュー　@1年目	10,289					
NPV (ターミナルバリューを含む)	14,065					

会社の中には、このように的確な答えをバンバン出してくる優秀な企業も実際に存在する。

余裕があれば、１つひとつの数値を実際にエクセルに入れてみて、本書と同じ数値が作成できるか、トライしてみてほしい。もちろん、細かな数値まで合わせなくても、例えば「売上債権は大手食品会社傘下に入ることによって、早期回収を目指す」といったシナジーの意味を理解できていれば特に問題はない。あとは、それを数値にしっかりと落としていくだけのことだ。

ここでは、バリューチェーンを用いて気づいたいくつかの新たな変化については考えずに、先に５年目まで予測したＦＣＦに基づくＮＰＶと、６年目以降は永久年金型の公式を用いたターミナルバリューを合わせたＮＰＶを計算してみることとしよう（図表8-7）。割引率は５％として計算している。

５年目までのＦＣＦのみで算出されるＮＰＶは、37億７５００万円となる。この数値は、ＰＢＲ０・９倍で計算した45億円に、むしろ近い値であることが分かる。何もしない既存ベースのＦＣＦは、毎年１億２０００万円と見込まれていたから、買収による

図表8-8　アプローチごとの手法と買収価格

	バリュエーションのアプローチ	使用した指標／手法	買収価格
1	コストアプローチ	PBRで0.9倍	45億円
2	マーケットアプローチ	PERで20倍	18億円
3	インカムアプローチ（既存事業の延長）	DCF法	23億円
4	インカムアプローチ（シナジー効果あり、ターミナルバリューなし）	DCF法	37億円
5	インカムアプローチ（シナジー効果あり、ターミナルバリューあり）	DCF法	140億円

シナジー効果によって、各年のＦＣＦがそれぞれ増加していることが分かる。特に１年目のＦＣＦが21億円超へと大きく増大しているのは、売上債権の早期回収、棚卸資産の圧縮、仕入債務の支払い長期化といった、運転資金でのシナジーと、一部設備の売却収入の効果が大きい。このように、キャッシュフローを増大する、ひいては企業価値を高めるという壮大な目的を達成するのは、何も売上や利益を増やすことだけではなく、運転資金の綿密な管理によっても十分達成できるということが確認できる。

また、６年目以降のＦＣＦの５年目時点でのターミナルバリューは、１３１億円を超える。これを現在価値まで割り引くと１０２億円となり、先のＮＰＶ37億７５００万円に足すと、ＮＰＶは１４０億円を超える値として算出される。すべてがバラ色に展開すれば、潜在的には１４０億円の価値のある事業ということが判明した。ここまで議論してきた20億円は安いとか、40億円は高過ぎるといった数値をはるかに超越した潜在的価値が、同事業の買収には潜んでいることが明らかとなった。

経営方針や経営戦略に合致しない案件は、ＮＰＶが巨額のプラスでも、ＮＯ Ｇｏ

巧田さん　図表８-８の一覧表を改めて見ると、買い手であるわが社は、まずは20億円前後の交渉から始めて、交渉の行方次第では37億円までは用意していくというところかしら。

売野くん　そうだなあ。すべてうまくいけば１４０億円って言うけど、にわかには信じがたいよな。シナジーの確度がどの程度かを、もう少し知りたいなあ。

大津　まだ5枚目の質問カードが残っているけど、５枚目はそれにする？

数山くん　ちょっと待ってください。たしかにシナジーの確度も大事だけど、でもそもそも、もっと大事なことがあるような気がするんです。ちょっと、売野のノリで。

大津　へー、どういうこと。

数山くん　僕はいま、会社で経理担当ですが、買収案件が持ち込まれた際に、社内での一次審査の価値算定の時に時々手伝うんです。実はこの間、ある素材メーカーの買収案件が持ち込まれて、ＮＰＶを計算したら、１００億円近く出る優良案件だったんですよ。

大津　それでＧｏになったの？

数山くん　いえ、たしかにＮＰＶは大きくプラスだし、わが社とのシナジーもないわけではない。でも、途中で同社のＭ＆Ａには興味なしという結論に至りました。

売野くん　ＮＰＶが１００億円もあるのに？　で、理由は何なの？

数山くん　わが社の経営方針や経営戦略に合わないからと。つまり、どんなにＮＰＶがプラスであっても、わが社が掲げている経営方針や経営戦略に合致しない案件だったら、それはやらない、という意思決定になるはずです。ですので、この売上高５０００億円のわが食品会社は、そもそもどんな食品を主力とする会社なのか、今後の経営方針や経営戦略はどこにあるのか、さらにはこの会社にとって健康食品事業の位置づけはどのようなものなのか。それらを聞いて、それでデイアフター社を買収することがそれらの方向性と合致しているのなら、その時こそ僕は胸を張ってＧｏと言いたいのです。

巧田さん　数山くんもいいこと言うわねえ。たしかに、世の中にＮＰＶが魅力的な案件なんて無数にあるよね。その中でなぜこの会社の買収なのかは、単にその会社のＮＰＶを計算するだけじゃダメってことね。つまり、最終的な判断はＮＰＶがお買い得かどうかではなく、企業が目指している将来のビジョンや戦略に合致しているかどうかが決め手だということかあ。

大津　数山くんは、すばらしい点を指摘してくれたね。５つまで質問してよいと言ったけど、これはぜひ質問してほしかったうちの１つ。と言うより、５つの質問のうちの、本来一番最初に来なくてはいけないものだ。「この企業の買収は、自社の将来のビジョンや戦略に合致しているのか？」。これがＮＯだったら、以降の計算はそもそもおこなう意味すらなくなる。

いかなるＭ＆Ａでも、新規事業でも新製品でも海外進出でも……。つまり、ゼロワン型——創出型に挙げたいかなる案件であっても、自社の経営方針や経営戦略、ひいてはその上位にある自社の経営理念や企業ビジョンに合致しないものであれば、それは手をつけるべきではない。今回の例では、幸い同社は売上５０００億円のうち、すでに20%程度は健康食品の部類に入る製品からの売上であることとしよう。食品事業の中でも成長が期待できる健康食品事業を、同社は今後も積極的に展開していくつもりである。よって、多くのシナジー効果が期待できるデイアフター社の買収については、自社の経営方針に合致した有望な案件として評価することができよう。

本件は、買収する側の食品大手企業からの考察であったが、売却する側のアサッテラス医薬品工業から考えるとどうだろうか。これは、「撤退型——企業売却」に相当する。とは言っても、価値算定のプロセスにおいて基本的な考え方に変わりはない。なぜ黒字であるデイアフター社を売却するのか、それは自社の経営方針と合致する話なのかを、最初に徹底的に議論すべきである。そこで売却意思が決定となるなら、本書のようにＰＢＲやＰＥＲを用いて価値算定するのもよいだろう。

同時に、売り手であるアサッテラスが買い手の懐事情を考えておくことも大切なことだ。今回の数値予測でおこなったようなシナジー効果が具現化され、ディアフター社の買収によって巨額の富が買い手である大手食品会社にもたらされると言うなら、それ相応の値段

図表8-9　事業数値化の全体イメージ

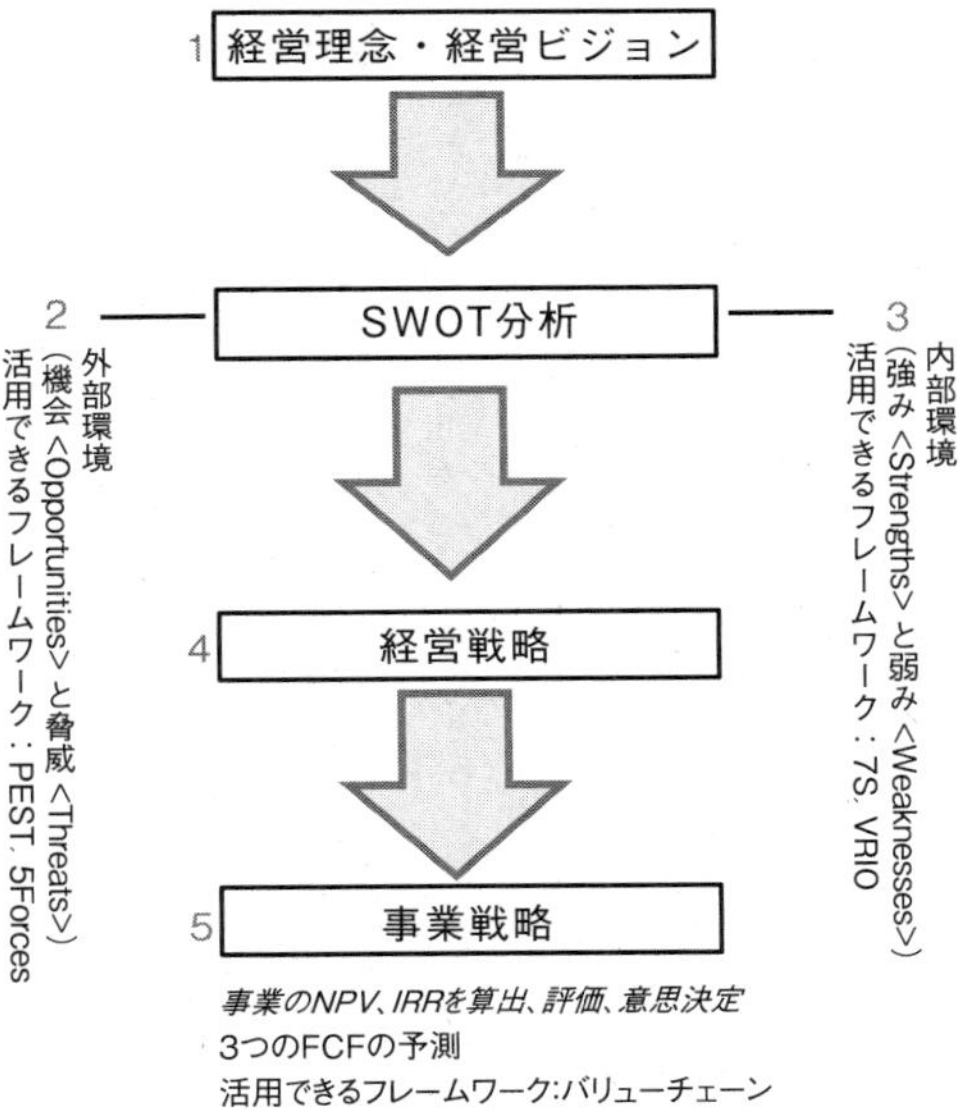

で売却することもできるはずだ。売り手である自社にとってはあまり価値のないディアフター社でも、買い手にとって価値があれば、あとは交渉で買い手の許容金額に近づける可能性もある。数山くんがネットオークションで２万円で売られている券面５０００円の野球チケットの話をしていた。これなどはまさに、売り手にとっては購入金額５０００円の価値しかないものでも、買い手にとって２万円の

価値があれば、取引金額は買い手の値段で決まるという、分かりやすい例となろう。

最後に、経営理念や経営ビジョンから始まり、自社の外部環境分析（ＳＷＯＴの機会〈Opportunities〉と脅威〈Threats〉）、内部環境分析（ＳＷＯＴの強み〈Strengths〉と弱み〈Weaknesses〉）の下、経営戦略を打ち立て、その中での個別の事業戦略をとらえた上で、特定の事業案件のＮＰＶを算定して意思決定するという、一連の流れを示しておこう。いかなる案件であっても、いきなりＮＰＶを計算することはまずないだろう。特定の事業案件のＮＰＶを計算する上でも、その事業に関するＳＷＯＴと、それに基づく戦略をしっかりつかんでおかなくてはならない。定性的な分析があった上での、最後の最後での定量的評価の裏づけ、それがＮＰＶの計算である。言い換えれば、これら定性的な評価なくしておこなわれたＦＣＦ予測では、その信頼度は相当に低いものと言わざるを得ない。

1　自社は、どのような経理理念、経営ビジョンを持っているのだろうか？⇩いま実施しようとしている新たな事業は、それらに合致したものと言えるのだろうか。

2　自社（または個別事業）を取り巻く外部環境（機会と脅威）はどのように形成されているのだろうか？⇩ＰＥＳＴ（Political, Economic, Social, Technological）分析、ポーターの5 Forces（5つの力。既存業者間、売り手、買い手、新規参入、代替品）などのフレームワークを活用しながら、重要な外部環境を抽出する。その際、これだけ技術や顧客嗜好の変化の激しい昨今なのだから、常に短期的（1〜3年程度）な外部環境と、中長的な外部環境の変化（4〜10年程度）を見越した考察が不可欠となる。また、外部環境がダイナミックに変化する現在、2の外部環境の変化が、1の経営理念や経営ビジョンの変更をも促すことは十分にあり得る。

3 自社（または個別事業）の内部環境（強み、弱み）はどのように評価できるだろうか？

⇩マッキンゼーの7S（Shared value, Style, Staff, Skill, Strategy, Structures, Systems）や、VRIO（Value, Rarity, Inimitability, Organization）分析などのフレームワークを活用しながら、多面的にかつMECEに考察を進めることが望まれていく。

4 1、2、3を受けて、自社（または個別事業）はどのような経営戦略を掲げているのだろうか（差別化戦略、コストリーダーシップ戦略、集中戦略など）。

5 4の経営戦略を遂行するために、研究開発、資材調達、物流、生産、販売・マーケティング、サービス、組織構成、資金調達などのバリューチェーンの個別戦略について、新たな打ち手を試みようとしている。もちろん、これら個別のバリューチェーンは、相互に影響を及ぼすものである。将来の事業を構想し、具体的な数値に落とし込むこと、すなわち事業数値化力の実践の場となる ⇩ 3つのFCFの予測をおこなう。その際、ここまでに考察した1〜4を十分に活用した上で、バリューチェーンのフレームワークにそれらを反映させながら考察することが望まれる。

〔コラム〕パナソニックによる、三洋電機とパナソニック電工の１００％子会社化

２０１０年７月29日に、パナソニックは子会社の三洋電機とパナソニック電工の両社それぞれの株式を１００％取得し、両社の上場を廃止することを発表した。こうした大型Ｍ＆Ａがあった際には、ぜひその企業のウェブサイトを訪れて、どういった株価評価（Valuation）をおこなっているかを参照するとよい。通常、ＦＣＦや割引率に具体的にどんな数値を使ったかまでは言わないが、少なくともどんな手法を使って、どの程度の株価を算定したかくらいは記述されている。余裕がある方は実際に自分で株価算定を試みて、それがどの程度ズレているか、あるいはその株価にするためにはどういった変数を用いたかを想像してみるのも、よい訓練の１つだ。

３社がそれぞれ委託したアドバイザーによる、当該２社の株価算定の概略は以下の通りだ。

ＴＯＢ対象企業	三洋電機		パナソニック電工	
アドバイザー	野村證券〈パナソニック〉	アビームＭ＆Ａコンサルティング〈三洋電機〉	野村證券〈パナソニック〉	大和証券ＣＭ〈パナソニック電工〉
市場株価平均法	１１２～１３８円	１１４～１４０円	９０７～１０３３円	９１０～９５９円

類似会社比較法	46～85円	78～１１０円	４０３～１１９６円	７７８～１１０１円
ＤＣＦ法	１１３～２３３円	１００～１６３円	１０７６～１４５２円	１０３８～１３７３円
公開買付（ＴＯＢ）価格	１３８円		１１１０円	
買付予定株数	30億５９４６万５５０９株		３億５６９１万３０３１株	
買付予定額	４２２２億６００万円		３９６１億７３００万円	

三洋電機のＴＯＢ価格１３８円は、市場株価平均法の上限に位置し、類似会社比較法をはるかに上回って、ＤＣＦ法の中間程度で決まっている印象だ。一方のパナソニック電工のＴＯＢ価格１１１０円は、市場株価平均法を上回っており、類似会社比較法の上限に位置しつつ、ＤＣＦ法では比較的下位に位置した株価で決まった印象である。

こうして見るだけでも、ずいぶんと広いレンジで株価は算定（ＶＡＬＵＡＴＩＯＮ）されている。株価に絶対の正解はなく、この広いレンジの中から、最後は価格（ＰＲＩＣＥ）の落とし所を決めていくプロセスが発生することは想像に難くないだろう。

◎8章のまとめ

■創出型の中でも、新規事業の案件とは異なり、Ｍ＆Ａは既存の企業や事業を買うという点において、ＦＣＦ予測の計算はしやすい。ただし、いきなり計算を始めるのではなく、自社の経営理念や経営ビジョン、経営戦略といった、自社が目指している姿と合致した案件であるかの判断を最初にしなくてはならない。Ｍ＆Ａに限らず、ゼロワン型のいかなる新規事業や新製品においても、スタートはこれでなくてはならない。これがＮＧであれば、ＮＰＶの値がいかにすばらしい案件でも、Ｇｏとはならない。

■価値算定には、コストアプローチ（本書では株価純資産倍率を使用）、マーケットアプローチ（本書では株価収益率を使用）、インカムアプローチ（本書ではＤＣＦ法を使用）の大きく３つが存在する。採用の如何にかかわらず、３つのアプローチによる価値算定は、常におこなっておくことが望まれる。

■Ｍ＆Ａをするのは、何らかのシナジー効果を期待してのことである。よって、価値算定をおこなう際には、こうしたシナジー効果をも組み込んだ上での事業数値化をしなくてはならない。「シナジー効果」という言葉を思考停止用語にしないためには、具体的なシナジーを語り、それを３つのＦＣＦのいずれかに数値化することである。

■シナジーを考察する上では、バリューチェーンのフレームワークを使うことで、数値化にモレがないかを確認できる。同時に、どういった事業に育てたいのか、自社がどこで競争優位性を発揮するかなど、事業展開のイメージを描きながら価値算定することが可能となる。

第2部

事業数値化力

9章

デルタ型を事業数値化する

「アセット・ライト」化

以下は、ソニーのホームページ、「株主の皆様へ——ハワード・ストリンガーＣＥＯからのメッセージ」に掲載された内容（２０１０年７月現在）の一部である。

> 現在、ソニーの多くの事業において、水平分業モデル、すなわちオペレーションの一部を外部にアウトソースする「アセット・ライト」のビジネスモデルを取り入れる時期を迎えているといえます。いくつかの事業について、継続的な研究開発を通じて差異化につながる技術を維持しつつ、事業の機動性を最大化するために固定資産を最小限に抑えることは、ここ数年間における重要度の高い施策であり、今日において最も適切なビジネスモデルといえます。
>
> 「アセット・ライト」のプロセスにおける最初の重要なステップは、２００８年３月にＰＳ３®向けのプロセッサであるＣｅｌｌおよびＲＳＸ®に関する製造設備を売却したことです。以来、ソニーの生産や他のオペレーションの一部を外部にアウトソースする取り組みを継続しています。これにより、ソニーは筋肉質で、素早い、適応力のある強固な会社となり、機敏なイノベーションを可能にすることで、新規ビジネスへの参入や不採算ビジネスからの撤退がはるかに容易になることでしょう。

図表9-1　棚卸資産、有形固定資産の規模比較

（単位：日本企業は億円、米国企業は百万ドル）

	売上高	棚卸資産（売上比）	有形固定資産（売上比）
ソニー（2010年3月期）	¥72,139	¥6,454（8.9%）	¥10,079（14.0%）
任天堂（2010年3月期）	¥14,343	¥1,246（8.7%）	¥795（5.5%）
Apple Inc.（2009年9月期）	$36,537	$455（1.2%）	$2,954（8.1%）
Amazon.com（2009年12月期）	$24,509	$2,171（8.9%）	$1,290（5.3%）

ソニーは、ゲーム機では任天堂、携帯型オーディオでは米アップル、そして電子書籍では米アマゾンなどと競争関係にある。これら競合3社の共通点の1つとして、水平分業モデル、すなわち製造の大部分を外注化するアセット・ライトを推進していることが挙げられる。自社で製造をおこなわないのだから、決算書には棚卸資産と有形固定資産が少ない企業として映し出されるはずだ。3社の棚卸資産や有形固定資産の規模をソニーと比較したのが図表9－1である。

任天堂の棚卸資産（売上比）がソニー並みに大きく見えるのは、任天堂の製造外注先が主に国内やアジアであるのに対して、販売市場は欧米が中心であるために物流・流通在庫が多いことが一因である。その証拠に、任天堂は１２４６億円の棚卸資産のうちの90％超は製品在庫であって、仕掛在庫はわずか９０００万円に過ぎない。売上の80％強が欧米を中心とする任天堂は、世界中で在庫を持つ必要があるのだ。また、アマゾンの棚卸資産が膨らんでいるのは、あくまで書籍などの商品在庫であって、メーカーが保有する製品や仕掛在庫で

図表9-2　垂直統合と水平分業

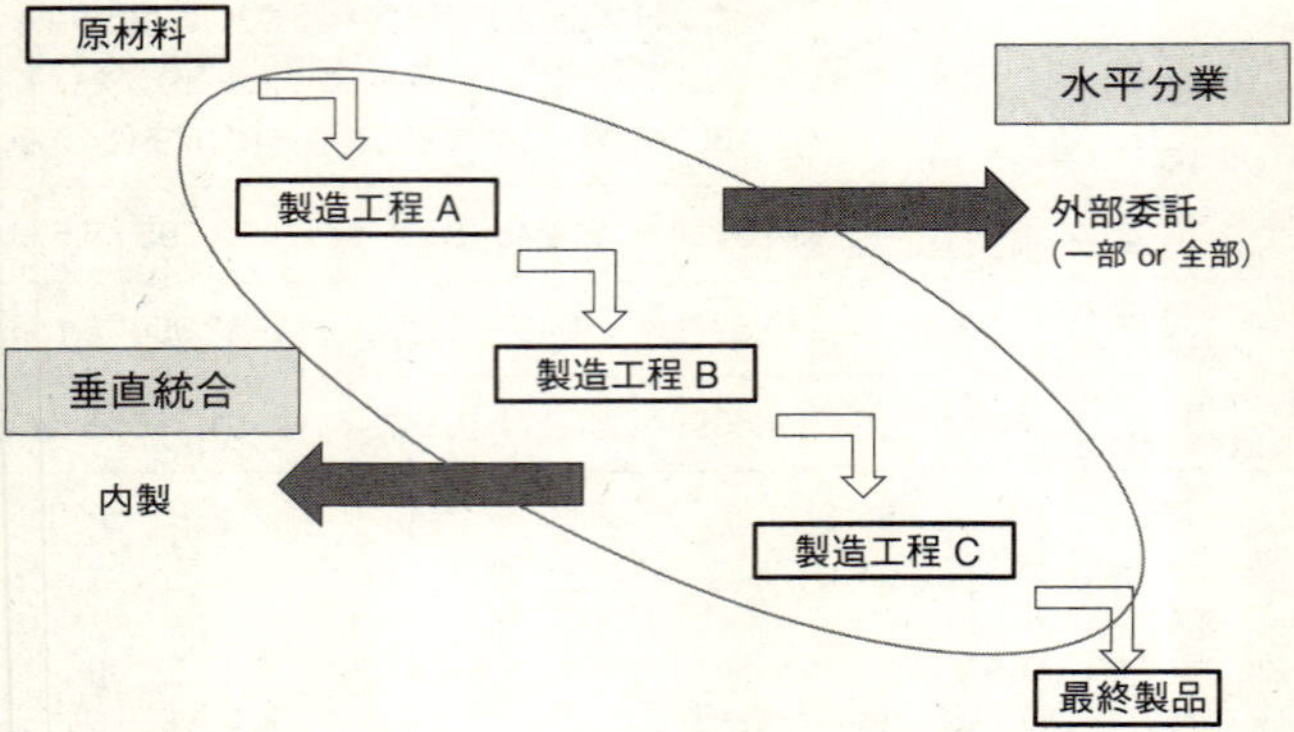

はない。

　生産設備を自ら所有して自社で製造すれば、量産効果や経験曲線がもたらす原価低減、技術開発力の社内留保など、多くのメリットが得られる。しかしアナログからデジタルへの移行によって、技術面での差別化は過去に比べて困難となり、技術の多くがコモディティとして安価で入手できるようになった。それに伴い、それまでは高い参入障壁であった技術力は切り崩され、業界をまたいだ新規参入が容易になった。

　こうした背景から、グローバルレベルでの競争環境は激化している。もはや販売シェアがトップクラスにあれば利益を出せるという時代ではなくなった。ソニーのテレビ販売シェアは世界3位（1位はサムスン電子、2位はLGの韓国勢）でありながら、2010年3月期までソニーのテレビ事業は6年連続で営業赤字を継続している。

企業や事業が存続するには、ヒト・モノ・カネの経営資源の選択と集中が不可欠である。ソニーのような歴史ある製造業であっても、利益を確実に生み出すための手段として、水平分業、すなわちアセット・ライトの推進が有望な手段として浮上した。

ここで、いま一度ソニーのストリンガー会長の言葉から、水平分業に関わる部分を抜き出してみよう。コア技術については、「継続的な研究開発を通じて差異化につながる技術を維持」する一方、そうでない部分は、「生産や他のオペレーションの一部を外部にアウトソースする取り組みを継続」とある。そうすることで、「素早い、適応力のある強固な会社」、「機敏なイノベーション」が実現されて、「新規ビジネスへの参入」「不採算ビジネスからの撤退」が容易になる。

固定費の変動費化

不景気の時代になると、「固定費の変動費化」という言葉がよく聞かれる。これは、いままで固定費として内部で抱えていたものを、必要な時に必要なだけ外部から調達できるように切り替えることだ。不景気なのだから、モノはあまり売れない。しかし費用構造を、モノが売れない限りは発生しないコスト、すなわち固定費でなく変動費としておけばよいというわけだ。極端な話、固定費のすべてを変動費化してあれば、企業は絶対に赤字に陥らない。

固定費を変動費化するには、具体的にどのような手段があるだろうか。読者が勤める会社において、大きな固定費を5つ挙げてみてほしい。例えば、工場の生産設備の減価償却費、本社ビルの家賃、工場勤務者の労務費、本社・営業スタッフの人件費、研究開発費、広告宣伝費、システムの減価償却費やリース料などなど。自社で作るから生産設備が必要となり、減価償却費という固定費が発生する。製造そのものを外注すれば、固定費の変動費化が実現する。社員についても、固定給を支払う正社員ではなく、雇用の柔軟性の高い派遣社員の比率を高めることで、固定費の変動費化へと結びつく。これら固定費の変動費化は、内部で抱え込む状態から外部への委託に切り替えることを意味している。すなわちアセット・ライトである。

ここで、固定費、変動費、限界利益、損益分岐点などの言葉に慣れておくために、QUIZを1つ解いておくこととしよう。

QUIZ③

売値1万円、変動費6000円、固定費1億円の製品があります。

①損益分岐点販売数量を計算してください。

②現在の販売数量が3万個とした場合、利益はいくら出ていますか。

③市場の成熟から、今後販売数量が減少していくことが予想されています。現在の販売数量3万個から何％減少した場合、同製品は赤字に陥りますか。

④来年度は市場の急速な縮小によって、現在の販売数量３万個から２０％減少することが確実視されています。同事業を赤字に陥らせないために、固定費の変動費化、すなわちアセット・ライト化を推進する計画です。現在の固定費１億円のうち、外注化で３０００万円までは変動費化が可能です。１製品当たりの変動費の上乗せ額は、いくらまでなら許容されますか。

①　製品が１個売れるたびに追加で増える利益は、１万円－６０００円＝４０００円と計算できる。この（売値－変動費）によって計算される利益を、限界利益と呼ぶ。製品をたくさん販売することで、固定費の１億円を回収しようとするのが企業経営。よって、１億円（固定費）÷４０００円（限界利益）＝**２万５０００個が損益分岐点販売数量**。

②　１製品当たりの限界利益が４０００円なのだから、３万個売れた場合の限界利益の合計額は、４０００円×３万個＝１億２０００万円。ここから固定費の１億円を引いて、**利益は２０００万円**。

③　現在の販売数量が３万個、損益分岐点販売数量が２万５０００個だから、（３万個－２万５０００個）÷３万個＝１６・７％。よって、**販売数量が１６・７％減少**すれば、同製

図表9-3　損益分岐点図による数値分析

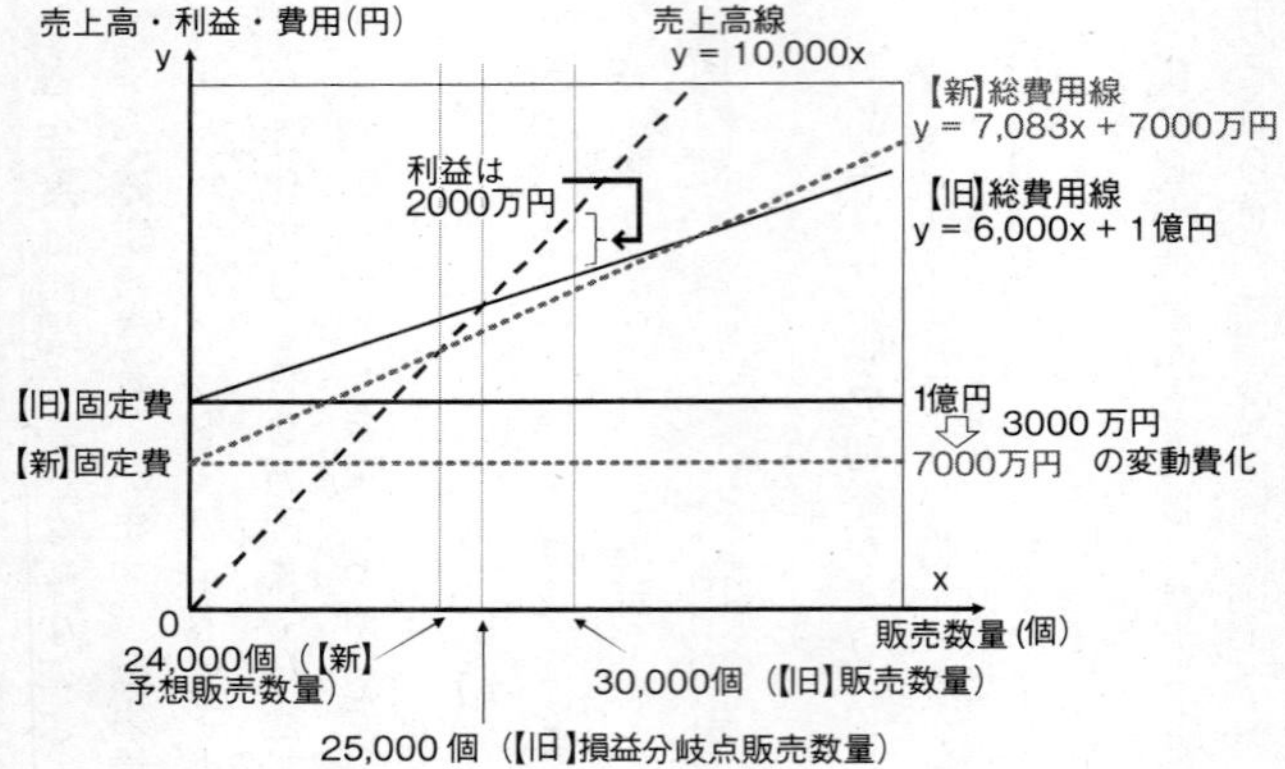

品は赤字に陥る。

④　販売数量は、3万個×（1－20%）＝2万4000個まで減少すると予測されている。固定費は、1億円－3000万円＝7000万円まで削減できる。新たな変動費をxとすれば、新たな限界利益の合計額は、（1万円－x）×2万4000個。これが新たな固定費を上回っていれば、赤字には陥らない。よって、（1万円－x）×2万4000個＞7000万円より、x＜7083・3円。

7083円が新たな変動費なのだから、これまでの変動費6000円に対して、**1製品当たり1083円までの上乗せ**は、固定費の変動費化で許容されることとなる。

この一連の数値を1枚のグラフに落とすと、図表9-3のようになる。

販売数量の減少を見込み、固定費を１億円から７０００万円まで削減した。しかし、仕事自体がなくなるわけではないので、その業務を必要な時だけ外部から調達する形式、すなわち変動費に切り替えたということである。内部で固定費として抱えていた３０００万円の業務を、１製品当たり１０８３円で外注委託できるのであれば、予想通り販売数量が２万４０００個まで減少しても、同製品は赤字に陥ることはない。

ここで、削減される固定費３０００万円を２万４０００個で割れば、１個当たり１２５０円と計算される。本ケースにおける固定費の変動費化とは、内部で抱えれば１個当たり１２５０円かかるものを、外部に委託することで、１個当たりのコストを１０８３円まで引き下げようとするものである。１２５０円－１０８３円によって計算される１６７円に２万４０００個を掛ければ、４００万円と計算される（端数は丸めている）。この値は、損益分岐点販売数量２万５０００個を１０００個下回ることによって喪失される限界利益額、すなわち４０００円×１０００個＝４００万円と一致している。

ここまでの損益分岐点に関する考察を、一般化しておくこととしよう（図表９－４）。

限界利益は、１個当たり限界利益＝売値－変動費の式から求められるので、損益分岐点売上高は図表９－４の①の式によって求められる。

図表9-4　損益分岐点分析に関する式

①損益分岐点売上高（数量）$= \dfrac{\text{固定費}}{\text{限界利益（1個当たり）}}$

②損益分岐点売上高（金額）$= \dfrac{\text{固定費}}{\text{限界利益（1個当たり）/ 売値}}$

$= \dfrac{\text{固定費}}{\text{限界利益率（\%）}}$

③目標売上高（数量）$= \dfrac{\text{固定費＋目標利益}}{\text{限界利益（1個当たり）}}$

④目標売上高（金額）$= \dfrac{\text{固定費＋目標利益}}{\text{限界利益率（\%）}}$

⑤目標売上高（金額）$= \dfrac{\text{1億円（固定費）＋6000万円（目標利益）}}{\text{（4000円/1万円＝40\%）限界利益率}}$

$= 4$億円

①の式の両辺に売値を掛けることで、金額ベースの損益分岐点売上高も計算できる（②の式）。

また、目標利益が与えられた場合に達成しなくてはならない売上高は、①と②の式を応用することで簡易に計算できる。目標利益を達成する術は、製品を販売することにほかならない。製品を販売して稼ぐ限界利益が目標利益達成の原資となることは、固定費を回収するための原資が限界利益であることと同じである。よって、目標利益が与えられた場合には、分子の固定費にこれを加えるだけで、簡易に目標売上高が計算される。

したがって、先のＱＵＩＺで、目標利益が仮に６０００万円であった場合、達成しなくてはならない売上金額は、⑤の式によって、４億円と算出される。

水平分業モデルをファイナンス理論で評価する

ソニーのストリンガー会長が述べているように、水平分業モデルとは、端的に言えば、オペレーションの一部を外部にアウトソースするアセット・ライトを意味する。これを会計的にとらえれば、固定費の変動費化と置き換えることができる。ということなら、ここまでの損益分岐点に関する一連の数式の説明によって、水平分業モデルの定量的な評価の話はおしまいとしてよいだろうか。

そうはならないだろう。ここで終わってしまっては、大きく3つの論点が抜けてしまう。

1つ目は、企業経営はゴーイングコンサーンであること。すなわち単年度ベースではなく、将来にわたった予測に基づいての評価でなくてはならない。固定費をすべて変動費化してしまい、それが叶わない事業からはすべて撤退してしまえば、企業は絶対に赤字にならない。現実的には無理な話だが、仮に万一それができるような小規模ロットの製品であったとしても、おそらくそれは1年や2年の話であって、永続性のあるものではないだろう。企業はゴーイングコンサーンなのだから、水平分業モデルへの移行がもたらす将来のすべてを予測した上で評価しなくてはならない。

2つ目のポイントは、これまで再三にわたって述べてきたファイナンスの概念が抜けていること。時間には価値があるのだから、複数年にわたって考える際には、資本コストで割り引く必要性が生じる。もちろん、割り引く対象は予測利益ではなく、予測キャッシュフローである。仮に毎年損益分岐点を越えて黒字であったとしても、資本コストに満たない程度の黒字額であれば、おそらくNPV（正味現在価値）はマイナスとなるはずだ。そうした製品は、仮に単年度ベースでは損益分岐点を越えていても、撤退の対象としてとらえなければならない。

3つ目のポイントは、垂直統合モデル、すなわちバリューチェーンの川上から川下までを自社で抱えておこなうモデルから、水平分業モデルへの移行に伴って変化するものは、すべて予測数値に入れなくてはならないということ。モレなくダブリなく考えるには、バリューチェーンのフレームワークを用いるのが有効だ。

デルタ型が複雑になる理由

新規事業や海外進出といったゼロワン型に比べて、既存のものに何らかの変化（＝デルタ）を加えようとするデルタ型の数値予測は容易ではない。

分かりやすく個人旅行に例えて説明してみよう。

例えば、あるハワイ好きの家族は、いつもワイキキでのんびりしながら海水浴、ショッピング、食事の３つを５泊６日で楽しむのが定番メニューとしている。１人15万円の家族４人で、60万円が旅行代金とする。

今年は趣向を変えて、３日目にワイキキから離れ、１泊２日でマウイ島に足を伸ばすことにする。これに要する追加の費用は家族４人で10万円。マウイ島には午前中に到着して１日目は街歩きとショッピングにレストラン、２日目は午前中に海水浴をして夕方の便でワイキキに戻る計画だ。計画段階では、その内容は追加の10万円に十分見合うと考えたとしよう。さしづめマウイ島への小旅行の予測ＮＰＶは、大きなプラスということだ。

10万円の追加投資＜マウイ島にて１泊２日で経験できること（予測ベース）

ところが、実際にはマウイ島への飛行機は遅延するし、空港では荷物の到着が遅れる。

ホテルに行ってもサービスは悪いし、翌日はなぜかマウイ島のみは1日中スコールで海水浴もできなかった。おまけにショッピングモールは停電で、暗くて話にもならない。

マウイ島には行くべきだったか?と読者に問えば、誰もが行くべきではなかったと答えるだろう。追加費用10万円に対して、2日間で経験したことはまったく見合っていなかった。

10万円の追加投資＞マウイ島にて1泊2日で経験したこと（結果ベース）

ではここで、5泊6日のハワイ旅行は行かないほうがよかったと結論づけてしまってよいだろうか。そうではないだろう。たしかに1泊2日のマウイ島で経験したことは残念なものであり、二度と経験したいものではない。それでも、残りの4泊は例年通り十分楽しい家族の時間を過ごせたとしよう。そうであれば、以下の不等式は成立している。

旅行代金70万円（定番費用60万円
+マウイ島分の費用10万円）＜5泊6日で経験したこと（結果ベース）

この数式が成立する限り、マウイ島のNPV（結果ベース）はマイナスであっても、今般の5泊6日のハワイ旅行のNPV（結果ベース）はプラスで維持されるのだ。この結果

図表9-5　「ゼロワン型」と「デルタ型」のNPV評価

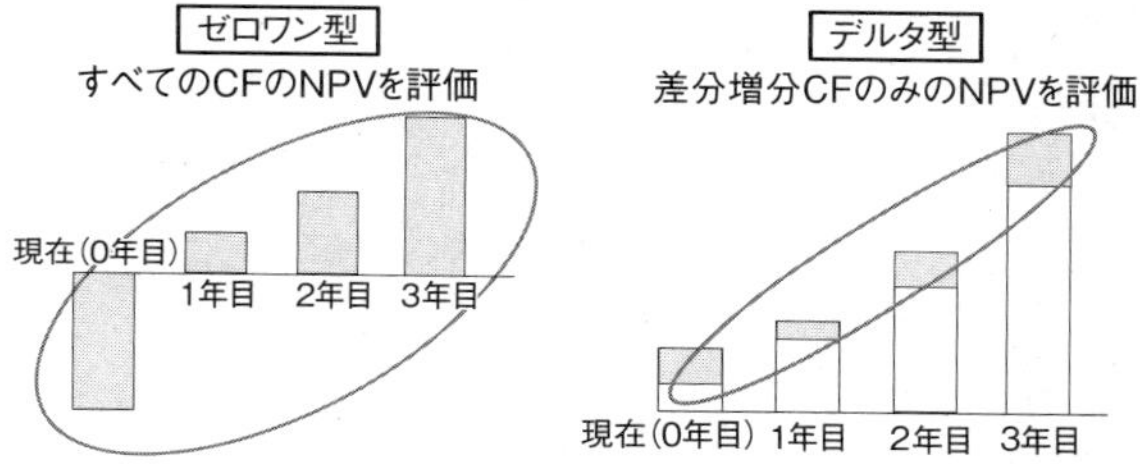

が仮に当初から予想できたものであれば、マウイ島への小旅行のＮＰＶはマイナスなので行くべきではないとなる。それでも、ハワイ旅行自体を否定するものではまったくない。

これがデルタ型を評価する際に気をつけなくてはならないポイントである。すなわち、評価すべきはデルタ、つまり、ある意思決定によって変化するであろうもののみのＮＰＶ（今回の例では、10万円の追加費用と、マウイ島での予測される経験）である。意思決定によらず、いずれにしても発生するもの（今回の例では、残りの４泊のワイキキで経験すること）は予測の数値計算に入れてはいけない。デルタ型は新機械の購入など、何らかの一部の変化をおこなうべきか否かの意思決定をしたいのだから、その意思決定によってもたらされる変化のみをモレなくダブリなくピックアップして、評価していく必要がある。

では、具体的なＱＵＩＺを取り上げて、再び３人の精鋭に議論してもらうことにしよう。

QUIZ④

国内の老舗カメラメーカー、キャニオミ社では、これまでは部品から最終完成品まで、すべて自社グループ内で製造するという垂直統合モデルを推進してきました。しかし、中国や台湾などの廉価なカメラメーカーの日本市場参入によって、競争環境は激化しており、カメラの市場価格が値崩れしてきています。同社は技術やブランドなどにおいて一流カメラメーカーには敵わないため、今後は価格の引き下げによって対処するしかないと判断しています。

これら中国、台湾メーカーが安価な部品の組み立てによってカメラを製造しているように、キャニオミ社もコア技術を除く部品や製造プロセスについては、今後積極的に外部から調達する水平分業モデルを推進していく意向です。図表9-6は、外注化を検討している、ある部品（Ｋ００１と呼ぶ）の製造原価明細書です。外部から調達できる候補先にいくつか相見積もりを取ったところ、９００円が最低価格であることが分かりました。

ここ数年はＫ００１を１００万個製造・販売してきましたが、今後は毎年５％程度の需要の減少が進むものと予測されています。なお、１００万個の製造部品のうち、自社で使用するのは80万個で、残りの20万個は外販しています。これまでのＫ００１の外販価格は１個１０００円で安定していましたが、今後は毎年３％の継続的な値崩れが予測されています。

また、Ｋ００１の内製を続けた場合、設備投資は製造個数にかかわらず継続的に毎年１億５０００万円おこなう必要があります。よって減価償却費は、定額法を用いて同額の１億５０００万円が毎年発生する見込みです。

図表9-6　キャニオミ社のK001の製造原価明細書

自20X1年4月1日 至20X2年3月31日	1個当たりコスト＜円＞ （固定費は100万個製造した場合）	100万個製造した場合のコスト合計＜円＞
製造原価		
変動費	120	120,000,000
主原材料費	50	50,000,000
補助原材料費	30	30,000,000
工場消耗品費	10	10,000,000
光熱費	5	5,000,000
直接労務費	20	20,000,000
運賃	5	5,000,000
固定費	500	500,000,000
労務費	300	300,000,000
減価償却費	150	150,000,000
その他経費	50	50,000,000
製造原価合計	620	620,000,000

売野くん　キャ・ニ・オ・ミって、４つのカメラメーカーの頭文字だな。

巧田さん　ミノルタ（現コニカミノルタ）は、もうカメラを作ってないわよ。何年も前にソニーにカメラ事業は売却してしまったから。これもデジタル化の波がもたらした１つの結末なのだろうけど。

数山くん　巧田さん、詳しいね。

巧田さん　私の趣味は、一眼レフカメラだから。もちろん、撮影するほうであって、決算書がどうなってるかなんて、想像つかないけど。

売野くん　それは頼りになるなあ。さて、今回の設問だけど、これまでは６２０円かけて自分で作っていたものが、外注だと９００円かかるんでしょう。１個当たり２８０円の持ち出しだから、１００万個で２億８０００万円の損失だよね。感覚的に、これはＮＯ　Ｇｏ、つまり内製を続けていったほうがよいんじゃないの？

数山くん　たしかにこれまでのすべての条件が、今後もそのままだったらそうなんだろうね。でも、これからＫ００１の需要は毎年５％縮小するってあるよ。それに外販価格が３％ずつ下がっていくとも。

巧田さん　私が腑に落ちないのは、キャニオミが外注に切り替えた場合、調達価格は９００円が最低価格だっていうのに、キャニオミの外販価格は１０００円から毎年３％ずつしか下がらないって予測していること。

数山くん　キャニオミの製造するＫ００１は高品質で、その分値崩れの進行が遅いのかもよ。でも、１０００円の価格だって、毎年３％下がっていけば、そう遠くないうちに９００円割れするけどね。気になるような誤差が生じるなら、２つのシミュレーションをしておけばいい話だよ。

巧田さん　なるほど、いくつかのシミュレーションをおこなうというのは、グッド・アイディアね。

売野くん　何だかイメージしにくいから、まずはＫ００１の内製を続けたら、どんな感じになるかの数値予測を作ってほしいな。

数山くん　売野、これは研修前の宿題の設問だろう？　作ってほしいじゃなくて、自分で作ってこなかったのか？

図表9-7　K001の内製継続の場合の数値予測

行		現在	1	2	3	4	5	6	7	8	9	10
1	数量合計（個）	1,000,000	950,000	902,500	857,375	814,506	773,781	735,092	698,337	663,420	630,249	598,737
2	内販向け（個）	800,000	760,000	722,000	685,900	651,605	619,025	588,074	558,670	530,736	504,200	478,990
3	外販向け（個）	200,000	190,000	180,500	171,475	162,901	154,756	147,018	139,667	132,684	126,050	119,747
4	売値（円、個）	1,000	970	941	913	885	859	833	808	784	760	737
5	変動費（円、個）	120	120	120	120	120	120	120	120	120	120	120
6	限界利益（円、個）	880	850	821	793	765	739	713	688	664	640	617
7	外販による限界利益合計（千円）	176,000	161,500	148,172	135,924	124,667	114,324	104,820	96,089	88,068	80,701	73,935

売野くん　うーん、すまん。

数山くん　僕に謝らなくてもいいけど……。この設問の類は、自分で手を動かさないと、分からないよ。ほら、図表９-７が僕の作った、Ｋ００１を継続して製造した場合の行く末。とりあえず10年で作ってみた。１行目はＫ００１の需要が毎年５％減少する場合の数量の推移。２行目と３行目に、内販向けと外販向けを８：２で入れてみた。

巧田さん　毎年５％も需要が減少すると、10年後には６割弱になっちゃうのよね。

数山くん　その通り。そこで仮に需要が60万個まで減って、しかし固定費の総額はそのままだったとした場合の１個当たりの製造コストを計算してみた

図表9-8　60万個の場合のK001の製造原価明細書

自20X1年4月1日 至20X2年3月31日	1個当たりコスト <円>（固定費は60万個製造した場合）	60万個製造した場合のコスト合計 <円>
製造原価		
変動費	120	72,000,000
主原材料費	50	30,000,000
補助原材料費	30	18,000,000
工場消耗品費	10	6,000,000
光熱費	5	3,000,000
直接労務費	20	12,000,000
運賃	5	3,000,000
固定費	833	500,000,000
労務費	500	300,000,000
減価償却費	250	150,000,000
その他経費	83	50,000,000
製造原価合計	953	572,000,000

ら、何と953円（図表9-8）。外部調達コストの900円のほうが安いって話になってくる。

巧田さん　今後は需要が毎年5％ずつ確実に減っていくというなら、K001は早めに外部調達に切り替えるのがよいってことね……。

売野くん　ちょっと待って。だってK001は、100万個のうち、20万個は外販しているんでしょう。何だっけ、その……、そうそう、外部から限界利益っていうのを稼いでいるわけだ。K001の外販をやめたら、外部から稼いでいる限界利益、つまり1個当たり1000円の売値から、変動費120円だけを引いた880円の限界利益も消えちゃうじゃない。880円×20万個で、合計1億7600万円の利益が消えちゃうよ。

数山くん　たしかにそう。でも、売値は今後下がっていくし需要も減っていくんだから、外販が稼ぎ出す限界利益も今後は減っていくことになる。それもシミュレーションしたの

図表9-9　K001外部調達のFCF予測

	営業利益×(1－税率)　＋	減価償却費 － 設備投資　－	追加運転資金
	①P/Lに関する項目	②設備投資に関する項目	③運転資金に関する項目
プラスの変化	◆10年間の長期の視点で考えれば、外部からの調達コストのほうが内製コストより安くなる	◆既存設備の売却収入が得られる ◆今後の設備投資が発生しない	◆K001の仕掛在庫が消滅する
マイナスの変化	◆外販が稼ぎ出す限界利益が失われる		

が、図表9-7の4行目から7行目の数値。10年後の外販の限界利益は、7300万円台まで減ってしまう。

売野くん　外販で稼いでいた利益は、1億円も消えちゃうのかあ。やっぱり厳しいかなあ、K001。

巧田さん　厳しいのかそうでもないのか、実際に外部調達に切り替えたとして、どれくらいの価値の創出につながるかをNPVで示すっていうのがこの設問の狙いよね。

数山くん　他にも、外部調達に切り替えれば、今後設備投資をしなくてよいし、それからいま持っている設備も売却すれば、幾ばくかのキャッシュも手に入るはず。そうしたものも計算過程で加味しないと。

巧田さん　仕掛在庫を抱えなくてよくなるから、そこからもキャッシュはリリースされるよね。

売野くん　何だかややこしくなってきたけど……。

要は、ＦＣＦの３つの項目に分解して考えろということだな。結局そこに行き着くのか。

巧田さん　いままで話したことは、だいたい入っている下地は作ってあるから（図表９-９）、足りないことがあったら言ってみて。

数山くん　巧田さん、ありがとう。ＦＣＦの式を見ていて改めて感じたのは、ＦＣＦの１つ目の項目が、営業利益×（１－税率）となっていること。これまでは設備を保有することで発生する減価償却の節税効果があったけど、それが失われてしまうことになる。

売野くん　減価償却の節税効果って何……？

数山くん　減価償却ってＰ／Ｌ上の費用だよね。費用が発生すれば利益は減る。でも利益が減ったお陰で、法人税などの税金も減る。反対に、設備を保有しなければ減価償却費がなくなって、その分利益は増える。けれど、利益の一部は税金で持っていかれるわけだ。要は、減った減価償却費がそのまま利益の増加、ひいてはＦＣＦの増加には結びつかないということ。

巧田さん　うーん、分かったような分からないような。あとで計算で確認させてね。

売野くん　そうすると同じ話で、外販が稼ぎ出す限界利益は今後なくなってしまうけど、利益が減るからその分支払う税金も減る。すなわち、失われる限界利益がそのままＦＣＦの減少にはならないっていうことか……。

数山くん　ご名答。もっともＦＣＦの式の最初の項目はきちんと「営業利益×（１－税率）」

図表9-10　K001外部調達のバリューチェーン

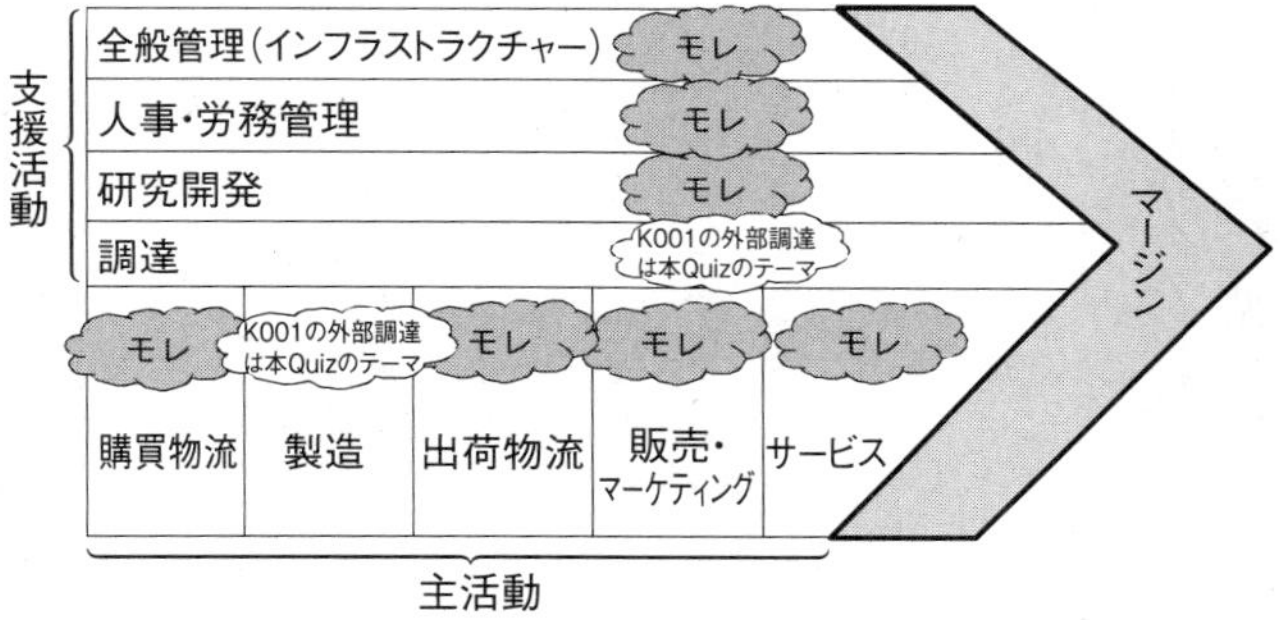

となっているのだから、そのまま忠実にやれば、ちゃんと節税効果が加味されて答えは出てくるはずだよ。

売野くん　朽田さんの図表9-9は、設備投資と運転資金に関するマイナスの変化が空欄になってるけど、ここは何かないのかなぁ。

巧田さん　数山くん、既存設備を売却する時にも税金はかからないの？

数山くん　簿価よりも高く売れれば、売却益が出るから税金の支払いが発生するよね。逆に簿価より安ければ、売却損が出て節税効果が期待できるけど。いずれにしても、税金はいろんなところに影響するから、モレなく、ダブリなく、ちゃんとピックアップしとかないとね。

売野くん　他にモレはないか……を考えるツールは、例のバリューチェーンだったよね。ここまでの議論をバリューチェーンに埋めると……（図表9-10）。何かモレばっかりという感じなんだけど……。

数山くん　パッと思いつくのは、減価償却費以外の固定費の扱いだなあ。労務費で3億円、その他経費で５０００万円の、合計3億５０００万円の固定費は、今後Ｋ００１を外部調達することですべてなくすことができるのかな。それに伴って割増退職金が発生するなら、それも計算に算入すべきだよね。バリューチェーンで言えば、主活動の「製造」で考えてもいいし、または支援活動の「人事・労務管理」や「全般管理」で考えるべきところだね。

売野くん　Ｋ００１はコア技術じゃないから外部調達しようって話だけど、それでも若干の「研究開発」は発生していたのかもね。外部調達すれば、それはなくなるよね。

巧田さん　「購買物流」って……、今後外部から調達すると、1個当たり９００円って話だけど、そこには購買物流コストは入っているのかなあ？　それから、外部から調達した部品の、多少の余裕在庫は必要になるかもね。

数山くん　ある特定部品の外部調達の話だから、「出荷物流」は特に考えなくていい気もするけど。でも、もしこれまでＫ００１だけ違う工場で作っていたとすれば、工場間で余計な物流コストがかかっていたのかも。今後は外部調達先から次の工程へ直送できるというなら、出荷物流コストの圧縮も予測ＦＣＦには埋め込むべきだよね。

売野くん　「販売・マーケティング」はトップ営業マンの僕に任せといて。ここは、これまでの20万個の外販にどれだけの販売コストがかかっていたかを知りたいよね。ここまで与えられた数値はすべて製造に関するものばっかりで、販売コストの情報がまったくない。

図表9-11　モレを埋めたFCF予測

	営業利益×(1－税率)　＋	減価償却費 － 設備投資　－	追加運転資金
	① P/Lに関する項目	②設備投資に関する項目	③運転資金に関する項目
プラスの変化	◆10年間の長期の視点で考えれば、外部からの調達コストのほうが内製コストより安くなる ◆労務費やその他経費の圧縮は、営業利益を高める ◆研究開発コストの圧縮 ◆外部調達先からの直送による出荷物流コストの圧縮 ◆販売・サービスコストの消滅	◆既存設備の売却収入が得られる ◆今後の設備投資が発生しない	◆K001の仕掛在庫が消滅する
マイナスの変化	◆減価償却費の消滅による節税効果の減少 ◆外販が稼ぎ出す限界利益(税後)が失われる ◆従業員の削減に伴って割増退職金が発生する場合、その分利益は減少する ◆外部調達に伴う購買物流コストの発生	◆保有設備が簿価より高く売却できれば、税金が発生する(簿価より安い売却なら、節税効果としてプラスの変化)	◆外部から調達する部品(K001の代替品)の余裕(滞留)在庫の発生 ◆外販をやめることによる運転資金の圧縮

Ｋ００１を販売するための営業マンがいたとすれば、Ｋ００１の外販をやめることで、そうした固定費はなくなるはず。

巧田さん　「サービス」も同じことね。Ｋ００１の外販後のサポートのためのコストが何らか発生していたのなら、これもなくなるコストとして算入する必要があるわ。

数山くん　それから、いままで外販していた時の売掛金とか仕入とか……、要は運転資金絡みがＢ／Ｓから消滅するんじゃないかな……。

売野くん　バリューチェーンを使いながら気づいたモレを、３つのＦＣＦに埋め込んでみると、こんな感じになるかな（図表９-11）。

ここまでの３人の議論を、読者はどのように読み進めただろうか。紙幅の制約上、掘り下げ度は簡略化しているものの、想定される変化をバリューチェーンに照らし合わせながら考察し、仮説を立て、ＦＣＦの３つの項目に沿って抽出した上で、そこから検証をおこなっていく。このプロセスは、常に普遍的なものとなるはずだ。

一方、いろいろな話が出てきて頭が混乱してきている、といった読者。それはごもっともなことだと思う。この手のＱＵＩＺは自分が関与する製品なり設備の話でないと、なかなか実態感がつかみにくい。ましてや、１つひとつの数値を、自分の手で実際にエクセルに作り出していかないと、実感やら達成感は簡単につかめるものではない。図表9-13に示すエクセル表は、読者の時間のある時に、ぜひ実際に入力して数値を確かめてみてほしい。なお、筆者のホームページ(http://www.otsu-international.com/finance)から、パスワード(getuop)を入力してもらうと、この当該エクセル表がダウンロードできるので、ぜひ活用してほしい。

さて、３人が予測してくれたＦＣＦの３つの項目については、仮に図表9-12のような仮説が立つものとしよう。

垂直統合から水平分業を行う１つの事業計画を、ここまでの前提条件を踏まえてすべて数値化したものが、図表9-13である。

図表9-13の45行目のＦＣＦを見ると、最初の２年間のＦＣＦはプラスとなっているが、３年目以降はマイナスの数値となり、再び８年目からプラスとなっている。３つのＦＣＦ

図表9-12①　K001外部調達に関する仮説

	3人の立てた予測	検証の結果、数値に織り込む予測
P／Lに関する項目	労務費やその他経費の圧縮は、営業利益を高める	キャニオミでは、水平分業によるアセット・ライト化を、今後の企業存続において不可欠な政策と考えている。K001をこれまでの内製から外部調達化することは、モデルケースとして妥協なしに臨む方針。
	研究開発コストの圧縮	K001はコア技術を用いていないため、特に新たな研究開発コストは従来から発生していない。若干の改良に関わるコストは、製造原価のその他経費にすでに含まれている。
	外部調達先からの直送による出荷物流コストの圧縮	K001の製造工場から、次の組み立て工程への移動にこれまで要していた物流コストも、製造原価のその他経費にすでに含まれている。
	従業員の削減に伴って割増退職金が発生する場合、その分利益は減少する	退職する従業員のうち、正社員については、1年分の割増退職金の支払いが発生する。3億円の労務費のうち、1億円が正社員に対する労務費であるため、この金額の支払いが1年目に発生する。
	外部調達に伴う購買物流コストの発生	購買物流コストは、900円の中に含まれている。
	販売・サービスコストの消滅	5名の営業・サービス担当スタッフが退職する。給与合計年額2500万円がなくなるが、初年度は同額（1年分）の割増退職金の支払いが発生する。

図表9-12②　K001外部調達に関する仮説

	3人の立てた予測	検証の結果、数値に織り込む予測
設備投資に関する項目	既存設備の売却収入が得られる	既存の設備は総額4億円で売却することができる。4億円の対価は2年間に分けて、2億円ずつ払い込まれる予定である。
	保有設備が簿価より高く売却できれば、税金が発生する（簿価より安い売却なら、節税効果としてプラスの変化）	簿価は6億円であったため、2億円の固定資産売却損（6億円－売却額4億円）が発生する。これにより、1年目に税率40%を掛け合わせた節税額の8000万円が発生する。
運転資金に関する項目	K001の仕掛在庫の消滅	K001の製造工程のジャスト・イン・タイム（JIT）化は、すでにこれまで実現されているため、外部調達化に伴う仕掛在庫の圧縮は無視できるほど軽微である。
	外部から調達する部品（K001の代替品）の余裕（滞留）在庫の発生	外部から新たに調達する部品は次の製造工程へのJIT化を徹底するが、それでも半月分に相当する仕入在庫、すなわち年間仕入額の24分の1の余裕在庫は必要。
	外販をやめることによる運転資金の変化	外販の消滅による売上債権の圧縮、外販用の製品在庫の圧縮に対しては、外販のための原材料仕入れの圧縮が図れるため、外販に関する運転資金の変化は算入する必要はない。

の主だった特徴として、それぞれ図表9-14に挙げたような点がある。

数山くん　先生から与えられた数値をすべて算入して計算したところ、外部調達のＮＰＶはマイナス７４９２万円となりました。ＮＰＶから判断すると、外部調達に切り換えるのではなく、このまま内製を続けたほうがよいという結論になりますが……。

巧田さん　私が最初に言った腑《ふ》に落ちない点は、どう扱われているのかしら。キャニオミが外注に切り替えた場合、調達価格は９００円が最低価格なのに、キャニオミの外販価格は１０００円から毎年３％ずつしか下がらないって予測していること。いくつかシミュレーションしてみるのがよいって話だったよね。

数山くん　たしかに、外部調達コストはエクセル表の９行目とリンクしているから……、９００円でやってしまってるね。キャニオミの外販価格は毎年３％減の予測だから、先に示した表にある通り、こうなるよ。

年度	外販予想価格
1	970
2	941
3	913
4	885
5	859
6	833
7	808
8	784
9	760
10	737

巧田さん　えっ！　３％ずつ下落すると、10年目には７３７円になってしまうのね。「３％ずつしか下がらない」じゃなくて、「毎年３％も下がると、外部調達コストはどんど

外部調達の数値計画（外部調達価格＝900円）

4	5	6	7	8	9	10

120	120	120	120	120	120	120
500,000	500,000	500,000	500,000	500,000	500,000	500,000
597,741	592,854	588,211	583,800	579,610	575,630	571,848
734	766	800	836	874	913	955
124,667	114,324	104,820	96,089	88,068	80,701	73,935
25,000	25,000	25,000	25,000	25,000	25,000	25,000

900	900	900	900	900	900	900
586,445	557,122	529,266	502,803	477,663	453,780	431,091
0	0	0	0	0	0	0
0	0	0	0	0	0	0

597,741	592,854	588,211	583,800	579,610	575,630	571,848
124,667	114,324	104,820	96,089	88,068	80,701	73,935
25,000	25,000	25,000	25,000	25,000	25,000	25,000
586,445	557,122	529,266	502,803	477,663	453,780	431,091
0	0	0	0	0	0	0
0	0	0	0	0	0	0
−88,371	−53,592	−20,875	9,909	38,880	66,149	91,823
−53,023	−32,155	−12,525	5,945	23,328	39,690	55,094

150,000	150,000	150,000	150,000	150,000	150,000	150,000

0	0	0	0	0	0	0
0	0	0	0	0	0	0
150,000	150,000	150,000	150,000	150,000	150,000	150,000
150,000	150,000	150,000	150,000	150,000	150,000	150,000
0	0	0	0	0	0	0
0	0	0	0	0	0	0
0	0	0	0	0	0	0

24,435	23,213	22,053	20,950	19,903	18,907	17,962
−24,435	−23,213	−22,053	−20,950	−19,903	−18,907	−17,962

−77,458	−55,369	−34,578	−15,005	3,425	20,782	37,132

図表9-13　K001

行		現在	効果	1	2	3
	1　利益に関する項目					
	K001の内製維持					
1	変動費(円、個)	120		120	120	120
2	固定費(千円、合計)	500,000		500,000	500,000	500,000
3	製造コスト合計(千円)	620,000		614,000	608,300	602,885
4	1個当たり製造コスト(円、個)	620		646	674	703
5	外販による限界利益合計(千円)	176,000		161,500	148,172	135,924
6	販売・サービスコストの発生(千円)	25,000		25,000	25,000	25,000
7						
8	K001の外部調達					
9	外部調達コスト(円、個)	900		900	900	900
10	外部調達コスト合計(千円)	720,000		684,000	649,800	617,310
11	工場労務者への割増退職金(千円)			100,000	0	0
12	販売・サービススタッフへの割増退職金(千円)			25,000	0	0
13						
14	内製⇒外部調達による、デルタ(変化)		効果			
15	消滅する製造コスト(千円)		+	614,000	608,300	602,885
16	消滅する限界利益(千円)		−	161,500	148,172	135,924
17	消滅する販売・サービスコスト(千円)		+	25,000	25,000	25,000
18	外部調達コスト(千円)		−	684,000	649,800	617,310
19	工場労務者への割増退職金(千円)		−	100,000	0	0
20	販売・サービススタッフへの割増退職金(千円)		−	25,000	0	0
21	営業利益変化の合計<15行目−16+17−18−19−20>(千円)			−331,500	−164,672	−125,349
22	【A】税引後営業利益<21行目×60%>の変化額(千円)			−198,900	−98,803	−75,209
23						
24	2　設備投資に関する項目					
25	K001の内製維持					
26	設備投資額額(千円)	150,000		150,000	150,000	150,000
27						
28	K001の外部調達					
29	既存設備の売却収入(千円)			200,000	200,000	0
30	売却損の発生による節税効果(千円)			80,000	0	0
31						
32	内製⇒外部調達による、デルタ(変化)		効果			
33	消滅する減価償却費(千円)		−	150,000	150,000	150,000
34	消滅する設備投資額(千円)		+	150,000	150,000	150,000
35	既存設備の売却収入(千円)		+	200,000	200,000	0
36	売却損の発生による節税効果(千円)		+	80,000	0	0
37	【B】設備投資額の変化額(千円)<▲33行目+34+35+36>			280,000	200,000	0
38						
39	3　運転資金に関する項目					
40	内製⇒外部調達による、デルタ(変化)		効果			
41	外部調達部品の滞留在庫(千円)		−	28,500	27,075	25,721
42	【C】運転資金の変化額(千円)<▲41行目>			−28,500	−27,075	−25,721
43						
44	FCF(千円)					
45	【A】+【B】+【C】			52,600	74,122	−100,930
54						
56	NPV (千円)	¥−74,925				

図表9-14　K001外部調達におけるFCFの主な特徴

P／Lに関する項目	●税引後営業利益（22行目）は6年目までマイナスの値で、7年目からプラスとなっている。 ●営業利益へのプラス効果は、消滅する製造コスト（15行目）と消滅する販売・サービスコスト（17行目）。これに対するマイナス効果は、消滅する限界利益（16行目）と、外部調達コスト（18行目）、工場労務者への割増退職金（19行目）、販売・サービススタッフへの割増退職金（20行目）の発生。 ●消滅する製造コスト（15行目）より、外部調達コスト（18行目）が安くなるのは、4年目、また消滅する製造コスト（15行目）から消滅する限界利益（16行目）を引いた実質的なコスト負担より、外部調達コスト（18行目）が安くなるのは、8年目であることが確認できる。
設備投資に関する項目	●設備投資をやめることは、FCF算定式で足し戻す減価償却費の消滅（33行目）と、差し引く設備投資額の消滅（34行目）によって相殺されるため、影響はない。 ●既存設備の売却収入（35行目）と、1年目に発生する売却損の発生による節税効果（36行目）によって、設備投資に関する項目は、1年目と2年目に大きなプラス貢献を果たす（37行目）。
運転資金に関する項目	●外部調達部品の滞留在庫の増加によって、毎年の外部調達コストの24分の1に相当する在庫が、FCFのマイナス項目として発生する（41行目）。

ん安くなる!」ということかあ。やっぱり実際の数値をよく見ないとダメね。

売野くん　外部調達コストは９００円じゃなくて、こっちを使うのが正当なんじゃないの？　キャニオミの外販価格が３%ずつ下がると言うなら、逆にキャニオミが外部から買ってくる金額も３%ずつ下がっていくと考えるのが普通でしょう。

数山くん　おっしゃる通りだ。じゃあ、これをそのまま9行目にコピー&ペーストすると、利益に関する項目と運転資金に関する項目は図表9-15のように変わる。１年早まって、利益は6年目からプラスの値となっている（22行目）。

巧田さん　そして、ＮＰＶは、プラスの１７３９万円になる!!

売野くん　つまり、それくらい今後のＫ００１の市場価値の下落は激しいということかあ。それに、そもそも10年で切ってるのは便宜上でしょう。今後も永続的にキャニオミがカメラを作ると言うなら、それ以降も考えて何らかのターミナルバリューを導入すべきだろうし。ＦＣＦの推移からすれば、時間を延ばせば延ばすほど、ＮＰＶのプラス値は大きくなりそうだよね。

数山くん　キャニオミの基本方針は、コア技術を除く部品については、今後積極的に外部から調達する水平分業モデルを推進するってことだったし、どうもＫ００１はその一番手として有望な部品となりそうだね。

外部調達の修正数値(外部調達価格＝1000円から毎年3%ずつ減少)

4	5	6	7	8	9	10
120	120	120	120	120	120	120
500,000	500,000	500,000	500,000	500,000	500,000	500,000
597,741	592,854	588,211	583,800	579,610	575,630	571,848
734	766	800	836	874	913	955
124,667	114,324	104,820	96,089	88,068	80,701	73,935
25,000	25,000	25,000	25,000	25,000	25,000	25,000

更した行

885	859	833	808	784	760	737
576,861	531,578	489,849	451,396	415,961	383,308	353,218
0	0	0	0	0	0	0
0	0	0	0	0	0	0

597,741	592,854	588,211	583,800	579,610	575,630	571,848
124,667	114,324	104,820	96,089	88,068	80,701	73,935
25,000	25,000	25,000	25,000	25,000	25,000	25,000
576,861	531,578	489,849	451,396	415,961	383,308	353,218
0	0	0	0	0	0	0
0	0	0	0	0	0	0
−78,788	−28,048	18,542	61,316	100,581	136,621	169,695
−47,273	−16,829	11,125	36,790	60,349	81,972	101,817

24,036	22,149	20,410	18,808	17,332	15,971	14,717
−24,036	−22,149	−20,410	−18,808	−17,332	−15,971	−14,717

−71,308	−38,978	−9,285	17,981	43,017	66,001	87,100

図表9-15　K001

行		現在	効果	1	2	3
	1　利益に関する項目					
	K001の内製維持					
1	変動費（円、個）	120		120	120	120
2	固定費（千円、合計）	500,000		500,000	500,000	500,000
3	製造コスト合計（千円）	620,000		614,000	608,300	602,885
4	1個当たり製造コスト（円、個）	620		646	674	703
5	外販による限界利益合計（千円）	176,000		161,500	148,172	135,924
6	販売・サービスコストの発生（千円）	25,000		25,000	25,000	25,000
7						
8	K001の外部調達					
9	外部調達コスト（円、個）	900		970	941	913
10	外部調達コスト合計（千円）	720,000		737,200	679,330	626,002
11	工場労務者への割増退職金（千円）			100,000	0	0
12	販売・サービススタッフへの割増退職金（千円）			25,000	0	0
13						
14	内製⇒外部調達による、デルタ（変化）		効果			
15	消滅する製造コスト（千円）		＋	614,000	608,300	602,885
16	消滅する限界利益（千円）		−	161,500	148,172	135,924
17	消滅する販売・サービスコスト（千円）		＋	25,000	25,000	25,000
18	外部調達コスト（千円）		−	737,200	679,330	626,002
19	工場労務者への割増退職金（千円）		−	100,000	0	0
20	販売・サービススタッフへの割増退職金（千円）		−	25,000	0	0
21	営業利益変化の合計<15行目−16+17−18−19−20>（千円）			−384,700	−194,202	−134,041
22	【A】税引後営業利益<21行目×60%>の変化額（千円）			−230,820	−116,521	−80,425
39	3　運転資金に関する項目					
40	内製⇒外部調達による、デルタ（変化）		効果			
41	外部調達部品の滞留在庫（千円）		−	30,717	28,305	26,083
42	【C】運転資金の変化額（千円）			−30,717	−28,305	−26,083
43						
44	FCF（千円）					
45	【A】＋【B】＋【C】			18,463	55,173	−106,508
54						
56	NPV（千円）	¥17,399				

◎9章のまとめ

■損益分岐点の計算だけでは、事業計画の評価は十分ではない。①ゴーイングコンサーンとして、単年度ベースではなく将来にわたっての予測に基づいた評価でなくてはならないこと、②時間には価値があるのだから、将来ＣＦを資本コストで割り引いて考える必要があること、③意思決定によって変化するものは、すべて予測数値に入れて評価しなくてはならないこと、の３つが重要となる。

■デルタ型はすでに存在している事業について、何らかの改善や向上を目指してアクションを起こす形態だ。よって、評価すべき対象はデルタ、つまり意思決定によって変化するもののみのＮＰＶとなる。意思決定によらず、いずれにしても発生するものは予測の数値計算に入れてはいけない。

■ゼロワン型と同様に、バリューチェーンのフレームワークを活用することで、意思決定による変化をモレなくダブリなくピックアップすることが可能となる。こうした意思決定による変化（＝デルタ）を、ＦＣＦの３つの項目に落とし込んでいくことが、デルタ型の事業数値化の姿となる。

おわりに

ファイナンス・スキルを身につけるために

本書の3ページで掲げた「ファイナンスを学ぶ学生からのよくある質問」のうち、まだ解答できていないものが残っている。

クラス受講後のＦＡＱ

「理屈は分かったのですが、実務で使うイメージが湧きません」
「仕事の役に立つのでしょうか？」

これらの質問に対しての私の考えを伝えることを、この「おわりに」の目的としたい。本書をここまで読んでくださった読者には、どちらの質問に対しても「あらゆる局面において、ファイナンス理論を使って意思決定することは十分可能」という答えを期待したい。実務上は、事業計画の評価を単年度または複数年度の損益分岐点分析でおこなったり、簡便性を重視して回収期間法を用いたりすることもあるだろう。しかし、あらゆる局面においてＤＣＦ法を用いた投資評価と意思決定は実行可能であり、投資家の資金を預かっている以上、この考え方は不可欠だという認識を常に持ってもらいたい。本文でも述べたが、**投資評価の簡便性に重きを置くことが、意思決定の寛容性を誘発するような事態になってはならない。**

先の質問のうち、特に後者の質問は要注意だ。「役に立つのか？」という問いかけは、自ら考えることを放棄して、ＹＥＳ／ＮＯの結論を教えてくれと言っているに過ぎない。「役に立つか？」と問われれば、「あなた次第ですよ」としか答えようがないからだ。

いかなる学びの場においても、このような質問は典型的な思考停止を促すＮＧ質問だ。あるべき姿は、ＹＥＳ／ＮＯを問うことではなく、ＨＯＷ（学んだことを、自分がどうやって仕事に役立てていくのか？）を問い続けることである。自分の身近にある新規事業でもよい。自分が開発したい新製品や新サービス、開拓したい販売チャネル、間接部門の合理化に向けたシステム投資やインフラ整備、さらには進出したい海外市場や買収したい特定の企業など、私たちの周りには多くの潜在的、顕在的な事業（案）が存在している。そうした事案について3つのＦＣＦを予測し、事業数値化をおこなってみることだ。**「役に立つのか？」ではなく、「どうやって役に立てようか？」「まずはどこで使ってみようか？」と問いかけなければ、何の進歩も生まれない。**厳しい言い方をすれば、スキル以前の意識の問題と考える。

具体例を示してみよう。新聞や雑誌の記事を読む際に、「この記事の案件でＤＣＦ法を使うとすれば、何を考えなくてはならないだろうか？」「３つのＦＣＦにはそれぞれどんな影響が表れるか？」「割引率はどの程度で評価すべきだろうか？」と能動的に読んでいくことにより、ファイナンスのスキルと事業数値化力が結びついていく。

キヤノンのタイにおける新工場建設（ゼロワン型）の新聞記事を例にとって、試みてみることとする。

「キヤノン新工場建設」記事から、事業数値化をシミュレーション

国内市場が成熟する中、海外市場、とりわけ成長市場である新興国での事業拡大は、多くの企業にとっての至上命題となっている。すでに連結グループ売上の80%を海外で稼ぐキヤノンだが、欧米を除けばその比率は20%にまで下がる。キヤノンにとっても、新興国市場の成長に合わせてヒト・モノ・カネの事業インフラを現地にシフト・拡大していくことは、今後の経営における重要課題となっている。キヤノンのホームページ（２０１０年9月22日現在）にある経営方針では、「グローバル優良企業グループ構想」を実現するための５つの重要戦略を語っている（図1）。以下は、タイにインクジェットプリンターの工場新設を発表したキヤノンについて伝える日本経済新聞の記事である。

プリンター新工場、キヤノン、タイに、アジア需要増、１５０億円投資

キヤノンはタイにインクジェットプリンターの新工場を建設する。年間生産能力は５５０万台で、２０１１年10月の稼働を目指す。投資総額は約１５０億円。新工場稼働後のキヤノン全体の生産能力は現行比４割増の年２７００万台となる。インクジェットプリンター市場は中国・アジアで急拡大しており、さらに一段の能力増強も検討する。

新工場はタイでは2カ所目で、既存工場があるバンコクから北東１７０キロメートルに位置するナコンラチャシマ市に建設する。５０００人規模で従業員を雇い、主に低価格帯の製品を生産する。キヤノンは現在、インクジェットプリンターをタイとベトナムで生産。タイでは中・上位機種を年６００万台、ベトナムでは2工場で低価格品を同１３５０万台生産する能力がある。

今後、低価格品の需要増に生産が追いつかなくなる見通しだが、ベトナムでは労働力の確保が難しく、豊富な労働力が見込め、関連部品メーカーも集積するタイでの新工場建設を決めた。タイの既存工場も増強により、年産規模を６００万台から８００万台に増やす。

新工場の敷地は同規模の建屋・生産ラインを構築する余地があり、需要増が続けば

図1　キヤノンの「5つの重要戦略」

5つの重要戦略	主な取り組み事項
1．現行主力事業の圧倒的世界No.1の実現	●「技術によるイノベーション」を原動力 ●強い製品を生み出すキーコンポーネントや全事業に共通するプラットフォーム技術の開発に注力 ●「クロスメディアイメージング」の実現に注力 ●事業の健全な拡大を後押しするM&Aや業務提携も積極的におこなう
2．多角化による業容の拡大	●大判インクジェットプリンターやプロダクション複合機、ソリューションビジネスなど、事業の多角化を推進 ●ディスプレイ技術の確立を進める ●日米欧のグループ会社が、それぞれ独自性のある技術や製品を生み出し、相互に輸出入をおこなう世界三極体制の構築を目指す
3．次世代事業ドメインの設定と技術力の蓄積	●新事業ドメインとして、「医用イメージング」、工場の自動化を図る「知的生産ロボット」、共通基盤技術となる「安全・安心」の分野を設定 ●世界有数の研究機関や大学との産学連携を深めて研究開発を進める ●長期的な視野での事業拡大を見据え、新材料物性や高機能センシングなど最先端技術の基礎研究を強化
4．国際競争力を維持する新生産方式の実現	●設計と生産技術、そして製造技術が三位一体となって、自動機やロボットによる完全自動化ラインの確立を目指す ●キーコンポーネントや主要部品の内製化を推進して差別化とコスト競争力を高める ●品質、輸送、雇用、コストなどを総合的に考慮した世界最適地生産を推し進める
5．永続的に企業革新を推進する自律した強い企業人の育成	●研修や実践を通じて、キヤノンのDNAである「人間尊重」「技術優先」「進取の気性」の伝承に注力し、未来のグローバルリーダーの育成をおこなう ●社会から信頼される社員の育成を目指し、社員一人ひとりのコンプライアンス意識を高める

出所：キヤノンのホームページをもとに、著者が加工

> 16年ごろには第2ラインを稼働させることも検討すると言う。
>
> 米ハイテク調査会社のＩＤＣによると、09年のインクジェットプリンターの世界シェアはＨＰが46%で首位。キヤノンは23%で2位。ＨＰは世界各地のＥＭＳ（電子機器の受託製造サービス）企業に生産を委託しており、09年は約３６００万台を出荷した。
>
> （日本経済新聞、２０１０年9月21日付朝刊）

記事にあるタイでのプリンター工場新設は、５つの重要戦略の中でも「1. 現行主力事業の圧倒的世界Ｎｏ．１の実現」と「4. 国際競争力を維持する新生産方式の実現」に、特に密接に関連するものと言えるだろう。また「2. 多角化による業容の拡大」には世界三極体制の構築とあるが、早晩アジアを加えた四極体制となっていくのではないだろうか。もっと先のことを考えれば、日本とアジアが合体した三拠点で、その司令塔はもはや日本にはないのかもしれない。

記事を読みながら、実際にキヤノンの設備投資案件の担当者になったつもりで、３つのＦＣＦ予測をイメージしてみることとしよう。３つのＦＣＦの主だった変化と、それぞれに関して問うべき質問を図2に並べてみた。

図2　キヤノンの設備投資におけるFCF予測

	営業利益×（1－税率）	＋　減価償却費－設備投資	－　追加運転資金
	①P/Lに関する項目	②設備投資に関する項目	③運転資金に関する項目
プラスの変化	◆2009年のインクジェットプリンターの世界シェアは1位のHP社が46%、キヤノンは23%で2位⇒中長期的な世界シェア&新興国シェアの目標はどの程度か？	◆初期投資額及び継続投資に対する減価償却費の発生⇒150億円のうち、減価償却対象となる有形固定資産はどの程度か？償却期間は何年、定率/定額法？	◆販売先は中国を初めとするアジア市場が中心⇒売掛金のサイトは、キヤノン連結数値（2009年度）の66.7日とどの程度の差があるだろうか?
マイナスの変化	◆インクジェットプリンターの世界需要は、13年に09年比18%増の約9100万台弱に拡大する見通し⇒例えばシェア30%獲得を目指すなら2700万台の生産能力が必要となるので、今回の投資でちょうど達成できる規模 ◆低価格品はベトナム2工場のみだったので、タイ工場の新設により、新興国市場へのより効率的な物流体制構築、販売ルート整備が期待できる ◆5000人規模の従業員の採用⇒タイの既存工場はバンコクだが、今回はその北東170Km⇒人件費の低減がさらに図れるのか？ ◆すでにタイで600万台生産可能な工場を保有しているので、資材調達や間接部門関連で発生するコストはミニマム化が可能か？	◆設備投資額は150億円（年間生産能力550万台、キヤノン全体の生産能力は現行比40%増の年2700万台）⇒150億円の支払いは一括or分割？　150億円の資金は、手元キャッシュか？それとも借入調達か？　為替リスクの発生は？　2年目以降の継続的な投資はどの程度で見ているのか？ ◆需要増が続いた場合の2016年ごろの第2ラインの稼働⇒リアルオプションの考え方でプライシングしてあるのか？	◆関連部品メーカーが集積することも1つの理由として、タイでの新工場建設を決定⇒部品在庫のJIT化はかなり促進できるのか?　仕掛在庫は?　製品在庫は?　販売店との在庫分担の方針は?　インクカートリッジなどの消耗品調達は、従来通り変更ないのか?　⇒棚卸資産のサイト（対売上原価）は、キヤノン連結数値（09年度）の90.1日とどの程度の差があるだろうか? ◆資材の現地調達比率は増加するとして支払いサイト（対売上原価）は、キヤノン連結数値（09年度）の71.7日とどの程度の差があるだろうか?

注：アミカケ部分は、記事にはないポイント

バリューチェーンの活用やP／Lの勘定科目を上から下まで想像してみれば、3つのFCFに関して、図2よりさらに踏み込んだ変化を指摘することも可能だろう。その際必ず念頭に置いてほしいことは、そうした変化を具体的にどのように予測し、どのような数値をエクセルに入れていくかということだ。詳細な情報はキヤノンの担当者に聞かなければ分からない。キヤノンの担当者であっても、100％すべての数値を熟知して数値予測しているわけではないだろう。しかし、少なくともキヤノンの担当者に対して、何について（＝WHAT？）どう聞きたいか（HOW？）を考えることは、キヤノンの担当者でなくてもできるはずだ。この「質問を考える」プロセスこそ、新聞・雑誌記事を用いた擬似的な事業数値化力の実践となろう。

新聞で取り上げられるような様々な企業の種々の試みは、すべて「事業」である。新聞で取り上げられるほどに大きな事業である以上、思いつきでGoの意思決定が下されてしまうことはあるまい。そこに至るまでに様々な数値シミュレーションがあり、ダウンサイドリスクを十分見込んだ上での意思決定となったはずだ。そう考えれば、新聞・雑誌記事はDCF法を試みるためのネタの宝庫と言える。ある企業が新たに何らかの試みを実施しようとしているとの記事を見たら、3つのFCFをイメージしながら読み進めること。それこそが、実務で使うイメージを持つための、いますぐに始められるアクションである。

その際にもやはり、その企業は経営理念や経営ビジョンにどのようなことを掲げており、それらと記事の案件とがどう合致するのか、またその企業を取り巻くＳＷＯＴは何で、それに対して同社はどのような経営戦略を打ち立てているのか、そしてその経営戦略を実行するための事業戦略としてその案件はどのような意義を持つのか、といったことを考える重要性については、言うまでもないだろう。

「スカイツリー建設」記事から、事業数値化をシミュレーション

さて、最後に読者への宿題かつギフトとして、新聞記事をもう1つ紹介しておこう。２０１０年７月23日の日本経済新聞朝刊に載った東武鉄道によるスカイツリー建設に関する記事だ。これを読んで、さっそくエクセルに数値を入れてみてはどうだろうか？　詳細が分からないところは、「東武鉄道はどのように考えているのか？」を探りながら、何らかの前提を置いて数値作成してみてもよいだろう。

またそもそも東武鉄道の経理理念は何なのだろうか？　なぜ他の鉄道会社や不動産会社ではなく、東武鉄道が日本一のタワー建設をするに至ったのか？　東武鉄道のＳＷＯＴはどのように考察できるだろうか？　そのＳＷＯＴの下で、なぜ東武鉄道はスカイツリーの建設を実施したいと考えたのだろうか？と、考えてみよう。ここまで来ると、さすがにインターネットなどからの様々な情報収集が不可欠となる。しかし、そこで納得できていな

ければ、そもそも東武鉄道はタワー建設には手を挙げなかったはずである。東武鉄道と同じ基準でＮＰＶを評価するためには、不可欠な考察と言うこともできよう。

「東京スカイツリー」、東武、25年で投資回収か、鉄道新線より効率よく

東武鉄道が１４３０億円を投じて建設中の新電波塔「東京スカイツリー」。開業まで1年半余り。知名度は塔の高さに比例して高まってきたが、株式市場での評価は定まっていない。「集客の持続性や、資産の約1割に当たる投資をきちんと回収できるかが不透明」（国内証券アナリスト）なためだ。資金回収までどれぐらいかかるのかを試算してみた。

東武は「開業2年目で単年度の営業黒字を目指す」とそろばんをはじく。肝心の資金回収見通しはどうか。手掛かりになるのが、東武が公表している来場者と現金収入（営業キャッシュフロー）の計画だ。

来場者は開業初年度が５４０万人、５年目に３００万人台となり、30年平均で２７０万人の想定。東武はこれをもとに、事業が安定する開業5年目にツリーが年間約82億円の現金収入を生むと見込んでいる。内訳はツリー本体からの観光収入と電波使用料で38億円、隣接する複合施設の家賃収入で44億円だ。

問題は計画の妥当性。参考になるのが東京タワーだ。開業から半世紀を超えても、

２０１０年３月期は入場者が約３３０万人にのぼり、運営する日本電波塔（東京・港区）は20億円近い現金収入を得たようだ。「絶対数が多いビルの展望台と違い、鉄骨のタワーは集客が安定している」（日本電波塔関係者）。

ツリーの立地も踏まえると、来場者の計画はそれなりに説得力がある。家賃収入の計画も「東京城東地区の相場から見て自然な水準」（不動産鑑定士）との見方が多い。

投資の回収期間はどうか。企業は投資に際し、その事業が将来生み出す現金収入を「割引率」と呼ぶ一定の値で現在価値に割り戻す手法をよく使う。例えば１年後に１００万円を生む事業は、割引率10％とすると現在価値が約90万９０００円。投資額と見合うのに、この現在価値を何年分足し合わせたらいいかを回収期間とみなす。

ポイントは割引率をどう設定するかだ。ツリーの現金収入が開業初年度から年間82億円と仮定し、不動産の超優良物件で使われることの多い３％の割引率で試算すると、回収期間は25年。鉄道新線の一般的な回収期間40年を下回る。東武もこの近辺の回収期間を見込んでいるとみられる。

東武は大手私鉄13社で唯一、賃貸・遊休不動産の含み損を抱える。羽田空港の拡張を控える京浜急行電鉄や、路線の複々線化を推進する小田急電鉄に比べ、本業の目玉プロジェクトも乏しく、ツリーへの期待は大きい。

実際、集客次第とはいえ鉄道新線に比べ高い投資効率は期待できそう。「東武本線の乗客増という本業との相乗効果」（東武の平田一彦取締役）や「周辺地価の上昇も見込める」（国内証券アナリスト）。中長期的に見ればツリーが東武鉄道株の支援材料になる可能性はありそうだ。（山本修平）

（日本経済新聞、２０１０年7月23日付朝刊）

あとがき

本著は、２００７年に同じ日経ビジネス人文庫から出版した『ビジネススクールで身につける会計力と戦略思考力』の姉妹本に相当する。タイトルの通り、前著はアカウンティングをテーマとして、その経営戦略との関連性を解説したものだ。お陰さまで前著は多くの読者にご評価いただき、出版から3年が経過するいまも、定期的に増刷を重ねている。

本著は、ビジネススクールでのもう1つの定番科目であるコーポレート・ファイナンスをテーマとした。アカウンティングは、ルールや言葉の量と難解さに障壁を感じ、苦手意識や食わず嫌いに陥る人が多い。これに対して、ファイナンスはルールや言葉は少ない代わりに、理論をしっかりと自分の頭で納得することに高い障壁を感じてしまう人が多いようだ。アカウンティング以上に普段聞きなれない言葉や理論が出てくるので、多分に浮世離れした世界を感じてしまうのかもしれない。理論の段階でつまずいてしまうのだから、実務で使えと言われても、疑心暗鬼にならざるを得ない。ファイナンスを学んでも、事業計画に十分に活用することができない背景であろう。

社会人学生や留学生に長い間ファイナンスを教えていると、どこの説明でどんなつまずき方をするのかや、各学習事項に対して学生がどんなことを疑問に思うのかが、おおよそつかめてくる。こればかりは、教壇に立った場数がものを言う。本著ではそれを可能な限り、明らかにしたつもりだ。

日本のファイナンス力を高めたい

「日本のファイナンス力を高めたい」――これが本著の執筆にあたっての、私の偽らざる気持ちである。「会社は誰のものか？」などという議論が時折おこなわれるが、これほど意味をなさないテーマはない。それは、「国家は誰のものか？」と問うているに等しい。国家は国民のものであり、会社は株主のものである。あくまでオーナーは株主なのだ。従業員も大事だし顧客も大事だし社会貢献も大事だ。しかし、そこで株主を劣後させるような優先順位づけをする企業があれば、十中八九その会社の業績は低迷しているだろう。株主のお金があったから会社はスタートできたのだし、それがあったから事業拡大のための資金調達や投資が実施できたのである。「もらったものは返さないもの」では通らない。

「会社は誰のものか？」という不毛な議論をしている間に、「株主のもの」という当然の答えを知っている国の企業に、だいぶ差をつけられてしまった感はある。1つ例を挙げれば、韓国サムスン電子では、ＲＯＥ10％以上がグローバル優良企業の条件と定義されているそうだ。日本の多くの企業もＲＯＥ10％は語るが、サムスンのように実現できずにいてはまったく意味がない。いまや日本の総合電機大手が束になっても、サムスン1社の利益水準に及ばないほどの大きな差が開いてしまった。

「企業は誰のものか？」という質問は葬り、「企業価値を高めるには、いま何をすべきか？」という具体的なアクションを促す質問を問うべきだ。するとファイナンス理論が提示する、分子のＦＣＦの向上と、分母の資本コストの低減こそが企業価値向上の手段であり、その式の中にある1つひとつのコンポーネントを永続的に高めるような活動こそが企業活動の目的であると明らかになる。それが実現できれば、株価や配当を通して適正に株主価値の向上に結びつき、株主は満足するはずだ。従業員の雇用も安定し、報酬も増えてこちらも満足である。株価が下がり続け株主が不満を持っているような企業で、雇用が長期的に安定したり定期昇給が何事もなくおこなわれたりすることは、残念だが考えにくい。株主も満足で従業員も満足だからこそ、経営者も満足に至るのだ。

筆者は年間30社ほどの企業を訪問して、企業内研修の講師を務める機会を得ている。選抜研修ともなれば、選りすぐりの優秀なビジネスパーソンたちが集まり、自ずと多忙な人たちの集合となる。そうした人々の貴重な時間を研修の場に費やす以上、本で学べるファイナンスの基本的な理論や、最初からつまずくと分かっているＦＡＱは、事前にある程度クリアした状態にしておきたい。研修の場は、自社や他社のケースを用いた、実践的な事業数値化力に重きを置くべきだ。絶対の正解のない企業活動を様々な角度から考察し、自分の考えを述べ、同僚から異なる意見を聞いて、そして大いに議論することがビジネススクールの醍醐味であり、企業活動に通ずるものとなる。これが本書の執筆をする上で、私の根底にあった考えである。

小難しい理論を分かりやすく伝えられるように、学生とのやりとりを前著にも増して多く入れた。その分理論的な掘り下げが低くなっている箇所も少なくない。幸いにしてファイナンス分野には多くの良書がすでに出版されている。推薦図書に挙げた書籍も参照しながら、理論武装が必要な方はどんどんと関心を深めていってほしい。

ファイナンスをテーマとした本の執筆は初めてとなる筆者自身に、「日本のファイナンス力を高めるために、筆者が提供できるコンテンツはいったい何か？」と問いかけ、至った結論が本書の内容であり、構成である。本書をきっかけに、多くの読者がファイナンスの面白さと重要さを認識され、ファイナンス分野を深く掘り下げていく機会となれば、筆者としてこれ以上の喜びはない。もちろん、ファイナンス理論を掘り下げるだけではなく、これを事業計画に結びつけ、事業数値化を経て事業価値、企業価値の創出へと発展させてほしい。

また、本文でも触れたが、リスクとリターンの関係などは、ご自身の資産運用ひいては人生観にまでも発展できる重要な概念である。身の回りにある事象を、リスクとリターンの関係でとらえてみるのもよいだろう。願わくは読者も私も、ローリスク・ハイリターンな人生やキャリアを歩むことができるよう、ファイナンス理論に根ざしたライフプランを共に描いていこう。

最後に、前著同様に日本経済新聞出版社の堀江憲一氏には、企画、執筆、校正の段階と、大変お世話になった。２度目のタッグなので、お互いに要領を得てだいぶスムーズに作業を進めることができたのではないかと感じている。この場を借りて御礼を申し上げたい。

本書に出てくるＦＡＱのすべては、１つの例外もなく、筆者が教育の現場で実際に学生から受けた質問である。素朴な質問も鋭い質問も、質問を受けることは筆者にとってはいつも新たな発見であり、筆者自身が高いモチベーションを持ち続けるための肥やしとして働いている。いままで教育の現場で出会った数多くの学生たちにも、この場を借りて１人ひとりに感謝申し上げたい。また、そうした機会を与えてくださるビジネスパートナーの企業や、ビジネススクールにも敬意を表する。

最後に、本書の出版を楽しみにしてくれている、家族と両親の変わらぬサポートに、この場を借りて感謝したい。

２０１０年10月

青山のオフィスにて　大津広一
ko@otsu-international.com

[付録Ⅰ] キャッシュフロー計算書

損益計算書、貸借対照表と並ぶ財務３表として、キャッシュフロー計算書がある。文字通り、企業活動によって生じる１年間の現金（キャッシュ）の動き（フロー）を表すものだ。C/F計算書は３つのキャッシュフローから構成されている。以下に、３つのキャッシュフローの概略を説明しながら、事例としてＮＴＴドコモを採り上げてみることとしよう。

◆ 営業活動によるキャッシュフロー

本業に関わるキャッシュフロー。間接法と呼ばれる方法で記述されるのが一般的。間接法とは、損益計算書上の利益からスタートして、キャッシュと利益のズレを修正しながらキャッシュフローを導く表記方法。本業から生み出されるキャッシュフローなので、全体としてプラスの数値が安定的に成長する姿が望ましい。

ＮＴＴドコモの営業C/Fは、2009年３月期は１兆1736億円、2010年３月期は１兆1828億円と、巨額で安定的な推移を示している。営業C/Fの最初の行の純利益は、それぞれ4714億円、4971億円となっており、純利益（P/L情報）と営業C/Fが具体的にどこでいくらズレているのか、間接法の表記を採用することで一目瞭然となっている。もっとも大きなズレは、言うまでもなくP/L上では控除するがC/Fには直接関係しない減価償却費である。

◆ 投資活動によるキャッシュフロー

将来のためにおこなわれる投資活動に関わるキャッシュフロー。直接法で記述される。直接法とはその名の通り、収入はプラス、支出はマイナスとしてそのまま記述するもの。投資C/Fに含まれる特に重要なキャッシュフローとして、設備投資とM＆Ａに関わる支出が挙げられる。将来の投資のためのキャッシュフローなので、一般には全体で負の数値となるが、大きな固定資産（有形、無形、有価証券など）の売却があった場合には、まれに全体でプラスの値を示すこともある。アカウンティングの世界では、営業キャッシュフローと投資キャッシュフローを足した正味の金額を、フリー・キャッシュフローと呼ぶ。営業C/Fの範囲内に投資C/Fが収まっていれば、フリー・キャッシュフローはプラスの値を示すこととなる。

ＮＴＴドコモの投資C/Fは、2009年３月期は▲１兆0309億円、2010年３月期は▲１兆1639億円と、前年度と比較して後年度は1300億円強の支出超過となっている。もっとも気になる設備投資は、投資C/Fの最初の行の「有形固定資産の取得による支出」として、それぞれ▲5177億円、▲4800億円と、こちらも巨額で安定的な推移を示している。継続的に巨額の投資を必要とする通信業界の特性と合致していると言えよう。

◆ 財務活動によるキャッシュフロー

金融債権者（銀行、社債債権者）や株主といった投資家とのやりとりに関わるキャッシュフロー。直接法で記述される。財務キャッシュフローに含まれる重要なキャッシュフローとして、銀

行からの借り入れ、社債発行、増資に伴う収入や、銀行への返済、社債償還、配当金支払い、自社株買いなどの支出がある。一般には借り入れの返済や配当の支払いなどによる支出が金額的に勝り、全体でマイナスの数値となることが多い。しかし、企業の成長期、あるいは混迷期に外部からの新たな資本調達が実施された場合には、全体でプラスの数値となることもあるので、フリー・キャッシュフローの推移とあわせ、その妥当性の見極めが大切となる。

ＮＴＴドコモの財務C/Fは、2009年３月期は▲1824億円、2010年３月期は▲2609億円となっており、前年度と比較して後年度は800億円弱の支出超過となっている。中身を見れば、前年度は「長期借入債務の増加による収入」が多額だったのに対して、後年度はそれがなかったことが最大の理由であると分かる。

◆ 現金及び現金同等物の期末残高

C/F計算書の最後の行にある「現金及び現金同等物の期末残高」は、その言葉の通りキャッシュの残高なので、ここはキャッシュのフローではなく、キャッシュのストック情報である。

ＮＴＴドコモの現金及び現金同等物の期末残高が、2009年３月期の5995億円から2010年３月期の3577億円まで2000億円超減少している主な理由は、先に見た投資C/Fと財務C/Fのマイナス値の拡大にある。

NTTドコモの連結キャッシュフロー計算書

	前連結会計年度 2008年4月 1日から 2009年3月31日まで	当連結会計年度 2009年4月 1日から 2010年3月31日まで
区分	金額(百万円)	金額(百万円)
Ⅰ 営業活動によるキャッシュ・フロー		
1．当期純利益	471,401	497,108
2．当期純利益から営業活動による キャッシュ・フローへの調整：		
(1) 減価償却費	804,159	701,146
(2) 繰延税額	▲ 87,626	▲ 44,550
(3) 有形固定資産売却・除却損	43,304	32,735
(4) 市場性のある有価証券及びその他の投資の評価損	57,812	4,007
(5) 持分法による投資損益（▲利益）	1,239	2,122
(6) 関連会社からの受取配当金	15,500	12,854
(7) 資産及び負債の増減	▲ 132,112	▲ 22,604
営業活動によるキャッシュ・フロー	1,173,677	1,182,818
Ⅱ 投資活動によるキャッシュ・フロー		
1．有形固定資産の取得による支出	▲ 517,776	▲ 480,080
2．無形固定資産及びその他の資産の取得による支出	▲ 313,889	▲ 245,488
3．長期投資による支出	▲ 241,373	▲ 10,027
4．長期投資の売却による収入	660	9,534
5．新規連結子会社の取得による支出（取得現金控除後）	568	▲ 29,209
6．短期投資による支出	▲ 32,977	▲ 377,591
7．短期投資の償還による収入	32,255	69,605
8．関連当事者への長期預け金償還による収入	50,000	−
9．関連当事者への短期預け金預入れによる支出	−	▲ 90,000
10. その他	▲ 8,451	▲ 10,670
投資活動によるキャッシュ・フロー	▲ 1,030,983	▲ 1,163,926
Ⅲ 財務活動によるキャッシュ・フロー		
1．長期借入債務の増加による収入	239,913	−
2．長期借入債務の返済による支出	▲ 77,071	▲ 29,042
3．短期借入金の増加による収入	62,274	138,214
4．短期借入金の返済による支出	▲ 64,032	▲ 138,149
5．キャピタル・リース負債の返済による支出	▲ 2,837	▲ 3,256
6．自己株式の取得による支出	▲ 136,846	▲ 20,000
7．現金配当金の支払額	▲ 203,839	▲ 208,709
8．その他	▲ 3	▲ 3
財務活動によるキャッシュ・フロー	▲ 182,441	▲ 260,945
Ⅳ 現金及び現金同等物に係る換算差額	▲ 7,610	220
Ⅴ 現金及び現金同等物の増減額（減少：▲）	▲ 47,357	▲ 241,833
Ⅵ 現金及び現金同等物の期首残高	646,905	599,548
Ⅶ 現金及び現金同等物の期末残高	599,548	357,715

[付録Ⅱ] 2つの公式(永久年金型と割増永久年金型) の導き方

永久年金型

$$PV = \frac{CF}{1+r} + \frac{CF}{(1+r)^2} + \frac{CF}{(1+r)^3} + \frac{CF}{(1+r)^4} + \cdots\cdots + \frac{CF}{(1+r)^\infty} \qquad (1)$$

両辺に 1+r を掛ける

$$PV \times (1+r) = CF + \frac{CF}{1+r} + \frac{CF}{(1+r)^2} + \frac{CF}{(1+r)^3} + \cdots\cdots + \frac{CF}{(1+r)^\infty} \qquad (2)$$

(2) −(1) より、

$$PV \times (1+r) - PV = CF$$

$$PV = \frac{CF}{r}$$

割増永久年金型

$$PV = \frac{CF_1}{1+r} + \frac{CF_1(1+g)}{(1+r)^2} + \frac{CF_1(1+g)^2}{(1+r)^3} + \frac{CF_1(1+g)^3}{(1+r)^4} + \cdots\cdots + \frac{CF_1(1+g)^\infty}{(1+r)^\infty} \qquad (1)$$

両辺に(1+ r)/(1+g)を掛ける

$$PV \times (1+r)/(1+g) = \frac{CF_1}{1+g} + \frac{CF_1}{1+r} + \frac{CF_1(1+g)}{(1+r)^2} + \frac{CF_1(1+g)^2}{(1+r)^3} + \cdots\cdots \frac{CF_1(1+g)^\infty}{(1+r)^\infty} \qquad (2)$$

(2)−(1)より、

$$PV \times (1+r)/(1+g) - PV = \frac{CF_1}{1+g}$$

両辺に (1+g) を掛ける

$$(r-g) \times PV = CF_1$$

$$PV = \frac{CF_1}{(r-g)}$$

[付録Ⅲ] CAPM（資本資産価格モデル）

野村ホールディングス、東京電力、TOPIXの過去2年間の株価推移

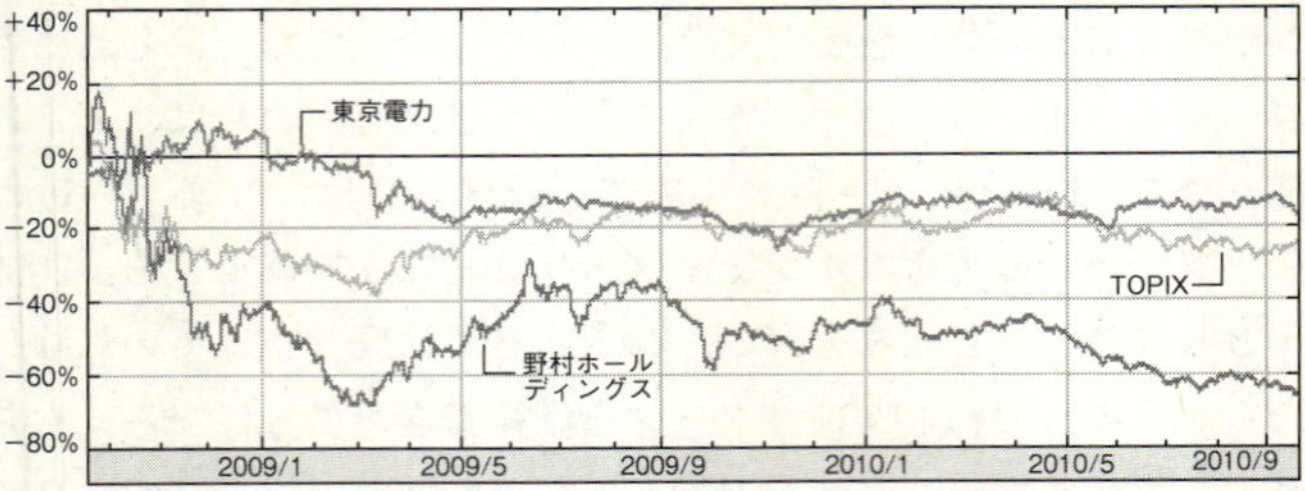

出所：ヤフーファイナンス

グラフは、2010年9月17日現在の、野村ホールディングス（野村證券の純粋持株会社、野村ＨＤ）、東京電力、TOPIXの過去2年間の株価の推移を示したものだ。グラフから以下のような特徴が見出せる。

- 3本の株価の大きなトレンドは概ね等しい。具体的には、2008年9月に端を発したリーマンショック以降の下落に始まり、2009年3月以降の上昇、2009年9月以降の下落、2009年12月以降の上昇、2010年2月以降の下落傾向など
- TOPIXとの連動性を見ると、野村ＨＤは株価の上昇時も下落時も激しく動いている
- TOPIXとの連動性を見ると、東京電力は株価の上昇時も下落時も緩やかに動いているだけではなく、時折他の2つと反対

の動きを示す時期もある（2008年10月～12月にかけて、TOPIXと野村は下落しているが、東京電力は上昇している）

野村ＨＤ、東京電力、そしてTOPIXに連動する投資信託の３つが投資対象の選択肢として与えられた場合、あなたはどれに投資したいと思うだろうか。本文で学んだ言葉を用いれば、上下に激しくブレている（＝ハイリスク）野村ＨＤは、うまくいけばアップサイドの大きなポジティブ・リターンが期待できる。2009年３月に野村ＨＤの株を買い、2009年６月に売り抜けていれば、たった３カ月で約40%のリターンを獲得できたことになる。もちろんネガティブ・リターンを抱え込む可能性も同様に高い。２年前に野村の株を購入した投資家は、６割超の投資額を失った。

これに対して東京電力は、上下に小さくブレている（＝ローリスク）ので、うまくいってもローリターンだ。２年間の上下の最大の振れ幅は30%程度だ。TOPIXは、野村ＨＤと東京電力のちょうど真ん中を推移しているようにも見える。よって、ハイリスク・ハイリターン志向の投資家は野村ＨＤ、ミドルリスク・ミドルリターン志向の投資家はTOPIXに連動する投資信託、ローリスク・ローリターン志向の投資家は東京電力の株を購入すればよいこととなる。

このように、国内の証券取引所に上場している以上、株価推移の大きなトレンドは市場全体（＝TOPIX）の動きに概ね従う。いかなる事業をおこなっていても、リーマンショックのようなことが起きれば株価は下がり、前日のニューヨーク・ダウが大幅に高騰すれば、翌日の東京市場は大幅に上昇するという傾向になる

のが通常だ。よって投資家が背負うリスクは、個別の企業云々よりも、市場全体がどういったトレンドを示すかに大きく起因する。投資家に残される判断は、その市場全体の動きに対して野村ＨＤのように鋭い反応をするハイリスク銘柄なのか、東京電力のように鈍い反応しか示さないローリスクの銘柄なのかを選択することだ。この鋭いか鈍いかの鋭敏度合いを示す指標を、β（ベータ）と呼ぶ。βが１の株式は、その保有リスクがマーケット全体を買うことに等しいことを意味している。

βは、過去の株価の推移から定量的に計算することができる。ブルームバーグ社のサイトのトップページに証券コードを入れれば、βは簡易に検索することができる。2010年９月17日の野村ＨＤのβは1.173、東京電力のβは0.509と表示されていた。これは、過去２年間、TOPIXが１％上昇する局面で、野村の株価は1.173％上昇したのに対して、東京電力の株価は0.509％しか上昇しなかったことを意味する。このようにβは、市場平均値（＝TOPIX）に対する反応の鋭敏度合いを示すものである。

CAPM（Capital Asset Pricing Model）は、日本語では資本資産価格モデルと訳されるが、略してキャップエムと呼ぶのが通常だ。CAPMはWACCの式で不可欠となる株主資本コスト（r_e）を計算する数式である。ここまで見たように、いかなる株式も大きなトレンドは、市場全体に従う傾向にある。異なるのは、市場に対する反応の鋭敏度合い（＝β）である。よって、企業に対する株主の要求（＝株主資本コスト）は、市場インデックス（TOPIXや日経225）に対する鋭敏度をもとに評価すべきとする考えに至り、これを具現化したものが次に示すCAPMの公式となる。

$$r_e = r_f + \beta \times (r_m - r_f)$$

CAPMの式は、１つ目のr_fと２つ目の$\beta \times (r_m - r_f)$の２つの項目から成立している。r_fは、リスクフリーレートと呼ばれるもので、リスクを取らない人が要求するリターンを指す。株主はまず、リスクを取らない人でも受け取ることのできるリターンを要求するということだ。そうでないと、金利が上がったら誰も株を買わなくなってしまう。通常ここには、日本国債の金利（予測C/Fの足の長さを考慮しながら、10年物、20年物を選択）を用いる。例えばr_fには２％を算入することとしよう。

２つ目の項目の（$r_m - r_f$）はリスク・プレミアムと呼ばれるもので、その名の通りリスクに対するご褒美と言える。r_mはマーケット、ここではTOPIXの期待リターンを指す。よって、（$r_m - r_f$）の意味するところは、リスクを取ってTOPIXを買う人とリスクを取らないで国債を買う人の差額となる。直近単年度の実績を入れると数値が非常にブレてしまうため、通常は長い年月を遡ったおおよその平均値を入れる。日本では４～６％程度の数値を用いることが多いので、ここでは真ん中の５％を算入することとしよう。

これらの数値を用いて、CAPMを使って野村ＨＤと東京電力のそれぞれの株主資本コスト（r_e）を計算してみる。

$$r_e = r_f + \beta \times (r_m - r_f)$$

野村HD　　2% + 1.173 × 5% = 7.87%

東京電力　　2% + 0.509 × 5% = 4.55%

２社に対する両社の株主の要求リターンには、上記条件がすべて正しいとした場合、３％超もの差があることが判明する。野村はハイリスク・ハイリターン、東京電力はローリスク・ローリターンというわけだ。これはよい、悪いの問題ではない。CAPMでは、リスクをマーケットに対する反応の鋭敏度としてとらえている。いずれの株も大きなトレンドはマーケットに従うという前提のものであり、あとは各銘柄の反応度合いでリスクを定義し、これによって要求リターンを導こうというものである。

[付録Ⅳ] MM（モジリアーニ＆ミラー）理論

あなたとあなたの友人Ａさんはそれぞれ、資産運用の一環として、偶然にも隣り合わせのまったく同質のワンルームマンションの購入を考えている。お金持ちのＡさんは、2000万円の対価をすべて現金で支払うが、手元の余裕資金があまりないあなたは、頭金200万円のみを自分で支払い、残りの1800万円はローンを組むつもりとしよう。

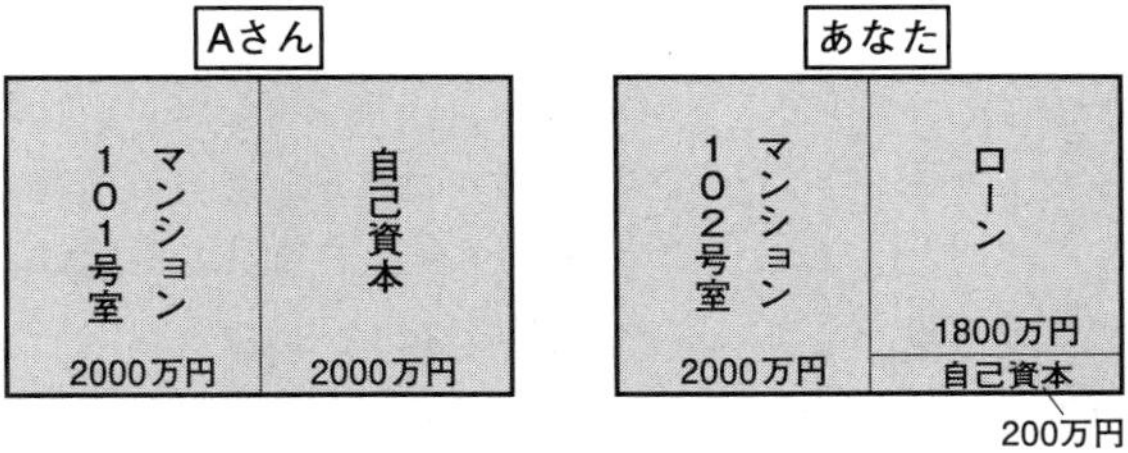

さて、ここで２人の資金調達手段が異なることによって、マンションの価値は変化するのだろうか？　２人が購入するマンションは、隣り合わせのまったく同質のワンルームマンションで販売価格は同一なのだから、マンションの価値は資金調達方法の違いに影響を受けず、一定と考えるのが正当であろう。

MM理論　第1命題

「完全資本市場のもとでは、資本構成は企業価値に影響を与えない」

(完全資本市場とは、情報がすべての市場参加者にコストなしで一様に行き渡り、取引コストや取引制限、税金が存在せず、商品の流動性が十分に高い市場)

これは米国のモジリアーニとミラーによって提唱された、MM理論の第１命題と呼ばれるものだ。ここで、完全資本市場とは税金が存在しないことを前提とするのだから、WACCの式は次のようになる。

$$WACC = \frac{D}{D+E} r_d + \frac{E}{D+E} r_e$$

資産運用のために2人がマンションを第三者に賃貸した場合、同質の部屋なのだから、予測賃貸収入は同一と考えるのが正当だろう。つまり、予測FCFは同じということになる。賃貸が生み出す予測FCFが同じで、かつマンションの資産価値（＝NPV）が一緒というのだから、NPVの式の構造上、割引率は同じとならなくてはならない。異なる資本構成（自己資本と有利子負債の比率）であっても、完全資本市場の下では、割引率は同一であることが導かれる。

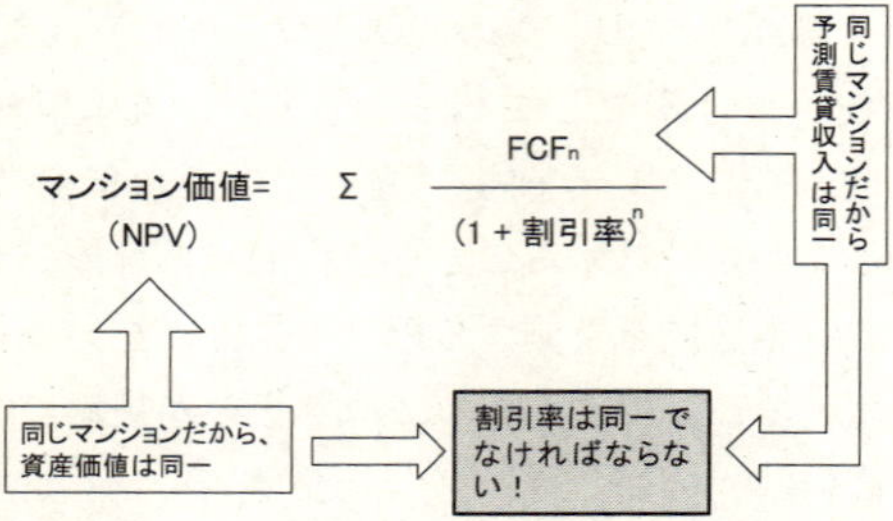
同じマンションだから予測賃貸収入は同一
マンション価値=
(NPV)
Σ
FCFn
(1 + 割引率)n
同じマンションだから、
資産価値は同一
割引率は同一でなければならない！

この事実から、レバレッジをかけても（有利子負債〈D〉増、株式〈E〉減）、割引率（WACC）は変わらないこととなる。よって、WACCの式が成立するためには、$r_d < r_e$なのだから、Dの上昇（Eの下落）に伴って、r_eが上昇しなくてはならなくなる。

MM理論　第2命題

「資本構成における有利子負債比率の増加に伴って、株主資本コスト（r_e）は上昇する」

実際の社会は、税金が存在するためMM理論が前提とする完全資本市場ではない。有利子負債が増加することによって支払利息による節税効果が生み出されるため、一定の有利子負債の増加はWACCを押し下げ、ひいては企業価値（NPV）を高めることとなる。

[付録Ⅴ] APV（Adjusted Present Value）法

将来の予測FCFをWACCで割り引いて企業価値を求めるエンタープライズDCF法の１つの問題点は、同じWACC値を将来にわたって使い続けることにある。つまり、資本構成が長期にわたって変化しないという前提に立っている。年度ごとにWACCを変化させながら計算することも技術的には可能だが、将来の時価ベースの資本構成を予測するのは容易ではない。むしろ、多くの変数が増えることで、かえって取り扱いが複雑になってしまう可能性が高い。

MM理論の第１命題にあるように、完全資本市場の下では、資本構成は企業価値に影響を与えない。このことは、無借金であってもレバレッジをかけても、完全資本市場下では企業価値は影響を受けないことを意味している。そこで、まずは無借金であることを前提とした価値を求める。その上で、実際は税金が存在するのだから、有利子負債の活用によってもたらされる節税効果の将来メリットの現在価値を前者に足し込んで、企業価値とする手法が生まれた。これをAPV（Adjusted Present Value）法と呼ぶ。

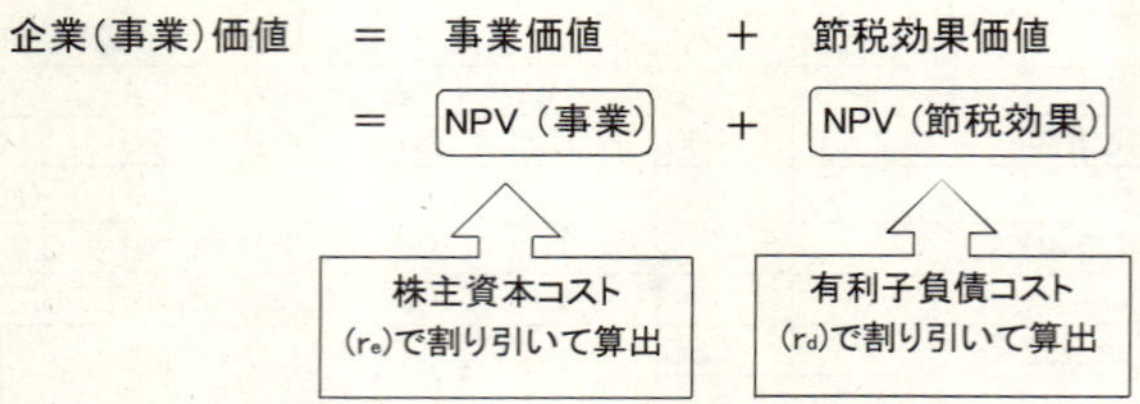

簡単な数値例を示してみよう。初期投資120億円によって、向こう５年間のFCFが下記のように予測されるプロジェクトがある。無借金で同事業を実施するとして、FCFを株主資本コスト(r_e)の７％で割り引くと、NPVは－２億5300万円と計算される。

r_e =	7%				(単位:億円)	
年度	0	1	2	3	4	5
FCF	−120	10	20	30	40	50
PV@7%	−120	9.3	17.5	24.5	30.5	35.6
NPV（事業）	−2.53					

実際には、本事業を実施するための初期投資120億円のうちの100億円は、有利子負債で調達するものとする。利率は３％で、毎年年度末に20億円ずつ返済していくため、５年目の末には、有利子負債は完済する予定である。このように、時間の経過に合わせてダイナミックに資本構成が変化する、すなわちWACCが変化する場合に、WACCを固定するエンタープライズDCF法ではなく、APV法を用いる意義が高まる。これらの条件の下で、将来の節税効果のC/Fを予測し、これを有利子負債コスト３％で割り引くと、節税効果のNPVは、３億3600万円と計算される。

r_d =	3%					（単位：億円）
年度	0	1	2	3	4	5
有利子負債額	100	80	60	40	20	0
支払利息		3	2.4	1.8	1.2	0.6
節税効果@40%		1.2	0.96	0.72	0.48	0.24
PV@3%		1.17	0.90	0.66	0.43	0.21
NPV（節税効果）	3.36					

本プロジェクトの価値は、

NPV（事業）＋ NPV（節税効果）

＝ －2.53億円 ＋ 3.36億円 ＝ 0.83億円

と算出される。

［付録Ⅵ］EVA（Economic Value Added）法

NPV法は、事業が生み出す将来のFCFを予測し、これを割引率で割り引いて計算する。NPVを計算する目的は、将来、複数年度にわたって展開される投資案件の意思決定をおこなうことである。一方、企業は単年度や四半期といった短期間で評価される宿命にもある。しかし、複数年度に及ぶ複雑なFCFの計算を必要とするNPV法は、管理ツールとしては適切ではない。そこで登場したのが、ファイナンス理論にあるWACCの概念を残しながら、アカウンティング的に単年度や四半期で事業や企業を評価する指標、EVAである。

EVAは、米コンサルティング会社のスターン・スチュワート社が推奨した概念で、同社の登録商標にもなっている。EVAは

会計上の利益（NOPAT）が黒字か赤字かにとどまらず、そこからさらに投下資本（運転資金＋固定資産）に要したコスト（WACC）を差し引いて計算する。

EVA ＝ 税後営業利益（NOPAT）
－ 投下資本（期首）× WACC

例えば、ある年度のNOPATが18億円としよう。同年度の期首の投下資本が50億円、WACCが５％であるなら、

EVA ＝ 18億円 － 50億円 × 5% ＝ 15.5億円

と計算される。NOPATではなく、EVAがプラスであることが確認できて初めて、企業は投資家の要求に見合った経済的価値を生み出したと考えるのである。EVAがEP（Economic Profit）とも呼ばれる所以である。

EVAでもう１つ興味深いのは、EVAの現在価値（これをMVA：Market Value Addedと呼ぶ）がNPVに等しくなることにある。以下のようなプロジェクトのNPVは、63.7億円と算出される。５年目時点でのターミナルバリューは、同時点の有形固定資産と運転資金の簿価を合計した70億円で算入している。

（単位：億円）

r_e =	5%					
年度	0	1	2	3	4	5
営業利益		30	30	30	30	30
税引後営業利益（税率40%）		18	18	18	18	18
設備投資	50	10	10	10	10	10
減価償却費		10	10	10	10	10
有形固定資産（純額）	50	50	50	50	50	50
運転資金		20	20	20	20	20
追加運転資金		20	0	0	0	0
FCF	−50	−2	18	18	18	18
ターミナルバリュー						70
FCF合計	−50	−2	18	18	18	88
ＰＶ	−50	−1.9	16.3	15.5	14.8	69.0
NPV	63.7					

同様にして将来の予測EVAを計算し、その現在価値（MVA）を計算すると、下記のように同じ63億7000万円と算出される。

（単位：億円）

r_e =	5%					
年度	0	1	2	3	4	5
投下資本	−50	−20	0	0	0	0
投下資本合計	−50	−70	−70	−70	−70	−70
税引後営業利益（税率40%）	0	18	18	18	18	18
EVA		15.5	14.5	14.5	14.5	14.5
PV		14.8	13.2	12.5	11.9	11.4
MVA	63.7					

FCFでは１年目に大きなマイナスの値を示しているが、予測EVAを描くことで、同事業が概ね安定的に運営されていることが確認できよう。

[付録Ⅷ] ファイナンス力を高めるための推薦図書

◆導入編

砂川伸幸『コーポレート・ファイナンス入門』(日経文庫) 日本経済新聞出版社

石野雄一『道具としてのファイナンス』日本実業出版社

森生明『ＭＢＡバリュエーション(日経ＢＰ実戦ＭＢＡ)』 日経ＢＰ社

◆中級編

大津広一『企業価値を創造する会計指標入門』ダイヤモンド社

グロービス経営大学院『[新版] グロービスＭＢＡファイナンス』ダイヤモンド社

井手正介、高橋文郎『経営財務入門』日本経済新聞出版社

ロバート・Ｃ・ヒギンス『新版ファイナンシャル・マネジメント—企業財務の理論と実践』ダイヤモンド社

◆上級編

リチャード・ブリーリー他『コーポレートファイナンス(第８版)』日経ＢＰ社

マッキンゼー・アンド・カンパニー他『企業価値評価(第４版)』ダイヤモンド社

鈴木一功『企業価値評価【実践編】』ダイヤモンド社

本書は日経ビジネス人文庫のために書き下ろされたものです。

日経ビジネス人文庫

ポケットMBA
ビジネススクールで身《み》につける
ファイナンスと事業数《じぎょうすう》値《ち》化《か》力《りょく》
2010年11月1日 第1刷発行
2018年9月14日 第5刷

著者
大津広一
おおつ・こういち

発行者
金子 豊

発行所
日本経済新聞出版社
東京都千代田区大手町1-3-7 〒100-8066
電話(03)3270-0251(代) https://www.nikkeibook.com/

ブックデザイン
鈴木成一デザイン室
西村真紀子(albireo)

印刷・製本
凸版印刷

Printed in Japan ISBN978-4-532-19560-1